कविता पाठ विमर्श

(केन्द्रीय हिन्दी निदेशालय (मानव संसाधन विकास मंत्रालय) के संस्वीकृति-पत्र संख्या 5-2/2012 कें. अनु. ए. दिनांक 17.09.12 के माध्यम से प्राप्त वित्तीय सहायता से प्रकाशित)

कविता पाठ विमर्श

दिलीप सिंह

वाणी प्रकाशन

वाणी प्रकाशन
4695, 21-ए, दरियागंज, नयी दिल्ली 110 002

शाखा
अशोक राजपथ, पटना 800 004

फ़ोनः +91 11 23273167 फ़ैक्स: +91 11 23275710

www.vaniprakashan.in
vaniprakashan@gmail.com

KAVITA PATH VIMARSH
by Dilip Singh

ISBN : 978-93-5072-577-1
Criticism

प्रथम संस्करण

मूल्य : ₹ 250

न्यू कृष्णा ऑफ़सेट, दिल्ली-110093 में मुद्रित

वाणी प्रकाशन का लोगो मक़बूल फ़िदा हुसेन की कूची से

आलोचना के शिखर पुरुष
नामवर सिंह के नाम
जिनके लेखन ने कविता को
समझने की तमीज दी।

–दिलीप सिंह

अनुक्रम

भूमिका

कविता की एक छोटी-सी पर जीवंत धारा दक्षिण भारत का प्रवेश-द्वार कहे जाने वाले शहर हैदराबाद में भी बहती है। इस शहर का मिजाज हिंदू-मुस्लिम एकता के सांस्कृतिक समन्वय से बना है। सामासिक संस्कृति की मिसाल है यह शहर। दक्खिनी हिंदी का आमफहम रूप यहां के कूंचों, यहां की गलियों में रस घोलता रहता है। तभी तो उत्तर भारत से जो भी आता है, कहता है कि—हैदराबाद में हिंदी से काम चल जाता है।

इस शहर का इतिहास चार सौ साल से भी पुराना है और दक्खिनी भाषा का साहित्य इन चारों सदियों की दास्तान अपने भीतर छिपाए हुए है। दक्खिनी भाषा की सामासिकता के तो क्या कहने! तेलुगु और सामान्य उर्दू की द्विभाषिकता से दक्खिनी हिंदी का कोड मिश्रित ढांचा तैयार हुआ है—एक अनूठी संरचना। गद्य और पद्य दोनों के पाठ इसमें रचे गए। एक ओर यह भाषा अलमस्ती, बेफिकरेपन और हास्य को अभिव्यक्त करने में अपना सानी नहीं रखती तो दूसरी ओर सूफियाना अंदाज और प्रेम की पीर की अभिव्यंजना में भी यह माहिर है। कहना न होगा कि यह एक सर्वग्राही भाषा है। गुजराती, पंजाबी, मराठी को ही नहीं, उत्तर भारत की बोलियों को भी इसने अपने भीतर रचा-पचा लिया है। दक्खिनी साहित्य की इस अनोखी सज-धज को राहुल सांकृत्यायन ने बखूबी पहचाना था।

आज भी हैदराबाद में हिंदी, उर्दू और दक्खिनी में रचनाशीलता की समानांतर त्रिवेणी प्रवाहित है। बोलचाल में सभी दक्खिनी हिंदी का प्रयोग करते हैं—चाहे वे किसी भी भाषा-समुदाय के सदस्य हों। दक्खिनी अत्यंत मुहावरेदार, विटी और आत्मीयता से भरीपूरी भाषा है। इसमें व्याकरणिक जटिलता नहीं है। समाजभाषावैज्ञानिक शब्दावली में कहें तो यह विभिन्न भाषा-समुदायों के दैनंदिन व्यवहार की अवमिश्रित भाषा (पिजिन) है। अपने सृजनात्मक रूप में भी यह अति मानक बनने से परहेज करती रही है। ऐसा करके ही यह साहित्य में भी अपने सहज-सलोने रूप को बचाए रख सकी है—सिर्फ उसे थोड़ा-सा संवार कर।

हैदराबाद की हिंदी कविताई और उर्दू शायरी में आज भी यह सलोनापन कम

नहीं हुआ है। इस शहर में एक लंबे अर्से तक रहने का सौभाग्य मुझे मिला। यहां के अदीबों और अदबी शख्सियतों के नजदीक आने का और इन्हें 'बिटविन द लाइंस' पढ़ने का भी। तभी इस 'पाठ-विमर्श' की मानसिक तैयारी शुरू हुई। साहित्यिक (खासकर कविता) पाठ में अभिव्यंजना के गठन को देखने का प्रयास इस विमर्श के केंद्र में है। 'शैली' का प्रश्न प्रत्येक रचनाकार को देखने का उद्दीपक बना है। शैली में भाषाविज्ञान की रुचि पिछले कुछ सालों में बहुमुखी बनकर सामने आई है जिसने साहित्य समीक्षा को नई दृष्टि दी है। इस दृष्टि को प्रो. रवींद्रनाथ श्रीवास्तव ने 'आलोचना की नई भूमिका' कहा था। इसमें संदेह नहीं कि 'शैली' का प्रश्न मूलतः भाषा का प्रश्न है। प्रो. सुरेश कुमार के शब्दों में–"सामाजिक संदर्भ में वैशिष्ट्य से नियंत्रित और अतएव सोद्देश्य भाषाविकल्पन को 'शैली' तथा उसके वैज्ञानिक अध्ययन को 'शैलीविज्ञान' कहते हैं।" कविता में सोद्देश्य भाषाविकल्पन की एकाधिक प्रणालियों का उपयोग कवि अभिव्यंजना की प्रकृति के अनुरूप करता है। अभिव्यंजना की विशिष्टता ही कवि को विशिष्ट बनाती है। इसके लिए वह कभी-कभी अभिव्यक्ति की बनी बनाई डगर को छोड़कर अपनी अलग राह बनाता है। कवि की यह प्रवृत्ति प्रायः "व्याकरणिक चयन के नियमों के भंग के रूप में तथा असामान्य सह प्रयोग के रूप में दिखाई देती है" (सुरेश कुमार)। व्याकरणिक प्रतिमान से अतिक्रमण की इस प्रणाली को 'विचलन' या 'विपथन' कहा गया है।

इस पुस्तक में हैदराबाद के लगभग बीस कवियों-शायरों की काव्य-भाषा का शैली (पाठगत) विश्लेषण किया गया है। रोमन याकोब्सन का यह कथन समीचीन है कि–"साहित्यिक कृतियों का शैलीवैज्ञानिक अध्ययन साहित्य शैलीविज्ञान है, यह एक प्रकार से साहित्य समीक्षा ही है।" इस कथन में यह भी जोड़ दें कि इस समीक्षा प्रणाली में पाठ-विश्लेषण का अधिक महत्त्व है। प्रस्तुत 'कविता पाठ विमर्श' शैली विज्ञान की इसी पाठ-केंद्रित प्रणाली पर आधारित है जिसमें इस प्रणाली का यह लक्ष्य सदा समक्ष रहा है–"एक पाठ की भाषा संरचना तथा प्रसंग, जिसकी अभिव्यक्ति उस पाठ से हुई है, के घटकों के बीच यथोचित रीति से सह-संबंध स्थापित करना।"

हमारी यह भ्रांत धारणा है कि पाठ-विश्लेषण का शैली-वैज्ञानिक प्रारूप 'शुद्ध भाषाविज्ञान' के सांचे में ढला है। कृति का अपना साहित्यिक जगत होता है, वह वस्तुजगत की प्रतिच्छवि न होते हुए भी उससे असंपृक्त नहीं होती। यह भी कहा जा सकता है कि वस्तुओं की 'आंतरिक अन्विति' और उसके फलन को अभिव्यक्ति माध्यम (भाषा) से ही जाना जा सकता है। कम से कम कविता में उसका पता लगाने का और कोई साधन नहीं। काव्य व्यापार में 'भाषा' अथवा 'शैली' का स्थान केंद्रीय है पर इसका क्षेत्र समाज एवं जगत, कवि, कविता और पाठक तक फैला होता है। इस विमर्श में कविता के संदर्भ में इस परम सत्य को भी सामने रखा गया है, यह

मानते हुए कि कविता का वास्तविक क्षेत्र स्वयं कृति है, जिसका पूरा संसार भाषा और शैली के दायरे में सिमटा रहता है।

इस विमर्श में भाषा-पक्ष के भीतर रहकर कविता के बाहर देखने का यत्न भी मिलेगा। वस्तु और रूप को 'एक ही सिक्के के दो पहलू' मानने वाला समय गुजर चुका है, अब इन्हें एक ही फली के दानों की तरह देखने की बात की जा रही है। काफी पहले के कुछ विचारों को भी इस पुस्तक में खंगाला गया है। ड्रायडन ने यह कहा था कि भाषा का उपयोग कवि उस तत्त्व को 'जीवन्त' बनाने के लिए करता है जिससे उसका पाठक पहले से परिचित होता है। कॉलरिज भाषा का महत्त्व कवि की रचनात्मक कल्पना को तीक्ष्ण बनाने में मानते हैं।

लेकिन आज के कवि और आलोचक (हिंदी के भी) भाषा को कविता का केवल माध्यम स्वीकार नहीं करते, वे कविता को भाषा की ही एक विधा मानते हैं। इतना ही नहीं वे कविता को शैली के रूप में देखते हैं और शैली को 'नार्म' से अलग हटी हुई भाषा की 'स्थिति विशेष' के संदर्भ में व्याख्यायित करते हैं। आज का कवि और आलोचक कविता (पाठ) में प्रयुक्त शब्दों के इर्द-गिर्द चक्कर लगाकर यह सुनना चाहता है कि खुद में वे शब्द क्या बोलते हैं? और यह स्वीकार करने लगा है कि कविता भाषा का ही एक विशेष रूप है। प्रसिद्ध रूसी आलोचक तोपोरोव के शब्दों में—"विशेष रीति से व्यवस्थित भाषा ही शैली-विशेष है।"

हैदराबाद के चंद कवियों की कविता की 'शैली-विशेष' को भाषिक विधान से लेकर कंपोजीशन के बिंदु तक इस विमर्श में उभारा गया है। इस विधान और कंपोजीशन के विश्लेषण में कहीं-कहीं दुहराव भी दिखेगा—जैसे चयन, विचलन, समानांतरता, द्वंद्व, मानवीकरण आदि के स्तर पर। लेकिन इन शैलीय उपकरणों की गठन या बुनावट हर कवि में अलग दीखती है, अतः दुहराव के बावजूद इन्हें संपादित न करके जस-का-तस जाने दिया गया है।

इस विमर्श में किसी आलोचना स्कूल (संप्रदाय) का प्रभाव नहीं है। संभवतः इसीलिए यहां नए-पुराने कवियों-आलोचकों की टिप्पणियां उद्धृत हैं (देखें परिशिष्ट)। कवियों का व्यक्ति-चित्र भी विमर्श में है। पहले इसे निकाल देने का मन बना पर इसका महत्त्व यह लगा कि इन कवियों के साथ मेरे आत्मीय संबंध उजागर हो रहे हैं, जिन्हें यहां जरूर सुरक्षित रखना चाहिए। दूसरे यह कि कवि के जीवन के कुछ चिह्न या निशान जो उसकी रचना में भी प्रच्छन्न रूप में लुके-छिपे दिखाई दिए हैं—उन्हें पकड़ा जा सके।

पाठ-विश्लेषण, भाषा शैलीविज्ञान और साहित्य शैलीविज्ञान पर सैद्धांतिक विमर्श खूब हुए हैं। इन्हें अनुप्रयुक्त भाषाविज्ञान की शाखा के रूप में पहचाना भी गया है। परन्तु इन संकल्पनाओं की सैद्धांतिकता का अनुप्रयोग करते हुए पाठ-विश्लेषण

बहुत ही कम दिखाई देते हैं। जो हैं भी, वे सिद्धांत प्रतिपादन का माध्यम अधिक हैं, काव्य-विश्लेषण का यत्न कम। इस विमर्श का लक्ष्य इलियट के इस कथन से आबद्ध है कि "आलोचना की ईमानदारी इसी तथ्य में निहित है कि वह कवि की ओर उन्मुख न होकर कविता की ओर उन्मुख हो और तभी संवेदनापूर्ण रसास्वाद संभव है।"

इस विमर्श के समय कविता पढ़ाने-पढ़ने वाले छात्राध्यापक सदैव सामने रहे। खासकर वे जो दूसरी भाषा के रूप में हिंदी साहित्य का शिक्षण और अधिगम करते-कराते हैं; कविता को देखने-परखने की एक सही और अपेक्षाकृत अधिक कारगर पद्धति-प्रणाली से रू-ब-रू हो सकें। शैलीविज्ञान का एक बड़ा हिस्सा साहित्य पक्ष से जुड़ा है जिसके मध्य में 'शैली' अवस्थित रहती है। यही वजह है कि शैलीविज्ञान भाषा तथा साहित्य के शिक्षण में योगदान कर सकता है। शैली तत्त्व का विवेक पैदा करने में यह 'विमर्श' सहायक हो सकता है। प्रथम और अन्य भाषा के अधिगम में शैली वैविध्य के प्रति जागरूकता अभीष्ट होती है। साहित्य शिक्षण में भी पाठ में गुंफित शैलीय उपकरणों की भूमिका महत्त्वपूर्ण मानी गई है। साहित्यिक प्रभाव, कलात्मक सौंदर्य और अभिव्यंजना की गहराई का संप्रेषण यदि भाषा पर आधारित और पाठ-केंद्रित करके किया जाय तो कृति (रचना या पाठ) पर अध्येता की पकड़ अधिक दृढ़ हो सकती है। अन्य भाषा के साहित्य के लिए तो यह सदैव अपेक्षित है कि साहित्यिक रचनाओं का शिक्षण भाषा शैलीवैज्ञानिक विश्लेषण पर आधारित हो। यह 'विमर्श' साहित्य शिक्षण के लिए भी सहायक सिद्ध हो सकता है।

इस 'विमर्श' के लिए उन सब का आभार जिनके विचार और काव्य-पंक्तियां इसमें गुंथे हैं। पं. विद्यानिवास मिश्र, प्रो. रवींद्रनाथ श्रीवास्तव और डॉ. नामवर सिंह को नमन जिनके लेखन में व्यक्त साहित्य में आबद्ध भाषिक तत्त्वों और साहित्य भाषा में लिपटे सौंदर्य विधान की चर्चा और संकेतों ने यह 'विमर्श' करने का साहस पैदा किया।

आखिर में, आभार व्यक्त करता हूं, केंद्रीय हिंदी निदेशालय, मानव संसाधन मंत्रालय, भारत सरकार, नई दिल्ली। जिन्होंने वित्तीय सहायता प्रदान करके इस पुस्तक के प्रकाशन को संभव बनाया है।

— दिलीप सिंह

गहि न जाइ अस अद्भुत बानी

भाषा कविता का प्राण है। संवेदनाएं इसी के माध्यम से अभिव्यक्ति पाती हैं। अर्थात् काव्य सृजन का साधन भी भाषा है और साध्य भी। कवि एक साथ तीन प्रकार की दुनिया में रहता है—वस्तु या भौतिक जगत, भाव या संकल्पनात्मक जगत तथा तर्क या शैक्षिक जगत। भारत की चिंतन परंपरा में इन तीनों पर अत्यंत गंभीरता और गहराई के साथ विचार हुए हैं। पाश्चात्य देशों में भी इन विषयों पर अलग-अलग भी और इनके अंतःसंबंधों को उकेरते हुए व्यापक चर्चाएं हुई हैं। निष्कर्ष यह निकला कि इन तीनों ही संसारों का संबंध हमारे संज्ञान (कॉग्निशन) से रहता है, भाव जगत का तो बड़े ही गहरे स्तर पर। इस संज्ञान का रास्ता भाषा है। भाव जगत में भी कविता की भाषा सर्वाधिक संश्लिष्ट होती है—इसीलिए फिसलती है, कुछ-न-कुछ छिपाए रखती है, बार-बार अपने भीतर झांकने को कहती है।

ऐसा इसलिए होता है कि भाषाबद्ध भावजगत की मूल सामग्री बाह्य-वस्तुएं नहीं होतीं, उन वस्तुओं के प्रति कवि का बोध होता है। अतः 'वस्तु' और 'वस्तु बोध' के अंतर को समझना जरूरी है—कवि और अध्येता दोनों के लिए। कविता में विशेष रूप से, भाषिक प्रतीक के रूप में प्रयुक्त होने वाले शब्दों का उसके द्वारा संकेतित वस्तु (रिफरेंस) के साथ सीधा संबंध नहीं होता। अपनी किताब 'कविता का अर्थात्' में परमानंद श्रीवास्तव ने नवोदित कवि अष्टभुजा की कविताओं पर भी टिप्पणी की है। वहीं किन्हीं अन्य संदर्भों में उद्धरित इस कवि की कुछ पंक्तियां ऊपर की बात को समझने के लिए देखी जा सकती हैं—कविता का शीर्षक है 'मां'—

चलता फिरता गोरसहा घर थी मां/कोई तनिक-सा जोरन डाल दे तो दही की तरह जम जाती/कोई संबोधन से छकरा दे/तो मक्खन की तरह उपरा जाती/किसी को घुमरी आ जाए/तो छाछ की तरह गुड़छार हो जाती।

यहां भाषा की उस परिभाषा को देखा जा सकता है जिसमें भाषा को एक ऐसी व्यवस्था माना गया है जो यादृच्छिक (आरबिटरेरी) ध्वनि प्रतीकों से गठित अर्थीय

संरचना होती है (ब्लॉक और ट्रैगर)। इसीलिए भाषा हमारे लिए, सामाजिक के लिए अमूर्त नहीं, संकल्पनात्मक यथार्थ होती है। शब्द और भाषा का अर्थ-संदर्भ यहीं से महत्त्व पाने लगता है। श्रीवास्तव (भाषाई क्रांति और जनपदीय भाषाएं–1996 ई.) ने माना है कि सार्थकता दो प्रक्रियाओं का परिणाम होती है–संकल्पना निर्माण की प्रक्रिया और नामकरण की प्रक्रिया। उन्होंने 'गाय' और 'कमल' का उदाहरण देते हुए कहा कि ये दोनों शब्द बाह्यजगत की वस्तुओं 'गाय' और 'कमल' के लिए नहीं, मन में बनीं इनकी संकल्पना के लिए हैं। इस संकल्पना में वे सभी सामाजिक-सांस्कृतिक पक्ष निहित रहते हैं जिसे समाज एक 'मूल्य' के रूप में स्थापित करता है–'गायत्व और कमलत्व'। अतः भाषा संकल्पनात्मक होने के साथ ही सामाजिक यथार्थ भी है। यही यादृच्छिकता विश्व की भाषाओं को एक-दूसरे से अलग करती है। कवि भाषा की इस सामाजिकता का जितना ही दोहन करता है, कविता उतनी ही प्रगाढ़ और अर्थगर्भ होती है। इसीलिए साहित्य का रूपाकार 'मातृभाषा' के अनुरूप बनता है। हर क्षेत्र, समाज और देश का साहित्य अपनी गंध से युक्त होता है। प्रभाकर श्रोत्रिय ने शब्द और अर्थ के इस पसार को केदारनाथ सिंह की कुछ पंक्तियों के संदर्भ में देखा है, हम यह भी देखें कि यह 'गंध' क्या किसी अन्य भाषा में भी इसी रूपाकार में बसाई जा सकती है।

झीलों के पानी में खजूर हिलेंगे/खेतों के पानी बबूल/पछुआ के हाथों में शाखें हिलेंगी/पुरवा के हाथों में फूल/आना जी बादल जरूर

रचना की भाषा के अनुरूप रूपाकार गठन और उस भाषा की गंध का बसाव कवि से सर्जनात्मकता की अपेक्षा करता है। भाषा की सबसे गहरी सर्जनात्मकता संवेदना और सौंदर्य को उद्‌घाटित करने वाली काव्यभाषा में होती है। भाषा की सर्जनात्मक ऊर्जा का उच्चतम परिणाम होती है–कविता। 'साक्षात्कार' (कविता विशेषांक : जुलाई, 1997 ई.) में प्रकाशित 'फल-फूल' (श्री प्रकाश शुक्ल) कविता सामान्य भाषा में गहरी संवेदना और सौंदर्य की सृष्टि करती है–

उनके पास ढेर सारे फूल हैं/बहुत से बगीचे हैं/और अधिक से अधिक माली हैं

ऐसी कविताएं बड़े ही संतुलित ताप से बनती हैं। कवि अपने भाव जगत में निहित बीज (अनुभूति और संवेदना) के प्राकृतिक गुण को जब मिट्टी गोड़ कर एक निश्चित गहराई (संभावित प्रभाव का प्रक्षेपण) में रोपता है और फिर उपयुक्त खाद-पानी (काव्य उपकरण) दे-द कर उसे सीझकर पल्लवित होने का उकसावा देता है तब पौधा धरती की छाती फोड़कर बाहर झांकने लगता है। इसे ही हम रचना-प्रक्रिया या रचनाकार का द्वंद्व कह सकते हैं। या कहें कि बीज में पौधे की संभावना निहित रहती है जिसे कवि अपनी काव्य-प्रतिभा से खन-सींच कर पल्लवित करता है। कवि सामान्य भाषा के माध्यम से एक विशिष्ट प्रकार का संप्रेषण करता

है—विशिष्ट संप्रेषण की भाषा (काव्य भाषा) रचकर। 'साक्षात्कार' के कविता विशेषांक में छपी राव तेलंग की कविता 'अभी रुको' को 'पल्लवन' (रचना) की इस प्रक्रिया से जोड़कर देखा जा सकता है—

अभी रुको/अभी रेत के ढेर पर/नन्हे हाथ/हवा में कोई आकार बांध रहे हैं। अभी/घूमते हुए चाक पर/मिट्टी-पानी से बन रहा है कुछ/सहेज कर रखने के लिए। अभी/सितार के तारों को कसा जा रहा है/सही स्वर की तरफ। अभी/घर से कोई निकलने को है/एक इरादे के साथ। अभी रुको/अभी हमारे दौर का/यह सबसे जरूरी समय है/कुछ रचे जाने के पहले का समय।

इस पूरी रचना-प्रकिया में कवि का भाव जगत सक्रिय होता है। 'भाव जगत का आधार व्यक्ति का इंद्रियगत अनुभव होता है' (अज्ञेय : अपने बारे में : साक्षात्कार रघुवीर सहाय को)। अनुभव की तीव्रता ही कवि को कविता करने के लिए बेचैन करती है—धरती को फोड़ने के लिए बीज करवटें लेने लगता है, अपने को खोलता है, अंकुराता है—कुछ और बन जाने के लिए और कवि शब्दों में संवेगों और अनुभूतियों के रंग भरकर उन्हें 'काव्यात्मक' (कुछ और) बनाता है। इस प्रक्रिया में वह भाषा के सामान्य अर्थ को द्रवीभूत (डिजाल्व) भी करता है। 'द्रवीभूत' करने का बड़ा ही खूबसूरत उदाहरण है आलोक धन्वा की कविता 'निवृत्त' (नए इलाके में)—*जैसे टूट जाए हाथ की हड्डी/और गिलास भी उठ न सके/क्या मैं भी पूरा का पूरा/बेकाम हो जाऊंगा बीच राह/गिरा जूते का तल्ला। फूटने के बाद भी मिट्टी की सुराही/जाड़े में बोरसी बन जाती है/वैसे ही मैं भी तो काम आ सकता हूं/अन्न उगा न सकूं तो क्या/सूखते धान के पास बैठ कौआ तो हांकूंगा। पेड़ कटने पर बचा हुआ थंभ/किसी थके बैल या गाभिन गाय का/खूंटा बन जाएगा।*

ऐसे में सामान्य भी कवि-निर्मित दुनिया का संकेत चिह्न (साइन मार्कर) बन जाता है। यह बाह्य जगत और भाव जगत के प्रति कवि के रागात्मक (नॉन-वर्बल) संबंध का प्रमाण होता है। काव्य-संसार की पूरी बुनावट ही रागात्मक होती है। रागात्मक संबंधों को काव्य में मूर्त करना ही कवि-कर्म है, जिसका आधार है काव्य-संसार और परिणति स्वयं काव्य। श्रीवास्तव (1996 ई.) ने साहित्य की परिभाषा ही इन शब्दों में बांधकर की है—"साहित्य सामाजिक चित्तवृत्तियों की मूल्यचेता रागात्मक अभिव्यक्ति है।"

इसी अर्थ में कवि भाषा-शैली (साहित्यिक) का स्रष्टा होने के साथ ही उसका अन्वेषक भी होता है (विद्यानिवास मिश्र : छंद और कविता)। पर इसके लिए जरूरी है कि कवि के पास अर्थ-रूप, भाषा-शैली के लिए पर्याप्त शब्द समूह और व्याकरणिक व्यवस्था हो (अज्ञेय : वही)। आधुनिक चिंतन के तहत हम इस कथन में यह भी जोड़ लें—'और इन्हें तोड़ने-जोड़ने की सर्जनात्मक दक्षता भी।' इसके अभाव

में ही कई कविताएं अपने निकृष्टतम अर्थ में सतही बन जाती हैं, तो इनसे संबद्ध होकर ऊपर से सामान्य दिखने वाली कविता के भीतर अर्थ के अनेकानेक स्तर पसरे मिलते हैं। मांझी अनंत (साक्षात्कार/कविता विशेषांक) की छोटी-सी कविता 'तुम्हारे दिन' सामाजिक विडंबना के कितने ही अर्थ अपने में लपेटे हुए हैं–

तुम्हारे/हाथों की धौल/जब/मेरी पीठ पर पड़ती है/मैं/जान जाता हूं/अच्छे बीत रहे हैं/तुम्हारे दिन। अधूरी (रेसट्रिक्टेड) भाषा-शैली कवि के संज्ञान (कॉग्निशन) को काव्यार्थ के उच्च स्तर पर नहीं ला पाती जबकि विस्तृत कोड (एलेबोरेटेड), जिसमें गहरे संदर्भों को व्यक्त करने की सामर्थ्य होती है, सामान्य कथन को भी काव्योत्कर्ष दे देता है। अज्ञेय ने कहा था कि "कवि तो भाषा या कि किसी भी समय प्रचलित व्याकरण के बाहर भी जाता है", पर इसके लिए उसे पूरी गहराई के साथ भाषा के 'भीतर' होना होगा, तभी तो वह बाहर जा पाएगा। भाषिक इकाई के सभी स्तरों पर (शब्द से लेकर वाक्य तक) दो शब्दों, पदों, पदबंधों, वाक्यों के बीच की संगति (हार्मनी) को ही नहीं, उनके बीच में अंतराल, मौन और द्वंद्व को साधना भी कवि-प्रतिभा की कसौटी है। केदारनाथ सिंह की 'बाघ' (21 कविताओं का चयन) की संरचना में "एक कथा-लय है, एक तरह की प्रच्छन्न अर्थ संगति ... शृखंला की हर कड़ी में बाघ एक नए बाघ की तरह आता है" (परमानंद श्रीवास्तव) कहने के पीछे भाषा के भीतर-बारह जाने-आने की अकुलाहट भी छिपी दिखती है और 'अर्थ संगति में असंगतियां धड़कती हैं' (वही) का अर्थ यह लिया जा सकता है कि असंगतियों की धड़कन अंतराल, मौन और द्वंद्व से ही ध्वनित होती है–*कि कितने अभिन्न हैं/मेरे समय के पंजे/मेरे नाखूनों की चमक से/कि मेरी आत्मा में जो खुशी है/असल में वही है/मेरे घुटनों का दर्द। कि इस समय मेरी जिह्वा पर/जो एक विराट झूठ है/वही है–वही है मेरी सदी का/सबसे बड़ा सच।*

भापा सामाजिक संप्रेषण का एक साधन है। संप्रेषण का एक हिस्सा साहित्य द्वारा पूरा होता है। इसे भाषा के कलात्मक संप्रेषण या संकेत वैज्ञानिक (सेमिऑटिक) या संकेत-प्रयोग वैज्ञानिक (प्रैगमेटिक) भाषा प्रयोग के रूप में आज देखा जा रहा है। कविता इसी कलात्मक संप्रेषण का एक अंग है। सामान्य भाषा की भांति ही काव्यभाषा के भीतर भी सामाजिक, सांस्कृतिक और मिथकीय संदर्भ अंतर्भुक्त होते हैं। इसीलिए भाषा में विचलन (डीविएशन), परिवर्तन और चयन की भरपूर गुंजाइश होती है। भाषा की तरह ही, कविता भी पूर्णतः मानव संदर्भित है। शायद इसीलिए इलियट (ऑन पोयट्री एंड पोएट्स) ने यह उद्घोषण की थी–"काव्य को चाहिए कि वह सामान्य भाषा को अपना लक्ष्य बनाए, संवेग और भावनाएं लोकभाषा में ही–अर्थात् उस भाषा में जो सब वर्गों के लिए सामान्य हों, भलीभांति अभिव्यक्त होती हैं। भाषा की संरचना, लय, ध्वनि और मुहावरा, इसका इस्तेमाल करने वाली

जाति के व्यक्तित्त्व को अभिव्यक्त करते हैं।" किसी भी भाषा-समाज का साहित्य उसकी जातीय अस्मिता का प्रतिबिंब होता है। जातीय अस्मिता लोक-संस्कारों और, भाषाई संस्कारों (बैपटिज्म) के समायोजन से निर्मित होती है। कवि इनसे भावात्मक स्तर पर जुड़ा होता है क्योंकि 'मानव' उसकी रचना का केंद्र होता है। कवि मनुष्य की भाषा में मनुष्य को पढ़कर मनुष्य को ही सुनाता है।

पढ़ना है तो इंसान को पढ़ने का हुनर सीख/हर चेहरे पर लिक्खा है किताबों से जियादा। (फारिग बुखारी)

कविता

सो कबित्त कहावै (चित्त हरै जो प्रबीनन को)

कविता कैसे बनती है—या बनाई, ढाली जाती है; इस पर कुछ विमर्श 'काव्य-भाषा' की चर्चा में किया गया था। काव्य-संबंधी दो और प्रश्न भी कविता पाठ विमर्श की धुरी बने रहे हैं—कविता क्या है तथा अच्छी कविता क्या है। वैसे ये दोनों प्रश्न अन्योन्याश्रित हैं। 'कविता क्या है'—आचार्य रामचंद्र शुक्ल का बहुचर्चित निबंध है जिसको कई विद्वानों ने हिंदी काव्य शास्त्र का प्रारूप मानकर सराहना की है (आचार्य रामचंद्र शुक्ल : प्रकाशन विभाग) । शुक्ल जी ने कविता की व्यापक होती जा रही प्रयोजनीयता और बदलते युग की चेतना में उसकी भूमिका के बदलाव की ओर संकेत देते हुए लिखा है—"कविता देवी के मंदिर ऊंचे, खुले, विस्तृत और पुनीत हृदय हैं। सच्चे कवि राजाओं की सवारी, ऐश्वर्य की सामग्री में ही सौंदर्य नहीं ढूंढ़ा करते वे फूंस के झोंपड़ों, धूल-मिट्टी में सने किसानों, बच्चों के मुंह में चारा डालते हुए पक्षियों में कभी-कभी ऐसे सौंदर्य के दर्शन करते हैं जिसकी छाया भी महलों और दरबारों तक नहीं पहुंच सकती।" कविता को सामंती मनोवृत्ति और कल्पना की वायावी उड़ान से मुक्त कर 'कविता क्या है' उसे सामाजिक वृत्तियों और यथार्थ के धरातल पर खड़ा करती है। कविता समाजोन्मुख होती है, या कि पूरा काव्य-संसार ही समाजोन्मुख होता है; इस मान्यता ने आधुनिक युग में पूरे साहित्यिक परिदृश्य को ही बदल डाला। 'लोक, आदमी और जिंदगी', अब कविता के भी मूल सरोकार बने। 'साक्षात्कार' (अक्तूबर, 1997) में भीष्म साहनी का एक साक्षात्कार छपा है जिसका शीर्षक ही है—'जिंदगी की सच्चाई लेखक के लिए सर्वोपरि है'। कई साहित्यकारों ने यह बात कई तरह से पहले भी कही है; भीष्म साहनी के शब्द यूं हैं—"विचारधारा जीवन का पर्याय नहीं है। लेखक का सरोकार जीवन से होता है। जब लेखक लिखने बैठता है तो उसका दायित्व जीवन की सच्चाई के प्रति तथा उसका लेखन मानवीयता से अनुप्राणित ही होगा।"

कविता में मानव और मानवीयता की केंद्रीय भूमिका से आज भी कोई इनकार

नहीं करता—मानव तुम सबसे सुंदरतम (पंत) की प्रतिध्वनि पहले भी गूंजती रही है, आज भी गूंज रही है और आगे भी गूंजेगी। इस केंद्रीयता के साथ कविता वह होती है जो मानव के भाव जगत को या उसके हृदय को संस्कारित करे। आचार्य शुक्ल ने कविता की इस प्रयोजनीयता को भी बड़े ही मार्मिक शब्दों में व्यक्त किया है : "कविता ही मनुष्य के हृदय को स्वार्थ संबंधों के संकुचित मंडल से ऊपर उठाकर लोक सामान्य भावभूमि पर ले जाती है जहां जगत की नाना जातियों के मार्मिक स्वरूप का साक्षात्कार और शुद्ध अनुभूतियों का संचार होता है।" संभवतः इसीलिए भरतीय आचार्यों ने काव्य की अनुभूतियों को अलौकिक प्रकार का आनंद माना है। इस आनंद की प्राप्ति में इसी संसार और मानव जीवन की अनुभूतियों का योग होता है। इसीलिए कविता मानव जीवन से अभिन्न होती है। शुक्ल जी ने एक-दूसरे में गुंथे तीन ध्रुव मानव जीवन के निधारित किए हैं—मानव की परस्पर अनुभूति, मानव और प्रकृति जीवन तथा मानव अंतःकरण की आध्यात्मिक अनुभूति और बोध। इन्हीं ध्रुवों पर रखकर शुक्ल जी ने सूर, तुलसी, जायसी के काव्य की मर्मस्पर्शिता और प्रभावात्मकता को सिद्ध किया है। अतः कविता वही है जो मानव जीवन से संबद्ध हो और "अपने भीतर शक्ति, शील और सौंदर्य की प्रतिष्ठा करके जगत को अनुरंजित करने में सफल होती है" (शुक्ल) ।

पर मानव समाज, उसका समय और परिणाम स्वरूप उसकी अनूभतियां परिवर्तनशील होती हैं। इन परिवर्तनों के तद्रूप अभिव्यंजना की दिशा भी बदलती है। मध्यकाल में इसी बदलाव ने अभिव्यंजना-शैली को लोक-काव्य रूपों की ओर मोड़ा और जनभाषाओं को इस युग के कवियों ने अपनी प्रतिभा से काव्योत्कर्ष दिया। ऐसा ही कुछ 'छायावाद' ने भी किया। इस तरह काल और कविता का संबंध बड़े गहरे जुड़ता है। अज्ञेय के ये शब्द यहां काफी होंगे—(कविता में) लोक भी है, समाज भी है, बदलता हुआ समाज भी है, एक-दूसरे को काटता समय भी है और हां दृष्टियां भी तो। इसी बात को 'निराला' ने अपने कवि-समय के बदलते प्ररिवेश को देखते हुए कवि को परामर्श दिया था—*करना होगा यह तिमिर पार/देखना सत्य का मिहिर द्वार/बहना जीवन के प्रखर ज्वार में निश्चय/लड़ना विरोध से द्वंद्व समर/रह सत्य मार्ग पर स्थिर निर्भर/जाना भिन्न भी देह, निज घट निःसंशय।*

कविता एक अनुशासन भी है। गद्य से कहीं अधिक अनुशासिक गहराई, संश्लिष्टता और भाव-संप्रेषण इस अनुशासन के आचरण हैं। इसी अनुशासन के कारण कविता हर तरह के भाव को एक रास्ता देती है—"गद्य में लग सकता है कि कोई असंयत बात कह दी गई है, जबकि कविता में वह कही जा सकती है—अनुशासित ढंग से, बिना किसी विद्रूप के" (अज्ञेय)। यहां यह भी विचार करें कि कविता में भाषा का भी अपना अनुशासन होता है। स्वर मात्रा, छंद, लय, टेकनीक, सब का। अपने इसी वैशिष्ट्य के कारण कविता कवि को अनुशासन

सिखाती है। उसे अनुशासन में रखती है। 'अनुशासन' का अर्थ नाप-तौल कर कहना नहीं है और न ही इसका तात्पर्य तत्समता की पैरवी करना अथवा परंपरित काव्य रूढ़ियों का अनुकरण करना है। इसका तात्पर्य है—गतिमान रहते हुए सामयिक भाव-बोध के संप्रेषण का आग्रह। अनुशासन के ये तीनों आचरण भाषा के प्रति चेतना से ही सधते हैं। भाषा की शक्ति के प्रति कविता सचेत करती है—कवि और पाठक दोनों को। तभी तो बेट्सन ने कहा था कि—"कविता पर समय की छाप या काल की गतिमानता का पता कवि की चर्चा करके नहीं, भाषा के माध्यम से ही लगाया जा सकता है। कविता का वास्तविक इतिहास भाषा के बदलाव के उस पड़ाव के इतिहास के अलावा और कुछ नहीं है जिसमें कविता लिखी गई है। भाषा में ये परिवर्तन तत्कालीन सामाजिक और बौद्धिक प्रवृत्ति के दबाव के कारण आते हैं।" (Age's imprint or the dynamics of time in a poem is not to be traced to the poet, but to the language. The real history of poetry is the history of changes in the language in which a poem is written. And it is these changes of language only that are due to the pressure of social and intellectual tendencies.) भक्ति युगीन, छायावादी और समसामयिक हिंदी कविता में बेट्सन के कथन का प्रमाण छिपा है। भक्ति युग ने 'भाखा' की प्रतिष्ठा की तो छायावाद ने व्यक्तित्व की और उसकी व्यक्तिगत भावना के लिए भाषा पैदा की। समसामयिक हिंदी कविता में भी कहने का ढंग बदला है—*हत्यारा पहने है सबसे मंहगे कपड़े/हत्यारे के सारे दांत सोने के हैं/पर आंतें पैदाइशी/हत्यारे के मुंह में जीभ चमड़े की/मगर चम्मच चांदी का है/हत्यारे का पांव घायल/मगर जूता लोहे का/हाथ हड्डी के मगर दस्ताने प्लेटिनम के हैं* (लीलाधर जगूड़ी : हत्यारा : इंडिया टुडे : साहित्य वार्षिकी, 1992 ई.)। इनमें व्यंग्य का पुट तीखा हुआ है—*ले मुन्ने, ले आया जिंदगी/मैं फेंकूं तू झेल/लाल बटन पर हाथ रखे/बैठे हैं पंच पटेल। सभी सयाने सठियाने/तू अपनी गैल बना/बुरी नजरवालों से/मत कहना अपना सपना/हर आंधी से दीया बचाना/जब तक तिल में तेल/धरती तुझे सौंपनी थी/यह हमसे नहीं हुआ/हम तो वोट दिए बैठे हैं/हारे हुए जुआ/नाक यहां है/सात समंदर के उस पार नकेल* (महेश अनघ : वागर्थ—जून, 1999 ई.)। शिल्प की पहचान भी ज्यादा खुलकर की जा रही है—*जिंदगी के ... कमरे में अंधेरा/लगाता है चक्कर/आवाज पैरों की देती सुनाई बार-बार ... बार-बार/पर वह अज्ञात व्यक्ति है कि/भीत-पार आती हुई पास से/गहन रहस्यमय अंधकार ध्वनि-सा अस्तित्व जनाता/है पर बावजूद सभी कोशिश के वह चैतन्य की दृष्टि से बंध नहीं पाता/सुनाई जो देता, पर नहीं देता दिखाई* (अंधेरे में : मुक्तिबोध)।

नए-नए प्रयोग भी देखने को मिल रहे हैं—*अब लीला के लिए/जरूरी नहीं रहा मंच/न जरूरी रहे/नट, नटी और सूत्रधार/ जरूरी नहीं रही मंच सज्जा/कि समूची*

धरती है लीला का रंगमंच/और तो और/जरूरी नहीं रहा अंगराग/न पीतांबर, न मुकुट/न वर्गीकृत रहीं भूमिकाएं/कि चाहिए एक अदद धीरोदात्त नायक/एक अदद रूपगर्विता नायिका/और एक अदद विदूषक सहचर। अब खल विदूषक है/और विदूषक नायक/और नायक क्लीव। अब युग नहीं रहा/सुखांत या दुखांत का/कि लीला पुरुष की लीला/कभी खत्म नहीं होती/चलती रहती है लीला अहर्निश-अविराम पटकथा से पूर्णत : विलोपित कर दिया गया है/शब्द: पटाक्षेप (सुधीर सक्सेना : पटाक्षेप : वागर्थ–अगस्त, 1998 ई.)। नए मिथक उभर रहे हैं, लोकराग गहरा हुआ है, जड़ों की ओर लौटने की कोशिश बढ़ी है– *'जड़ें चमक रही हैं/ढेले खुश/घास को पता है/चीटियों के प्रजनन का समय/करीब आ रहा है। दिन भर की तपिश के बाद/ताजा पिसा हुआ गरम-गरम आटा/एक बूढ़े आदमी के कंधे पर बैठकर/लौट रहा है घर। मटमैलापन अब भी/जूझ रहा है/कि पृथ्वी के विनाश की खबरों के खिलाफ/अपने होने की सभी ताकत के साथ/सटा रहे पृथ्वी से'* (केदारनाथ सिंह : उत्तर कबीर और अन्य कविताएं)। इस तरह कविता भी संपन्न होती है, कवि संपन्नतर और समाज संपन्नतम।

कविता की संबद्धता सांस्कृतिक चेतना से होती है जो हर युग की अपनी परिस्थितियों के अनुरूप होती है। संस्कृति में ही लिपटा चिंतन, परिवेश और भाषा का ऐसा दायरा होता है जिसके भीतर रहकर ही रचना कवि की नियति बन पाती है। जिस तरह हम कविता से बाहर नहीं होते उसी तरह कविता भी हमसे अलग नहीं होती–'(वही) हमारी जातीय स्मृति का एक अटूट हिस्सा होती है। उसके माध्यम से ही (राष्ट्र की) संस्कृति और उसकी अस्मिता की पहचान बनती है' (अज्ञेय : संपादकीय : साक्षात्कार)। और तभी ऐसी कविताएं लिखी जाती हैं– *'नहीं थकेगी मां की आस/दायरे में ही रहेगी दुनिया/और राई की तरह छितराएगा/चारों ओर अंजोर/क्योंकि अब भी हर शाम/हर कोठरी में/वह दिखाती है सांझ/और सूर्य होता लाल/सुबह तक के लिए'* (सुबोध शैलांश : संझा-बाती : वागर्थ–जून, 1999 ई.)

हर युग की कविता सीमा का अतिक्रमण करती है। अपनी संरचना में वह कभी अस्वाभाविक, विरल, कृत्रिम और अयथार्थपूर्ण भी लग सकती है, लगती है–पर महान कविता फिर भी अर्थगर्भ होती है। कैसे या किन उपादानों से आता है यह अर्थगर्भत्व कविता में, इस पर भारतीय और पाश्चात्य दोनों ही क्षेत्रों की काव्य-मीमांसा में गहरा विवेचन हुआ है। मीमांसा कविता की समझ के लिए या कविता क्या है तथा अच्छी कविता कैसे बनती है–उसका प्रमुख उपादान, उपकरण और प्रयोजन–उद्‌देश्य क्या है, आदि प्रश्नों के समाधान के लिए भी अपेक्षित होती है। भारतीय काव्य-मीमांसा के लिए 'काव्य कल्पद्रुम', 'रस मीमांसा', 'आलोचनादर्श', 'साहित्यालोचन' आदि हिंदी आलोचना की प्रारंभिक पुस्तकें आज आदर्श और प्रेरक

मानी जाती हैं। इसी प्रकार पाश्चात्य काव्यादर्श पर केंद्रित 'नया साहित्य नए प्रश्न', 'प्रगति और परंपरा', 'प्रगतिवाद : एक समीक्षा', 'हिंदी साहित्य की आधुनिक प्रवृत्तियां' जैसी कृतियों को नींव के रूप में रखा जा सकता है।

भारतीय काव्य मीमांसा में यह बात केंद्रीय रही है कि काव्य के मूल में भाषा रहती है। भाषा के माध्यम से ही काव्य-सौंदर्य उद्घाटित होता है। कवि का शब्द चयन कैसा है, उसने भिन्न भाषिक इकाइयों को संयोजित कैसे किया है, उसे शब्द-शक्तियों की जानकारी है या नहीं? इन बातों पर ही काव्य का सौंदर्य आधारित होता है। कविता के सौंदर्य को द्विगुणित करने के लिए अभिधा, लक्षणा और व्यंजना—इन तीनों काव्य-शक्तियों में से किसी एक, दो या तीनों को प्रमुखता देते हुए कवि कविता में ऐसा या इस प्रकार का अर्थ भरता है जिसकी पाठक/श्रोता ने कभी कल्पना भी नहीं की होती। अतः शब्द-शक्तियां कविता का सौंदर्य परक उपादान मानी गईं।

भामह और दंडी जैसे आचार्यों ने 'वक्रोक्ति' को काव्य का सर्वाधिक महत्त्वपूर्ण उपकरण माना। उनके अनुसार वक्रोक्ति का तात्पर्य है—काव्यात्मक अभिव्यंजना। आज इसी दृष्टि को विकास देते हुए शैली-विज्ञान में 'विचलन' (डीविएशन) की संकल्पना हमारे सामने है। भारतीय काव्य विमर्श ने यह भी दिखाया कि समस्त अलंकारों के मूल में 'वक्रोक्ति' रहा करती है। दंडी ने अलंकार का एक और अर्थ भी प्रतिपादित किया—अर्थ संबंधी चमत्कार। और यह माना कि काव्य में अलंकारों से उत्पन्न चमत्कार ही उसकी आत्मा है। दंडी ने रस की सत्ता भी अलंकारों के अंतर्गत ही मानी। इस प्रकार मात्र अलंकारवादी संप्रदाय ने ही वक्रोक्ति, अलंकार, रस और सौंदर्य पर चर्चा की। वामन ने स्वीकारा कि काव्य लिखने की विभिन्न शैलियां ही कविता में विभिन्न रसों का संचार करती हैं। कविता के प्रयोजन या उसके मंतव्य को देखते हुए जब उपयुक्त 'रीति' कवि अपनाता है तो वह काव्य सुंदर बन जाता है। वामन ने रीति का अर्थ लिया—'विशेष प्रकार की पद-रचना', और यह दर्शाया कि अन्य काव्य-गुणों का विलयन 'रीति' में ही पर्यवसित है। 'रीति और शैली' के भारतीय पक्ष को उभारती पं. विद्यानिवास मिश्र की पुस्तक 'रीति विज्ञान' तथा इनके पाश्चात्य पक्ष को रेखांकित करती प्रो. रवींद्रनाथ श्रीवास्तव की पुस्तक 'शैलीविज्ञान : आलोचना की नई भूमिका' ने 'कविता की आलोचना' के आधुनिक दृष्टिकोण में काफी कुछ नया और महत्त्वपूण जोड़ा। कुंतक ने अलंकारों के उपादान के रूप में नहीं, स्वतन्त्र अस्तित्व के साथ वक्रोक्ति को ही काव्य की आत्मा घोषित किया। रचना में सौंदर्य और अभिव्यंजना में रोचकता—इन दोनों का उपकरण उन्होंने वक्रोक्ति को ही स्वीकार किया। काव्य में मात्र शब्द में लिपटे अर्थों का ही महत्त्व नहीं होता—काव्य का लक्ष्य है—भावों, संवेदनाओं और रसों की व्यंजना करना, यह कार्य 'ध्वनि' द्वारा संभव होता है। इस प्रकार कविता में 'ध्वनि' का महत्त्व भी

प्रतिपादित हुआ। भरत मुनि ने काव्य में 'रस' को ही सर्वोपरि माना और कहा कि ध्वनि, रस से ही संबंधित होती है। कविता आस्वाद्य है तो 'रस' की उपस्थिति के कारण ही। भारतीय काव्य चिंतन-धारा में 'काव्य गुणों' पर भी विचार किया गया। चाहे हम किसी भी रीति से, किसी भी प्रकार के रस की अभिव्यंजना करना चाहें—ओज, प्रसाद और माधुर्य में से कोई एक गुण अनिवार्य है। इनमें से किसी एक से संबद्ध होकर ही रचना प्रभावशाली और मार्मिक बन पाती है। फिर आता है 'औचित्य' : जिस पर केंद्रित विचारों में यह प्रतिपादित किया गया है कि रस, अलंकार, शब्द शक्ति, ध्वनि, वक्रोक्ति, गुण, रीति आदि जब किसी कविता में उचित और उपयुक्त परिमाण में होंगे तथा इनका सामंजस्य भी कलात्मक होगा तभी 'आनुपातिक औचित्य' की धारणा सिद्ध होगी और रचना में सौष्ठव आएगा। शब्द-शक्तियों से प्रारंभ कर औचित्य तक की यात्रा करने वाला भारतीय काव्य चिंतन अपने में सर्वांगीण है। भिन्न संप्रदायों या दृष्टियों के बीच एक अद्‌भुत तारतम्य है।

पाश्चात्य काव्य मीमांसा ने काव्य के उद्‌देश्य, उसके प्रयोजन और उसके परिणामों पर चर्चा करते हुए कई महत्त्वपूर्ण बातें कही हैं पर जितनी गहरी और सूक्ष्म चिंता भारतीय परंपरा की है, उसका एक अंश भी पाश्चात्य दृष्टि नहीं जता पाती। भारतीय भाषाओं के कवियों और कविता-पाठकों को इसका गर्व करना चाहिए कि हमें विरासत में इतनी समृद्ध परंपरा मिली है जिसके सहारे कविता के 'सृजन' और उसकी 'समझ' दोनों का हममें विस्तार होता है। प्लेटो ने साहित्य का मूल गुण तल्लीनता को माना था। कवि तन्मय होकर, खुद को भूलकर ही अच्छी कविता लिख सकता है। कवि या कलाकार अपनी सामान्य चेतना खोकर अलौकिक प्रेरणा से जो कविता लिखते हैं, वही सच्ची कविता होती है। जो काव्य तल्लीन होकर न लिखा जाए, यह सोचकर लिखा जाए कि अब हमें एक कविता लिखनी है, तो कविता चाहे बन जाए उसमें 'काव्यत्व' नहीं आ सकता। अरस्तू ने साहित्य और अन्य कलाओं को भी जीवन की नकल (अनुकृति) माना। लौंजाइनस ने काव्य को एक अलौकिक आनंद देने वाली वस्तु बताते हुए उदात्त तत्त्व (सब्लिमिटी) की बात कही क्योंकि उनके अनुसार काव्य अन्य कलाओं की अपेक्षा ऊंची संवेदना उत्पन्न करता है। शेली ने कल्पना को साहित्य का मूल माना—कल्पना से उनका आशय था कि जिन वस्तुओं को हम देखते हैं वे अनेक सुंदर तत्त्वों से संयुक्त होकर हमारे मस्तिष्क में कल्पना का आकार ग्रहण कर लेती हैं—वही साहित्य में उतर आता है। कॉलरिज ने साहित्य को उस भाव सत्ता से पूर्ण माना जो अपने उन्मेष में सौंदर्य के माध्यम से आनंद की सृष्टि करती है। कॉलरिज ने इस प्रकार कल्पना, सौंदर्य और आनंद तीनों को साहित्य के उद्‌देश्य से जोड़ दिया। क्रोचे ने साहित्य का मूल अभिव्यंजना को माना, जिसे भारतीय चिंतक काफी पहले और कहीं अधिक विवेचनात्मक ढंग से कह चुके थे। रिचर्ड्स मानव की वृत्तियों को काव्य-सृजन का मूल कारण मानते हैं।

इन सारी बातों को जोड़ते हुए कहें तो साहित्य (और विशेष रूप से कविता) भाषा, चैतन्य और सौंदर्य की अभिव्यक्ति का सबसे सक्षम, घना और अर्थगर्भ साधन है। कवि भाषा का साक्षात्कार करता है, उसे नई व्यंजना प्रदान करता है और काव्यत्व भरता है तब कविता की भाषा बनती है। कविता बनती है। तभी तो कवि के लिए भी प्रतिभा की अपेक्षा की गई है। विशेष प्रकार की प्रतिभा से ही वह पाठक को भी गम्य होती है। कविता में शब्द चयन, ध्वनिगत विशिष्टता, शब्दार्थ के विविध स्तर, अलंकार, प्रतीक, कथन-भंगिमा, सौंदर्य आदि कविता को गहरे देख पाने के आधार हैं। किसी विशेष संवेदना को स्वर देने के लिए कवि इनका अपने ढंग से इस्तेमाल करता है, इन्हें समायोजित करता है—तभी तो कविता तमाम विपरीत परिस्थितियों में भी जीवित रहती है—जगाती है, ललकारती है, चेताती और समझाती भी है। बताती तो वह है ही। कवि और कविता की इस सच्चाई का साक्षात्कार कवि केदारनाथ सिंह की इन पंक्तियों से करें—*'कोई एक पता होता नहीं कवि का/वह जितनी बार सांस लेता है/उतनी बार/बदल जाता है उसका पता/पर मौसम/चाहे जितना खराब हो/उम्मीद नहीं छोड़तीं कविताएं/वे किसी अदृश्य खिड़की से/चुपचाप देखती रहती हैं/आते-जाते को/और बुदबुदाती हैं/धन्यवाद-धन्यवाद।'*

और अली सरदार जाफरी के इस वक्तव्य से भी जो उन्होंने 'गगनांचल' (जुलाई-सितम्बर, 1998 ई.) के साक्षात्कार 'इंसानियत को जोड़ने की ताकत सिर्फ शायरी में है' (साक्षात्कार कर्ता—दिनेश मिश्र) में एक प्रश्न का उत्तर देते हुए दिया था : "शायरी को किसी डेफिनेशन में बांधना हवाओं को मुट्ठियों में गिरफ्तार करने की तरह है। दरअसल कोई नज़्म या गज़ल लिखने में अंदर जो कुछ होता है वो सब uncousciously होता है। इमेजेज़ बनती हैं, rhythm, मानी की खूबसूरती, कुछ हकीकत, थोड़ा-सा Idealism, एक ख्वाब; और न जाने क्या-क्या सब मिल कर शायरी होती है। शायरी असरदार होती है। कुदरत पर और सारी रुकावटों पर इसकी जीत होती है। मन को मजबूत करने का यह सबसे कारगर हथियार है।"

भाषाबद्ध करबि मैं सोई, मोरे मन प्रबोध जेहि होई

पहले कवि कितना उदार, कितना विनयशील था। 'कबित बिवेक एक नहिं मोरें, 'कबित रीति नहिं जानऊं', 'कबि न होऊं नहिं बचन प्रवीनू' कहने वाले तुलसी के काव्य को क्या किसी प्रमाणपत्र की आवश्यकता है। विनय, विवेक से ही जनमता है और विवेक ही संस्कारी बनाता है। यदि कवि में खुद संस्कार न हों तो वह अपने पाठकों में कैसे और क्या संस्कार भर सकेगा? कवि अपने प्रति, अपने समाज के प्रति, प्रकृति और परिंदों-चरिंदों के प्रति जितना ही उदार होता है, उसकी कविता में उतना ही लोच आता है। यही उदारता कवि को भाषा के प्रति भी रखनी होती है। वारेन और वैलेक (थ्योरी ऑफ लिट्रेचर : 1949 ई.) ने कहा था कि "कोई भी कवि जब तक यह नहीं जानता कि बोलचाल की भाषा क्या है, कविता में उसका कैसे प्रयोग करना है और यह नहीं जानता कि उसके समय की विभिन्न सामाजिक भाषा शैली के लहरों में क्या अंतर है, उनकी धड़कन कैसी है, वे सांसें कैसे लेती हैं, तब तक महान कविता तो लिखी ही नहीं जा सकती" (Without knowledge of what is common speech. How one should use it in poetry and what are the different social languages of the time, their tone, heart beat and breathing; I doubt, creation of a great poem is possible.)।

अज्ञेय ने छायावादी कवियों में यह विशेषता देखी। क्योंकि भाषा को फिर-फिर रचने का काम किया इन कवियों ने। यही असल काम है। बाद के कवि ऐसा न कर सके। छायावाद से, अज्ञेय के शब्दों में "हमें पकी-पकाई, बनी-बनाई भाषा मिली-निथरी, सुथरी, चाक-चौबंद। आगे के कवि 'लोक संपर्क' से कट गए—सो भाषा ने भी लौकिकता का वह स्तर खो दिया जो उससे पहले की भाषा में था—यह पढ़े-लिखे लोगों की भाषा हो गई। पहले संप्रेषण का महत्त्व सर्वोपरि था, कवि बोलचाल की भाषा के निकटतम पहुंचना चाहता था।" इस परंपरा की पहचान आज के कवि को होनी चाहिए। 'दिनकर' ने छायावादी कवियों के इस वैशिष्ट्य को बड़े ही मार्मिक ढंग से पहचाना था और नए कवियों से अपील की थी कि वे पंत की

नजाकत (जिसमें प्रभाती अरुणिमा, गंध और ओस जैसी लचक है), प्रसाद की दार्शनिकता, महादेवी की धूमिलता और निराला के पौरुष को उनकी अभिव्यंजना के आधार पर पहचान कर उसमें अपना भी कुछ जोड़ने का यत्न करें क्योंकि 'दिनकर' के शब्दों में "कवि वह जो जनता की भाषा में बोले और अनावश्यक सामग्री को छोड़ कर अपनी चेतना को आसानी से पाठकों तक पहुंचा दे।" यह 'अनावश्यक सामग्री' कवि को अपनी ओर खींचती है। वह सोचता है कि कविता में 'शाब्दिक मूर्ति' या प्रतीक का मतलब उपमा, रूपक, प्रतीक आदि का अलंकारिक विधान है। पर नामवर सिंह के अनुसार "ये सभी ऊपरी बातें हैं। इन सबके मूल में है—असली जिंदगी की शाब्दिक इकाई। जहां उपमा, रूपक, प्रतीक वगैरह कुछ न हो, वहां भी मूर्तिमत्ता हो सकती है।" केदारनाथ अग्रवाल की कुछ पंक्तियां देखें जिसमें लोक-मुहावरों, लोक-प्रतिमाओं से व्यापक मूर्तिमत्ता सृजित हुई है : *'जो जीवन की धूल चाटकर बड़ा हुआ है/तूफानों से लड़ा और फिर खड़ा हुआ है/जिसने सोने को खोदा/लोहा मोड़ा है/जो रवि के रथ का घोड़ा है/वह जन मारे नहीं मरेगा/नहीं मरेगा/जो जीवन की आग जलाकर आग बना है,/फौलादी पंजे फैलाए नाग बना है,/जिसने शोषण को तोड़ा,/शासन मोड़ा है,/जो युग के रथ का घोड़ा है, वह जन मारे नहीं मरेगा/नहीं मरेगा।'*

इस संदर्भ में शमशेर का कथन भी महत्त्वपूर्ण है कि "अच्छे कवि की यह विशेषता होती है कि वह परंपरागत माध्यम (भाषा) को अपनाकर भी उसमें कुछ अपना नया भी डाल देते हैं, उसे बदलते हैं, एक नई पहले करते हैं। ... रचना का माध्यम कवि की रचना-प्रक्रिया को प्रभावित करता है—कवि भी अपनी जरूरत के अनुसार इस माध्यम को प्रभावित करता है। सामाजिक संरचना वस्तु और रूप दोनों को प्रभावित करती है। अर्थात् रचना की संरचना को समाज की संरचना प्रभावित करती है।"

इसीलिए यदि कवि 'साधारणीकरण' चाहता है तो उसे बहुत सजग रहना होगा। उसे यह जानना होगा कि पाठक को चौंका कर नहीं रसमग्न करके ही कविता स्वीकृति पाती है। 'साधारणीकरण' न तो एकदम निजी भावों को उंढेलते जाने से संभव है और न ही भाषा के खिलवाड़ से। नामवर सिंह के विचारों पर पुनः दृष्टिपात करें : "जानना चाहिए कि 'साधारणीकरण' उन्हीं भावों का संभव है, जो मूलतः जन साधारण के हैं, और उस समाज का अंग होने के कारण कवि के 'अपने' हैं। ... कविता शब्दों की संख्या से धनी नहीं होती, इस्तेमाल में आने वाले शब्दों के 'सार्वजनिक मूल्य' से धनी होती है।"

कवि की 'माध्यम' पर सही पकड़ की जरूरत पर की गई इस चर्चा को और सफाई के साथ समझने के लिए केदारनाथ अग्रवाल की कुछ पंक्तियां दृष्टव्य हैं : *'धूप चमकती है चांदी की साड़ी पहने/मैके में आई बेटी की तरह मगन है/फूली*

सरसों की छाया से चिपट गई है/जैसे दो हमजोली सखियां गले मिली हैं/भैया की बाहों से छूटी भौजाई-सी/लहंगे को लहराती लचली हवा चली है/सारंगी बजती है खेतों की गोदी में/दल के दल पक्षी उड़ते हैं मीठे स्वर के ...' (धूप : केदारनाथ अग्रवाल) और *'आज नदी बिल्कुल उदास थी/सोई थी अपने पानी में।/उसके दर्पण पर/बादल का वस्त्र पड़ा था/मैंने उसको नहीं जगाया/दबे पांव घर वापस आया।'* (फूल नहीं रंग बोलते हैं : केदारनाथ अग्रवाल)।

इस तरह अपनी रचना को नया लहजा, नया मुहावरा देना–कवि की पहचान होती है। इसी से उसकी पहचान बनती भी है। नहीं तो वह साधारण और छोटा कवि ही बना रह जाता है, बड़े कवियों का अनुकरण करते हुए, उन्हें ही दुहराते हुए। इसलिए भाषा में अर्थ के 'इकहरेपर' से कवि को लड़ना चाहिए। इस लड़ाई के लिए कवि को 'जिंदा भाषा' की ओर यात्रा करनी होती है। शमशेर के शब्दों में "जिंदा भाषावाला कवि खींचता है अपनी ओर; जिसे ग़ालिब ने कहा था–सादगी व पुरकारी, बेखुदी व हुशियारी।" मध्यकाल के कवियों में और भारतेंदु युग के भी कई कवियों में जिंदा भाषा की कलात्मक परिणति झलकती है। यही तत्त्व कवि में फक्कड़ता, मस्ती, अस्वीकार को ही नहीं, वेदना, करुणा, वात्सल्य और प्रेम को भी व्यंजित करने की अकूत शक्ति भरता है। दरअसल यही कवि के वजूद का हिस्सा होता है। और सौंदर्य-बोध तथा सौंदर्य बिखेरने का भी–'इन्हें सौंदर्य बोध के ढांचे से जोड़ना कवि को आना चाहिए। सौंदर्य का अर्थ है सुषमा, यानी विषम का उल्टा। सौंदर्य का काम अतिरिक्त अनावश्यक को हटाते रहना है–'ब्यूटी रिमूव्ज दि सरप्लसेज़' (विश्वनाथ त्रिपाठी)। इसका तात्पर्य है–काव्य में प्रयुक्त तत्त्वों, उपकरणों को (बिंब-विधान, प्रतीक, लाक्षणिकता, भाषिक भव्यता) संतुलित बनाते, काटते-तराशते चलने की कवि-प्रतिभा।

कवि की रचना वस्तु का क्रमशः अकल्पनीय विस्तार हुआ है। शैलीगत बदलाव का भी प्रमुख कारण यही है। अतः भाषा की साफगोई और खरेपन के साथ ही कवि की दृष्टि वस्तु पक्ष पर भी होनी चाहिए। महज संवेदना के बहाव में नहीं, वस्तु पक्ष के वजन पर सटीक अभिव्यंजना-नवीन अभिव्यंजना, कवि के लिए अभीष्ट है। कवि स्रष्टा के साथ द्रष्टा भी है–क्रांतिदर्शी है, जैसे कथन उन्हीं कवियों के लिए हैं जो वस्तु 'जगत' को 'देखना' जानते हैं। विश्वनाथ त्रिपाठी ने कहा है कि "अभिव्यक्ति के लिए दृष्टि ही नहीं दृश्य भी चाहिए।" बादल को घिरते देखा (नागार्जुन), मैंने उसको जब-जब देखा लोहा देखा (केदारनाथ अग्रवाल), देखा मैंने उसे इलाहाबाद के पथ पर (निराला), मैं कहता हूं आंखिन देखी (कबीर), कितना गहरे देखते हैं–अपने भीतर भी और बाहर भी–'यह देखना' निज अनुभूति से आता है। जिन कवियों ने 'देखना' जाना है उनकी काव्यगत विशेषताएं, उनका शिल्प और कुल मिलाकर उनका कवि व्यक्तित्व विशिष्ट है।' (विश्वनाथ त्रिपाठी)। जो कवि ऐसे नहीं हैं,

उन्हें ही नागार्जुन ने दयाभाव से देखते हुए कहा था 'जाने दो वह कवि कल्पित था'।

आधुनिक कवियों की वस्तुगत और शिल्पगत पहचान और पड़ताल भी सामयिक कवि करे—'भारती' की चिकनाई, मुक्तिबोध का खुरदुरापन, नागार्जुन की सीधी मार और अनगढ़पन, अज्ञेय की भीनी-भीनी व्यथा, रघुवीर सहाय की तिलमिलाहट, केदारनाथ सिंह की लय, धूमिल की तकलीफ और बेबसी आदि-आदि इनमें अपना कुछ जोड़े। और खुद से यह प्रश्न करे कि क्या वह ऐसा कर पा रहा है? यह तो स्वीकृत तथ्य है कि वाणी का उपयोग दूसरों के लिए होता है। अतः कवि को अपने 'स्व' का होम करना ही पड़ता है। उसे जानना चाहिए कि काव्य की उद्भावित ध्वनि सबके लिए होती है। कवि आनंद का दान करता है—दूसरों को, तभी तो हमारे यहां उसे ईश्वर के समान माना गया है। आज हम उसे युग का प्रतिनिधि इसीलिए कहते हैं कि युग की वाणी उसके स्वर में, उसकी कविता में बोलती है, कहीं-कहीं तो (अपने श्रेष्ठतम रूप में) न बोलकर भी बोलती है—'खामोशी ही से निकले हैं जो बात चाहिए'—ग़ालिब। वाणी या भाषा की सामाजिकता ही कविता को विशिष्ट 'कला रूप' का दर्जा दिलाती है और कवि को 'उद्‌बोधन-शक्ति के कलाकार' का—"चित्र में दूसरा रुख ओट में रहता है। मूर्ति में चारों कोने देखे जा सकते हैं, पर देखने वाले को मूर्ति के चारों ओर घूमना पड़ेगा, फिर भी वह एक समय में एक ही कोना देख सकेगा। कविता इस दृष्टि से परिपूर्ण होती है—उसके सारे आयाम उसी के भीतर से पकड़ाई में आते हैं। परिपूर्ण अभिव्यंजना कर पाना सारे कवियों के बस में नहीं होता। पर प्रयत्न से क्या संभव नहीं है। अपनी पूर्ण अभिव्यंजना के अनुरूप विशिष्ट शैलियों के माध्यम की खोज कवि को निरंतर करते रहना चाहिए।" (सियाराम शरण गुप्त)

समाज और उसका नित परिवर्तित रूप भी कवि के जीवन का हिस्सा होता है। कोई भी समाज परंपरा से कटा नहीं होता—अतः परंपरा का नकार सदैव परिवर्तन की चाह या नवीनता का पर्याय नहीं बन सकता, यह बात कवि को अच्छी तरह समझनी चाहिए :

... *वह नहीं नूतन कि जो प्राचीनता की जड़ हिला दे/जो पुरातन को नया कर दे उसे नूतन कहूंगा* (बलबीर सिंह रंग)।

मनुष्य को मात्र एक राजनीतक प्राणी बना देने वाली, कविता को विचारधारा को पोषित करने का अस्त्र मानने वाली और संशय, आत्मग्लानि और खीझ में डूबी कविताएं भी बिखर गईं और उनके कवि भी बिखर गए। आसन्न क्रांति के प्रति आश्वस्त ये कवि कविता में व्यक्त जुगुप्सा भाव को ही नवीनता समझ बैठे और इसे ही वास्तविक संघर्ष का स्थापनापन्न बना लेना चाहा। 'गर्जन-तर्जन की मुद्राओं वाले इन कवियों की कविताओं का उफान जल्दी ही बैठ गया' (विजय कुमार : आक्रोश से अवरोध तक)। दूसरी ओर नई कविता के पक्षधर कवि ' (नवीनता के नाम पर)

विराम संकेतों से, अंकों और सीधी-तिरछी लकीरों से, छोटे-बड़े टाइपों से, अधूरे वाक्यों से—सभी प्रकार के इतर साधनों से 'नवीनता' सिद्ध करने का वहम पाले रहे' (नामवर सिंह)। अतः मनुष्य, समाज और मानवीयता का पक्षधर बनकर 'जीवन', सुंदर जीवन की रचना कवि के लिए अधिक अभीष्ट भी है और उसके लिए सही राह भी—"लिखते समय लेखक अपनी दृष्टि के अनुसार ही लिखे, किसी अवधारणा अथवा विचारधारा के चौखटे में उसे फिट करने की कोशिश न करे। विचारधारा एक लेखक को बहुत कुछ सुझाती है, उसके जेहन को साफ करती है, पर विचारधारा जीवन का पयार्य नहीं है। लेखक का सरोकार जीवन से होता है। किसी विचारधारा के संप्रेषण से नहीं। जब वह लिखने बैठता है तो उसका दायित्व जीवन की सच्चाई के प्रति तथा उसका लेखन मानवीयता से अनुप्राणित ही होगा" (भीष्म साहनी)।

निश्चित ही उलझी समाज-व्यवस्था और राजनीतिक दुश्चक्र को ही नहीं पूंजीवादी और शोषण पर आधारित सामाजिक व्यवस्था को 'कविता' बनाकर पेश किया जा सकता है—"उलझी समाज व्यवस्था में ही कबीर, सूर, तुलसी जैसे कवि हुए हैं। उलझी बात को समझने-समझाने के लिए हमेशा सुलझी मति की जरूरत पड़ती है। इसलिए टूटी हुई वाक्य शृंखला, शब्दाडंबर, घिसे-पिटे शब्दों को नये अर्थ देने की जिद, आज के कवि के रियायती अधिकार नहीं हैं" (नामवर सिंह)। इस दृष्टि से एक बार फिर केदारनाथ अग्रवाल की एक पूरी कविता देखी जाए जिसमें आक्रोश, बेबसी, तकलीफ और क्रांति के बीज 'कविता' बनकर आए हैं 'सांगोपांगता' और 'पूर्णता' (नामवर सिंह के शब्द) के साथ—कविता का शीर्षक है—'बागी घोड़ा'— *'मैंने/बागी घोड़ा देखा,/आज सबेरे/उछल-कूद करता, दहलाता/जोरदार हड़कंप मचाता/गुस्से की बिजली चमकाता-/लप-लप करती देह घुमाता-/पट-पट अगली टांग पटकता-/खट-खट पिछली टांग पटकता-बड़ी सड़क की/कड़ी देह को/कुपित कुचलता-/मुरछल जैसी देह घुमाता-/बड़ी-बड़ी क्रोधी आंखों से/आग उगलता-/ऊपर-नीचे के जबड़ों से/लंबे-पैने दांत निपोरे,/व्यंग्य भाव से, ऐसे हंसता/अट्टहास करता हो ज़ैसे।/पशु होकर भी नहीं चाहता पशुवत जीना,/मानववादी मुक्ति चाहता मानव से अब;/चकित चमत्कृत सबको करता,/मैंने बागी घोड़ा देखा,/आज सबेरे, चौराहे पर।'*

बाबू गुलाब राय ने अपनी पुस्तक 'सिद्धांत और अध्ययन' में और एक लेख 'साहित्यिक जीवन के दो पक्ष' में यत्र-तत्र कवि/साहित्यिक के जिन गुणों, लक्षणों और विशेषताओं की चर्चा की है, यदि उन सब को एक सूत्र में पिरोया जाए तो कवि का एक उदात्त स्वरूप उभरता दिखाई देगा। आज शायद कवि के इस रूप को अति-आदर्शवादी भी मान लिया जाए, पर कवि/साहित्यिक के संदर्भ में यह तब भी अटल सत्य था, आज भी और आगे भी रहेगा।

"कवि का मूल पक्ष है—सहानुभूति। भावुकता का स्थान इसके बाद है। निज और पर की लघुता उसे स्पर्श नहीं करती। वह विपत्ति में भी शालीनता नहीं खोता।

कीचड़ उछालने की अपेक्षा कलुषित स्थल को धोकर परिमार्जित-परिष्कृत करना पसंद करता है। सच्चा साहित्यिक मानवता का उपासक होता है। वह कठोर भी बनता है तो लोक मंगल के लिए। दंभ, पाखंड और गुरुडम से वह दूर रहता है। वह पुजने की अपेक्षा पूजने को अधिक लालायित रहता है। वह शील और सौंदर्य को अधिक महत्त्व देता है, शक्ति को कम। कवि भू के कोने-कोने में सौंदर्य के दर्शन करता है। असुंदर को भी सुंदर बनाने की चेष्टा प्राणपण से करता है। उसका जीवन समता और स्वातंत्र्य की भावना से ओतप्रोत रहता है। वह जीवन को सुंदर, संपन्न और साम्यमय देखना चाहता है। उसके लिए विश्व एक नीड़ बन जाता है। ईश्वर करे हमारे देश में ऐसे ही साहित्यिक उत्पन्न हों जो सदा संसार में 'सर्वे भद्राणि पश्यंतु' की भाव तरगें प्रवाहित करते रहें।"

'पंत' ने भी यही बात समस्त कवि समुदाय की ओर से उद्घोषित की थी :

हमें विश्व संस्कृति रे भू पर करनी आज प्रतिष्ठित,
मनुष्यत्व के नव द्रव्यों से मानव-उर कर निर्मित।

और इसी बात को व्यावहारिकता प्रदान करते हुए वेलेंस्की के हवाले से नामवर सिंह ने पुष्ट किया है कि "यह सारा काम तभी संभव होगा जब कवि माता के आदर्श पर गर्भ की तरह कविता को धारणा करेगा, झेलेगा और वैसी ही मानसिक वेदना के साथ उसे उचित समय पर जनेगा।" और वेलेंस्की के इस कथन के साथ नामवर सिंह का क्षेपक कि—"(कवि के लिए) सवाल भाषा को आसान या मुश्किल, कोमल या कठोर बनाने का नहीं, उसे सच और वास्तविक बनाने का है।" कवि में वस्तु, रूप, भाषा, मानवता, सामाजिकता, संवेदना और जो भी ग्रहणीय घटक हैं उन्हें अपनी कविता में समेटते-संजोते समय कैफ़ी आज़मी की इस पंक्ति-सा गहरा आत्मविश्वास जागना चाहिए कि वे सच और वास्तविक हैं : *"हम वो राही हैं जो मंजिल की खबर रखते हैं"।*

जिमि सिसुतन व्रण होहि गुसाईं, मातु चिराब कठिन की नाईं

आलोचक हमेशा यह देखना, कहना और बताना चाहता है कि साहित्य वही है जो अपने राष्ट्र, अपनी संस्कृति का प्रतीक हो। अपने लोगों के दुःख-दर्द, आशा-निराशा और आनंद-उछाह का कवि साक्षी बने, उसे वाणी दे—संप्रेषित करे। यदि कवि के लिए उसकी कविता अपने शिशु की भांति होती है तो आलोचक के लिए भी वह इससे कम नहीं होती। उसकी ममता भी साहित्य के प्रति किसी रचनाकार के समान ही होती है : या उससे भी कहीं ज्यादा। वह इस शिशु की कटु आलोचना भी करता है और वात्सल्यमयी जननी की भांति अच्छे गुणों वाले साहित्य को पोषित करता है तथा उसके दोषों का इस शीर्षक की भांति परिहार भी करता है।

इस तरह कवि और कविता दोनों की वृद्धि के लिए आलोचना आवश्यक है। आलोचना, रचना के परिष्कार, परिमार्जन और निखार में सहायक होती है। अशोक वाजपेयी के अनुसार—"(आलोचना) सम्यक प्रकार से (रचना को) देखने की एक विशेष व्यवस्था या विधि है।" (पूर्वग्रह : आलोचना और समाज अंक : 1987 ई.)। आलोचना पूरी कृति तक अपना पसार करती है जिसमें उसके रूप-रंग, आकार-प्रकार, कर्म स्वभाव, प्रभाव, प्रयोजन का अर्थात् रचना के अंतरंग और बहिरंग दोनों का समावेश होता है—आलोचक की अपनी दृष्टि और रचना की प्रकृति के अनुरूप। आलोचना रचना के बारे में तीन प्रश्नों का खुलासा करती है—रचना क्या है, वह कैसी है, जैसी वह है—वैसी ही क्यों है? यह साफ है कि यहां प्रश्न रचना के अच्छी या बुरी होने का उतना नहीं है, जितना कि उसके प्रस्तुत स्वरूप और स्वरूपगत संगठन के पीछे निहित कारणों का।

मूलतः आलोचना कर्म का केंद्र होता है—कृति में निहित सौंदर्य की खोज करना, उसके लोकहित के पक्ष पर विचारना और यह देखना कि वह 'कैसे बनी है'। इस केंद्र की परिधि पर आलोचक के लिए रचना में निहित या संगठित (ऑर्गेनाइज्ड)

अनेक घटक (कंपोनेंट), भावादि (सेंटिमेंट्स), कथन, चिंतन, भाषा : और उनके माध्यम से रचना के सौंदर्य का उद्‌घाटन। इन्हीं में से किसी की केंद्रीयता और अन्य की गौणता के कारण आलोचना के रूप में समय-समय पर आने वाले परिवर्तनों को भी लक्षित किया जा सकता है। हिंदी की ही प्रारम्भिक आलोचना कलात्मक और शास्त्रीय अधिक रही, तब आलोचक से भी यह अपेक्षा रखी जाती थी कि वह भावुक, सहृदय, लोकानुभूति से परिपूर्ण, साहित्य के मर्म की कलात्मक व्याख्या करते हुए रचना की शास्त्रीय परख करे। फिर प्रभाववादी आलोचना सामने आई और इसके बाद व्यावहारिक आलोचना जिसमें काव्य उपकरणों के सूक्ष्म निरीक्षण पर बल रहा और जिसने विश्लेषण (एनालिसिस), संश्लेषण (सिंथेसिस) और वर्गीकरण (क्लासिफिकेशन) को आलोचना-प्रक्रिया के चरणों के रूप में स्वीकार किया। आज आलोचना की यही पद्धति, प्रविधि या प्रक्रिया सर्वाधिक स्वीकार्य और मान्य है—"आलोचक में भाषा-दक्षता; अर्थात् उसके रूप-रूपांतरों, भिन्न-भिन्न शैलियों, विविध प्रयोगों तथा व्याकरण परिपाटी की समझ होनी चाहिए। आलोचक तब तक सफल नहीं हो सकता जब तक उसे भाषा, साहित्य और रचना-कला की यथेष्ट पकड़ न हो। भाषा ही साहित्य का कलेवर है—कवि, आलोचक दोनों के लिए भाषा विज्ञान, व्याकरण, कोश तथा भाषा-मर्म सूचक अन्य शास्त्रों का ज्ञान जरूरी है क्योंकि साहित्य का सबसे गहरा संबंध इन्हीं से होता है" (अज्ञेय)।

इसके साथ ही आलोचक के कुछ स्थाई गुणों की चर्चा करते हुए आचार्य हजारी प्रसाद द्विवेदी ने आलोचक में बुद्धि-विवेक, तर्कणा शक्ति, देश-काल की जानकारी और गुण-ग्राहकता को भी अनिवार्य माना है और भाषा ज्ञान, काव्यशास्त्र और आलोच्य रचना की भाषा पर यथोचित विचार करने की दक्षता को अपरिहार्य। इस तरह आलोचना के प्रमुख स्वीकृत अंग हैं—रचना का गहन पाठ, भाषा का रूप सौंदर्य, भाषा-भाव का सामंजस्य और कवि-कौशल। इस प्रकार आलोचना के कुछ उद्‌देश्य भी निर्धारित किए गए—रचना-सौंदर्य की खोज (जो भाषा पर झेला गया है—रवींद्रनाथ श्रीवास्तव), रचना के अर्थ का विस्तार, रचना को चमकाना, उसे परिचित और व्यापक बनाना। संभवतः इसीलिए यह कहा गया कि "आलोचक काव्य कुसुमों को चुननेवाले चतुर माली होते हैं" (गुलाब राय)।

चाहे बात आलोचना की आवश्यकता की करें, चाहे उसके स्वरूप की, चाहे उसकी प्रक्रिया और परिणति की अथवा आलोचक के संभावित गुणों की, रचना क्योंकि भाषाबद्ध होती है, अनिवार्यत; और कविता की भाषा तो सघन बुनावट और गहन अर्थ व्यंजना से आच्छादित होती है अतः भाषाई चेतना से आपूरित आलोचना को ही व्यंजक, कलात्मक और तटस्थ माना जा सकता है। अज्ञेय के शब्दों में—"भाषा चिंतन का कैसे और क्या विकास हुआ है, यह जाने बगैर आलोचना में विकास नहीं हो सकता ... आलोचना चिंतन में भाषा के चिंतन का सूक्ष्म विकास जब तक नहीं

होता, जैसा कि संस्कृत काव्य में हुआ था, तब तक आलोचना की प्रामाणिकता को संदिग्ध ही कहना चाहिए।" अपनी इस बात को और भी उजागर करने के लिए अज्ञेय ने आचार्य रामचंद्र शुक्ल की आलोचना प्रणाली का दृष्टांत देते हुए लिखा है–"शुक्ल जी की आलोचना दृष्टि अचूक थी। इसका आधार था उनका भाषाविवेक। शायद ही कोई लेखक हो जिस पर लिखते हुए रामचंद्र शुक्ल ने यह न लिखा हो कि उसकी भाषा कैसी थी। इस भाषा विवेक से ही उन्हें काव्य विवेक मिला था।"

इन दोनों विवेकों का संबंद्ध अन्योन्याश्रित है। रचना की सही समझ में उसका भाषिक विधान ही मूल होता है। शायद भाषा के प्रति इसी व्यापक सचेतनता की अपेक्षा करते हुए नामवर सिंह ने कहा है, "भाषा का प्रश्न केवल आलोचना की भाषा का नहीं है, या काव्य-भाषा पर विचार करना ही आलोचना का कार्य नहीं है बल्कि भाषा की जो सार्वभौम सत्ता है जिसके बड़े दायरे में हम सब लोग बंधे हुए हैं जिससे प्रत्येक कर्म नियंत्रित होता है उस भाषा पर विचार का भी प्रश्न है ... अभी तक हम लोग भाषा को सिर्फ 'माध्यम' मानते थे, 'वाहन' मानते थे, जबकि वह हमारे चिंतन और अनुभव का भी अस्त्र है।"

प्रक्षेपित या रचना पर आरोपित रचना के बाहर के घटक (बाह्य आलोचना के) आलोचना को विवादास्पद ही नहीं बनाते, ऊंचे आसन से उसे उतारते भी हैं जिसके पाए कृति के अर्थ और सौंदर्य की पाठ केंद्रित व्याख्या विश्लेषण पर टिके होते हैं। इसी कमी के चलते 'आज की आलोचना' की दारुण स्थिति पर कवि-आलोचकों ने खूब विचार किया है–"अक्सर आलोचना का आवेग और उत्तेजना काल्पनिक शत्रुओं को ध्वस्त करने में अधिक नजर आती है, किसी नई खोज या उपस्थापन में नहीं।" (अशोक वाजपेयी)। इसे आलोचना का नितांत व्यक्तिवादी अतः निकृष्टतम रूप कहा जा सकता है। अपने खेमे या विचारधाराओं से बंधी रचनाओं की व्याजस्तुति और इनसे इतर रचनाओं की छीछालेदर करना भी सामयिक आलोचना की जड़ में समाता दिखाई देता है इसका एक पक्ष भावुक, सहृदय, मर्मी आलोचक का दंभी और अहंकारी बनते जाना भी है–"उसे यह भ्रम हो गया लगता है कि वह साहित्य का भाग्यविधाता है ... कुछ महत्त्वपूर्ण लेखकों को साहित्य के तथाकथित केंद्र से अपदस्थ करना और कुछ की उपेक्षा कर बेदखल करना, लगता है, आलोचना का सबसे ध्यानाकर्षक उद्यम हुआ जा रहा है" (अज्ञेय)। इसी बात को अन्य आयामों से संबद्ध करते हुए डॉ. नगेंद्र की टिप्पणी है–"किसी भी आलोचक का यह कहना कि उसने किसी कवि की प्रतिष्ठा की, उसने काव्य का अनुसंधान किया, उसने युग का निर्माण किया, उसने किसी नई प्रवृत्ति का प्रवर्तन किया, उसका दंभ ही है।"

आलोचना/आलोचक के उपर्युक्त विकार 'समालोचना' के इस निहितार्थ को लांछित करते प्रतीत होते हैं–*सब प्रकार से विधि पूर्वक किसी वस्तु को देखने की व्यवस्था*। किसी भी वस्तु को ध्यान पूर्वक देखने से ही हम उसके रूप-रंग,

आकार-प्रकार, गुण, बनावट एवं प्रभाव आदि का अवलोकन करते हुए इन पर विचार करते हैं—आलोचना को रचना के संदर्भ में ऐसा ही करना चाहिए। इसे ही नामवर सिंह ने (रचना का) 'सांगोपांग निरीक्षण' कहा है। ऐसा निरीक्षण रचनात्मक संगठन, बुनावट और भाषा विधान (रचना का) के बिना संभव नहीं है। पं. राम शंकर शुक्ल 'रसाल' (आलोचनादर्श : 1938 ई.) के शब्दों में—"रचना का कलेवर भाषा ही होती है। किसी भी प्रकार की रचना क्यों न हो उसकी आलोचना तभी ठीक हो सकती है जब आलोचक उसे ठीक तरह समझ ले, यह बिना भाषा का यथेष्ट ज्ञान प्राप्त किए नहीं हो सकता।" 'रसाल' जी ने ये भी इंगित किया है कि भाषा का यथेष्ठ ज्ञान किसी आलोचक की 'आलोचना की भाषा' (मेटा-लैंग्वेज) को भी धारदार बनाता है और उन्होंने आलोचना की भाषा के गुण गिनाए—नियंत्रित, एकार्थी, भावपूर्ण, सबल, उदाहरण पुष्ट, विश्लेषणात्मक, क्रमबद्ध, तार्किक, व्यंजक (सजेस्टिव), अलंकृत (फिगरेटिव), कलात्मक (आर्टिस्टिक) और तटस्थ। 'रसाल' के समय में भी व्यक्तिवादी और आलोचना के निकष से स्खलित आलोचनाओं का प्राबल्य था, तभी तो उन्होंने कहा कि "पक्षापक्ष एवं दलादली के कारण सत्समालोचक मौन ही रहते हैं। आधुनिक काल के वर्तमान कवि अपने को प्रारंभ से ही दिग्गज लेखक मानते हैं और अपने में सिवा सद्गुणों के कुछ देखते ही नहीं, और न किसी के द्वारा दोष दिखाए जाने को पसंद करते हैं। इसलिए यशोप्सा, महत्त्वाकांक्षा से दुरोचना बनती जा रही है—सुकविन के हिय मांह नित, सालत हैं द्वै कौन। मूरख केर सराहिंबो, पंडित जन को मौन।" इससे अधिक तीखी टिप्पणी क्या हो सकती है—'रसाल' जी ने आलोचना की इस दुर्दशा में कवि-मानसिकता को भी शामिल किया है। अतः यह निष्कर्ष निकालना गलत न होगा कि हिंदी आलोचना की टूटी-बिखरी और विकृत परंपरा भी नई या आज की ही देन नहीं है। पर इसका कारण तो निश्चय ही स्वयं 'रचना' के प्रति गंभीरता की कमी है, रचना, जो अपने में स्वायत्त, पूर्ण और अर्थ-गर्भ होती है। शायद इसीलिए 'सही' आलोचना के लिए भारतीय काव्यशास्त्र ने भी और 'रूपवाद' तथा शैलीविज्ञान ने भी रचना की भाषाबद्ध संवेदना को, भाषा के माध्यम से ही प्राप्त कर व्याख्यायित करने को आलोचना की सर्वाधिक सटीक और संक्रियात्मक (ऑपरेशनल) पद्धति माना और आलोचना सिद्धांत ही नहीं, उसकी प्रविधि और प्रणाली भी विकसित कर हमें प्रदान की। कहें कि आलोचना स्वयं में एक 'अनुशासन' है, 'टेकनीक' है : "साहित्य या उसके आस्वाद से जुड़े प्रश्न आज किसी साहित्यिक मान्यता को लेकर हल नहीं किए जा सकते। अतः साहित्य की सामाजिक, मनोवैज्ञानिक, दार्शनिक पृष्ठभूमि ढूंढ़ना आलोचना की उपलब्धि नहीं रह गई है। रचना की प्रमुखता इनमें पीछे छूट जाती है—किसी कृति के सही विश्लेषण, रचना के संघटनात्मक तत्त्वों की जब बात उठती है तो मुख्यतः साहित्य, कृति विशेष की स्थिति का केंद्रीय होना जरूरी हो जाता है" (रवींद्रनाथ श्रीवास्तव)।

इस दृष्टि से आलोचना में कृति की भाषा की सामान्य व्याख्या के साथ-साथ शब्द-चयन, ध्वनिगत विवेचन, प्रयुक्त शब्दों के अर्थ के विविध स्तर, अलंकार (शब्दालंकार-अर्थालंकार, समतामूलक–विषमतामूलक) प्रतीक, संपूर्ण अभिव्यक्ति कौशल (कथन-भंगिमा, वक्र उक्ति) के सहारे सौंदर्य बोध की दृष्टि से कविता का विश्लेषण अपेक्षित और अभीष्ट है। साहित्यिक भाषा के संदर्भ में मैकलीश (पोएट्री एंड एक्सपीरियंस : 1965 ई.) ने आलोचक से भाषा (रचना की) को दो स्तरों पर देखने की अपील की है। इसमें एक ओर उन्होंने अपने 'मानक रूप' में समाज में प्रचलित बोलियों-शैलियों को रखा है तो दूसरी ओर इन मानकों की भाषा उक्तियों को।

मानक (स्टैंडर्ड) के धरातल पर उन्होंने निम्न शैली (लो-स्टाइल), सामाजिक बोलियों (सोशल डायलेक्ट्स), व्यवसाय परक बोलियों (प्रोफेशनल डायलेक्ट्स), शिष्टेतर प्रयोग (स्लैंग) तथा क्षेत्रीय बोलियों (रीजनल स्टाइल) को समाहित किया है और कहा है कि कविता में इनका प्रयोग कलात्मक ढंग से होता है। भाषा उक्तियों (लैंग्वेज डिवाइसेज) के धरातल पर वे मानते हैं कि शैली तटस्थ भाषा (स्टाइलिस्टिकली न्यूट्रल), औपचारिक शैली (फॉर्मल स्टाइल), बोलचाल की शैली (कोलोकियल स्टाइल) और आत्मीय/प्रगाढ़ शैली (इंटिमेट स्टाइल) का अपना महत्त्व होता है। इन सभी में चयन और प्रयोग की असीमित संभावनाएं निहित होती हैं जिनका दोहन कवि करता है–अपनी अभिव्यंजना को धार देने के लिए। इस बात को रोमन याकोब्सन ने बड़े ही सरल ढंग से सामने रखा है–"भाषा के विविध स्तरों पर बल देने के लिए कवि विभिन्न शैलीय स्तरों का चयन करता है। वह विभिन्न छटाओंवाली वाक्यावली और गाढ़ी-गहरी शब्दावली का भी प्रयोग करता है और एकाधिक शैलीय रंगों के मुहावरों और शब्दों का भी। दूसरे शब्दों में कहें तो भाषा के सर्वाधिक प्रयुक्त और प्रचलित तत्त्वों के प्रयोग के अतिरिक्त कवि इन्हीं तत्त्वों की अभिव्यक्ति विलक्षण 'वि-स्वचालित' विधि से करता है।"

To emphasize the many levels of language, the poet choose different stylistic levels. The poet uses more varied syntax and a richer vocabulary including idioms and words of various stylistic colouring. In other words, besides using the most frequent, automatic elements of language, poet express these same elements in an unusual 'de-automatized' manner.

कवि इसी भाषिक संसार के इर्द-गिर्द अपनी संवेदनाएं बुनता है जिसका सौंदर्य परक उद्घाटन पूर्वाग्रहों से जकड़ा आलोचक नहीं कर सकता। आलोचक का दायित्व बड़ा है इसलिए संकुचित बुद्धि से नहीं बुद्धि के विस्तार से ही (रचना में गहरे उतरने की) आलोचना बड़ी बन सकती है। नामवर सिंह के शब्दों का मर्म उपर्युक्त संदर्भ

में गुनने का यत्न करें :

"कविता यदि 'हृदय की मुक्तावस्था' है तो आलोचना, मेरे विचार से, 'बुद्धि की मुक्तावस्था है। ... कविता पढ़ते समय जिस तरह हृदय की मुक्तावस्था होती है वही आलोचना लिखते समय और आलोचना पढ़ते समय बुद्धि की मुक्तावस्था होनी चाहिए। आलोचना वह है जो पाठक की बुद्धि को मुक्त करेगी जो स्वयं बुद्धि की मुक्ति साधना द्वारा लिखी हो।"

कवि में अपनी ही सद्य रचित कविता को परखने की आलोचकीय दृष्टि और आलोचक में कवि-मन की संवेदना हो तो 'आलोचना-कर्म' और 'कवि-कर्म' को अतिरिक्त धार मिलती है। दोनों सुघड़ बनते हैं। हिंदी के कई प्रतिष्ठित आलोचक कवि-कर्म से भी अछूते नहीं थे—आचार्य रामचंद्र शुक्ल, डॉ. नगेंद्र, राम विलास शर्मा, नामवर सिंह, रमेश कुंतल मेघ, परमानंद श्रीवास्तव आदि। इसी तरह हिंदी के कई खरे और असरदार कवि आलोचकीय सरोकारों से भी अपने को जोड़े रहे—प्रसाद, पंत, निराला, दिनकर, अज्ञेय, मुक्तिबोध, विजय देव नारायण साही, शमशेर, अशोक वाजपेयी आदि।

जो बात शुरू में कही गई कि कवि और आलोचक दोनों में रचना के प्रति ममत्व भाव रहता है, दोनों मानव संवेदना के देखे-अनदेखे सूत्रों से अपने को बंधा पाते हैं—एक सिरजता है और दूसरा संवारता है। कवि और आलोचक एक-दूसरे से 'मीर' के शब्दों में यह कह सकते हैं— *'तुम जहां के हो वहां के हम भी हैं।'*

दुलीचंद 'शशि'

जिंदगी के हाशिये में दर्द होना चाहिए

हैदराबाद का साहित्यिक माहौल कली के चटखने की आकुलता से ओतप्रोत रहा है। हिंदी के दायरे में बहती हर चेतना, हर बदलाव और हर धड़कन को जानने-समझने की ललक लिए इस माहौल में हर तरह का लेखन हुआ है—पर फूल बनकर खुशबू फैलाने का मौका बहुतेरों को नहीं मिल सका। कारण कई हैं। हैदराबाद में कविताई ज्यादा पनपी, वैचारिकता कम। कविता भी यहां एक मिश्रित अभिव्यक्ति का आधार लेकर फली-फूली, इसलिए नए-पुराने के बीच सीधी सीमा-रेखा यहां की काव्य यात्रा में खिंची नहीं दिखती। इसे हैदराबाद का वैशिष्ट्य भी कह सकते हैं। एक ओर दक्खिनी साहित्य की प्रेम सिक्त सामासिकता, उसका सूफियाना अंदाज़े-बयां और उसकी भावात्मक तरलता हैदराबाद को विरासत में मिली, दूसरी ओर उर्दू शायरी के मंच और प्रगतिशील चेतना ने भी यहां के हिंदी कवियों में कम खदबद नहीं पैदा की। मक़दूम, शाज़, मुग़नी तबस्सुम और न जाने कितने उर्दू अदीबों ने हिंदी जगत को अपने पाश में बांधे रखा। बहुत कम ऐसा होता है, और हैदराबाद में ऐसा हुआ है, कि हिंदी-उर्दू की गंगा-जमुना इतनी शाइस्तगी के साथ एक-दूसरे से लेते-देते अरसों बहती चले। इसीलिए कोई अचरज यह देखकर नहीं होता कि हैदराबाद का हिंदी गीतकार, नवगीतकार, छंदमुक्त कवि, यहां तक कि आधुनिक चेतना से आप्लावित धूमिलीय अभिव्यंजना से प्रभावित कवि भी 'गजल' कहने में संकोच नहीं करता।

'अजंता' और 'कल्पना' जैसी दो ख्यातनाम पत्रिकाओं ने भी हैदराबाद की हिंदी साहित्यिक चहल-पहल को एक अरसे तक गर्माए रखा और इसे एक बोहेमियन तेवर दिया—ओमप्रकाश निर्मल और राजा दुबे ने। पर हैदराबाद की मिट्टी की कोमल भावुकता के तंतु से ये कवि भी पूरी तरह अपने को बाहर न रख सके—प्रेम, बचपन, परिवार, गांव की स्मृतियां—चाहे वे सामाजिक जूझन को ही क्यों न अंकित कर रही हों—इनकी कविताओं में संवेदना के कोमलतम स्तर पर व्यंजित हैं। ऊपर

से देखें तो बड़ा ही घालमेली बहका-बहका सा आकार दिखता है हैदराबाद की हिंदी कविता का पर भीतर से इनका रचाव अद्‌भुत है। हैदराबाद में हिंदी कविता से जुड़े ज्यादातर कवि अपनी जड़ों से कटे आम लोग हैं—कविता इनके लिए बौद्धिक चर्चा या अभिजात्य दिखने की कोशिश का नाम नहीं है—भावनाओं को बांधकर कह सुना पाना, यह सदिच्छा रहती है यहां के कवियों की। शायद इसीलिए साहित्यिक मंच यहां कई हैं—गीत चांदनी, हिंदी लेखक संघ, कादंबिनी क्लब, साहित्य सुमन, सीता युद्धवीर पुस्तकालय एवं शोध संस्थान आदि में गोष्ठी और गंभीर चर्चा के बाद कविता पाठ एक जरूरी हिस्सा बन चुका है यहां। जिस ठसके और आत्मविश्वास के साथ स्त्री-पुरुष दोनों मंच को साधते हैं, ऐसा प्रेरक कविताई का माहौल शायद ही कहीं और मिले।

1929 ई. में उज्जैन में जन्मे, अपनी जड़ों से दूर अति सामान्य पेशे से संबद्ध हैदराबाद के कवि है—दुलीचंद 'शशि'। कड़क करारी आवाज, उम्र से बेअसर। कल्ले में दबा पान। कोमल सुतहा शरीर, कबूतर जितना मांस होगा जिस पर। छटपटाती कवि-आत्मा की तरह मचलती-थिरकती देहयष्टि। गीत लिखते हैं खासकर। गजल पर भी हाथ आजमाए हैं। गजल में भारी-भरकम तत्सम शब्दों का भरपूर इस्तेमाल करके उन्होंने अपनी अलग छवि बनाई है। शायद ही किसी हिंदी गजलकार ने संस्कृत शब्दों का इतना गूढ़ और सटीक प्रयोग किया हो। उन्हें हैदराबाद का 'नीरज' भी कहा जा सकता है, सोहनलाल द्विवेदी भी और 'दिनकर' भी। वैसे दुलीचंद 'शशि' सादे भावों के सरल कवि हैं। उनमें ओज तो छलका पड़ता है, पर आक्रोश अगर दिखता भी है तो दब लुक कर लेकिन मार कर जाता है गहरी। ओज का क्षेत्र स्वाभाविक है कि राष्ट्रभावना से मिलता है। अपने कविता-संग्रह 'पंख बोझिल और गीले' में 'तो सच कहता हूं' में क्रांतिकारियों के बलिदान को 'शशि' जी ने अपनी चिरपरिचित मुद्रा में 'तो आजादी की इस दुलहिन को यूं मेंहदी लगी नहीं होती' के माध्यम से ऐसा उभार दिया है कि सुनने वाले की नस-नाड़ी तड़कने लगे। उनका स्वर कहीं-कहीं इस क्रांतिदर्शिता से भी पूरी तरह आबद्ध लगता है, जब वे कहते हैं—*'हमने विप्लव के माथे तिलक लगाया है'/या/'मैं गीत लिखूंगा नई चेतना लाने को'*। इस चेतना से उनकी गजलें भी अछूती नहीं हैं—

नारे लगा रहे हैं अब वे हाथ उठाकर
जो लोग कभी भीड़ में चुपचाप रहे थे
या
हमें बिजलियों का भला खौफ कैसा
कि टूटे मकानों में रहते हैं हम तो

प्रेम की कोमलता को गीतों में पिरोकर वे 'पंत' की इस पंक्ति को सार्थक करते

प्रतीत होते हैं—'तरुवर से मृदु मंगल गान'। 'मंगल' शशि जी की कविताओं में अपनी अभिधा में भी बिखरा हुआ है। सुहाग, सुहागचिह्न, विवाह और मंगल के उपकरण—जितनी छटाओं में और जितनी अर्थ छवियों के साथ शशि के पास हैं, उनसे अमीर खुसरो की याद ताजा हो जाती है। नारी-सौंदर्य के साथ उनकी लोकदृष्टि की प्रखरता भी स्पष्ट है। यह लोकदृष्टि जितनी ही सजीली है यहां, उतनी ही उजाड़ भी; क्योंकि संयोग और वियोग दोनों उनके गीतों का सरमाया बनते हैं—'सुहाग और वैधव्य का द्वैत' और इसी तरह 'सुख-दुःख', 'जीवन-मरण', 'भोग-वैराग्य', 'मिलन-जुदाई' और न जाने किन-किन अर्थ संदर्भों को वे समेट लेते हैं अपनी इस लोकदृष्टि से। उनकी कविता और गजलों में सामाजिक विडम्बनाएं, राष्ट्रभावना और बदलाव की कसमसाहट भी है, पर गीतितत्त्व वहां भी मुस्तैदी से डटे हैं। गीत की आत्मा, उसकी गेयता और लयात्मकता से शशि कभी, किसी तरह का समझौता नहीं करते—यही उनके कवि की ताकत है।

उनके काव्य-संग्रह 'पंख बोझिल और गीले' को 'कविता पाठ विमर्श' की पहली विश्लेषणात्मक कड़ी के रूप में और दुलीचंद 'शशि' को इसके पहले कवि के रूप में चुनने की कई वजहें हो सकती हैं। खास वजह निजी है—उनके गीत और गजलें मुझे लुभाते हैं; अपनी खास सादगी और साफगोई के कारण। वह कविता ही क्या जो छू न ले, हृत्तंत्रियों को झंकृत न कर दे—ऐसा शायद इसलिए कि 'शशि' अपनी बात—अपने मन की बात—मन से कहते हैं। सूर के शब्दों में—*'ये बतियां छतियां लिखि राखी।'* किसी भी कवि के लिए इतना काफी होना चाहिए—'साधारणीकरण' से बड़ी कसौटी अभी तक तो 'काव्य विमर्श' में सामने नहीं आई है।

'पंख बोझिल और गीले' (1989 ई.) की भूमिका में मुनींद्र ने लिखा है, "कथ्य तो बदलता रहा, लेकिन पुरानी शब्दावली का मोह उन्हें (दुलीचंद 'शशि' को) आज भी पकड़े हुए है।" संभवतः मुनींद्र जी का यह कथन इसे (पुरानी शब्दावली के प्रयोग को) कवि-दोष के रूप में देखता है जबकि पाठगत अभिव्यंजना में यही प्रयोग अविकल्पनीय प्रतीत होते हैं। संबोधनों में ही जब 'शशि' 'सुमुखि' (इस चांद से मुख पर लगा लो रात का टीका-9), 'शुभे' (आज देखो सावन तक रुका हुआ है द्वार हमारे-21), 'सुषमे' (और कभी बुन लेंगे-21), 'मधुर मल्लिके' (अब तो तुम बिन जीना दूभर हो जाएगा-23) का इस्तेमाल करते हैं, तब शब्द के नए-पुराने होने का प्रश्न ओझल हो जाता है, अर्थ की अभिव्यंजना प्रमुख हो जाती है।

दुलीचंद 'शशि' ने अधिकांश काव्यपाठों में कोमल अभिव्यंजना के लिए दो अभिव्यक्ति रूपों या भाषा प्रकार्यों को प्रमुखता दी है। एक तो सुहाग और दूसरे कृष्ण राधा। गीतों की रचना में जब अभिव्यंजना के सूत्र खोने लगते हैं तब ये प्रकार्य कवि की अनुभूतियों का हाथ पकड़कर उसे तरंगायित करते हैं—*'रूठ-रूठकर मन जाते*

हैं गीत' (भवानी प्रसाद मिश्र), गीतों के रूठने पर ये उपकरण काम आते हैं। 'शशि' के पास आशाओं की दुलहिन भी है, हल्दी का रंग भी, सिंदूरी मांग भी, काजल भी और करवा चौथ भी–नैहर से जाती हर दुलहिन, सतरंगी चीर उड़ाएगी-15, हल्दी का रंग अभी आंचल से हटा नहीं-27, है खड़ी सुहागिन लिए थालियों में रोली-31; और यही शैलीय उपकरण या भाषा प्रकार्य उनके पाठों में गंभीर जीवन सत्यों से भी टकराते हैं–तुम तो खुशबू का काजल नित्य आंजती हो, हम पीड़ाओं की मांग दर्द से भरते हैं–31, सच्चे अर्थों में जीवन की दुलहिन को कैसे पाओगे-35, वक्त ने रची हाथ में कैसी मेंहदी, मौत से पहले ये दुलहिन सी संवरना चाहती है-102।

ऐसी ही शैलीय अभिव्यंजना कृष्ण और राधा के साथ 'शशि' के काव्य-पाठ में आती है जहां चितचोर, मधुबन, कुंज, पनघट, ग्वालबाल–सब जैसे जीवंत हो प्रकट हो जाते हैं। कविता की चित्रात्मकता में तो ये सहयोगी बनते ही हैं, भावोत्पादकता भी इनसे अपने चरम पर पहुंच जातो है–गोकुल से मथुरा तक का पथ/उन्मुक्त तराने गाएगा-15, मधुबन की राधा-मोहन को अपनी आवाज लगा बैठी-25, मोहन की मुरली तक प्यासी, राधा के उर घिरी उदासी-39। इनसे दो बातें साफ होती हैं। 'शशि' का काव्य-पाठ कोमल भावनाओं से युक्त है जिनमें निश्चित ही स्मृतियों का बड़ा हिस्सा है। स्मृतियां भी वे जिनमें पुराना संयोग या वैभव से आबद्ध है और नया वियोग और विडंबना से–'बच्चन' याद आते हैं–सोमरस जो पी चुका है/आज उसके हाथ पानी।

कोमल और स्मृतिजन्य भावनाओं के लिए यह जरूरी होता है कि शैलीय उपकरण को मानवीकरण के धरातल से जोड़ा जाए। इस जरूरत को 'शशि' समझते हैं। उनके पूरे काव्य-विमर्श में इतना मारक प्रयोग इस मानवीकरण का हुआ है कि गीत की आत्मा निखर उठी है–सुधियों ने लगा लिया मेला-17, संध्या सिंदूर लुटाने लगी-18, नियति नटी-42, बादल की डोली पर चढ़कर चांद आता है-43, चांदनी शर्माकर घूंघटपट सरकाती है-43, उजियारे के खरगोश-51, विश्वासों के पनघट-51। ऐसे प्रयोगों से 'शशि' की कविता की प्रतीकात्मकता भी उजागर होती है और चित्रात्मकता भी। गीत के लिए ये जरूरी घटक हैं।

जरूरी घटक आज के पाठ विमर्श में 'विचलन' भी है। गीत में विचलन लय, छंद और गति की स्वाभाविकता को बचा रखने के लिए किया जाता है। इन कविताओं में भी ध्वनि और शब्द के स्तर पर इस तरह के विचलन रेखांकित किए जा सकते हैं–मेरे प्राणों का पपिहारा-24, लेकिन मुखड़ा नहीं उदासा-29, पतझारों के गांव बैठकर-30, तुमने नयन फिराए कैसे, सारी दुनिया ही फिर बैठी-44, तब से सोनचिरी नित आकर-69, उजियार करते इसलिए-90।

विचलन के साथ ही 'पंख बोझिल और गीले' संग्रह की रचनाओं में 'शशि'

ने लोकभाषा के प्रयोग को भी महत्त्व दिया है। गीतों में लोकशब्द और लोकक्रियाओं का प्रयोग अभिव्यंजना को दोधारी बनाता है। कहीं-कहीं तो 'शशि' ने गजलों में भी ऐसे प्रयोग किए हैं—*दुनिया ने जो जाम दिए हैं/उन पर मरहम कौन धरेगा*-29, *तुम सुबह-शाम न्यौता भिजवाती सावन को*-31, *अब तुम नयन तरेरोगी तो जीना मुश्किल हो जाएगा*-33, *मौजों से भी हम बतिया लें*-41, *अलख जगाते हैं भिनसारे*-68।

इन्हीं शैलीय उपकरणों से बंधकर काव्य अभिव्यंजना निखरती है, रूप लेती है। इस काव्य-संग्रह की गजलों में भी उपर्युक्त सभी शैलीय उपकरण सिमटकर काव्यार्थ की सौंदर्यमयी सृष्टि करते हैं—

सांझ के माथे पर ज्यों ही सूर्य ने कुंकुम बिखेरा
आरज़ूओं का पखेरू पंख फैलाने लगा है (96)
झोंपड़ों में वो लक्ष्मी फटेहाल थी
लाज रखने को दीपक बुझाए गए (118)
झांककर आंखों में जबसे आंख फेरी आपने
वक्त का तोता तभी से आंख मटकाता रहा। (106)

शशि की गजलों में 'देखेंगे' (84), 'चले गए' (86), 'की तरह' (91, 93, 95, 105) और 'रात भर' (97) के रदीफ पर कई ग़ज़लें हैं। लेकिन न जाने क्यों इन सबसे किसी न किसी मशहूर फिल्मी ग़ज़ल की याद आती है—*आज हम अपनी दुआवों का असर देखेंगे/उनके खयाल आए तो आते चले गए/हम हैं मता-ए-कूचा ओ बाजार की तरह/आपकी याद आती रही रात भर*—जैसी पंक्तियां बार-बार 'शशि' की गजलों को पढ़ते हुए जेहन में उभरती हैं, फिर भी इनकी वस्तु की नवीनता कहीं न कहीं इनके वजन को कायम रखती है। 'शशि' की गजलों की उस विशेषता को यहां अनदेखा नहीं किया जा सकता जहां उन्होंने संस्कृत के शब्दों को बड़ी ही कुशलता से पिरोया है—

है अवसर जिंदगी में ... (85)
निगाहों से निगाहों की परस्पर बात होती है (85)
नजर पहिचाने में ये बड़ी निष्णात होती है (85)
सत्य कथन के अनुगामी हम, रहते रहे झूठ से दूर (87)
आवरण की तरह से हटी जिंदगी (96)
दीपिका पर शलभ तन लुटाते रहे (97)
देख सम्मुख आपको, बेहोश फिर वह हो गया (98)
कृत्य अपनों का जरा थोड़ा पचाकर देखिए (110)

दुलीचंद 'शशि' का काव्य सहजता का काव्य है। प्रभाव के लिए उनके पास सभी औजार तैयार हैं। गीत की खनक और गजलों की रवानी दोनों उनसे अच्छी तरह सधते हैं। इस अभिव्यंजना में उनके पास समानांतरता का जखीरा भी है। पृष्ठ 11,

21 पर उन्होंने हिंदी की संयुक्त क्रियाओं के समानांतर प्रयोग से संभावनाओं की एक अजीब दुनिया रच दी है—आती होगी, देती होगी, तड़प जाता होगा, मुस्काता होगा, फैलाती होगी, बरसाती होगी, चलती होगी, लहराता होगा, दोहराता होगा, भाता होगा, पाता होगा—का दुहराव अन्य शाब्दिक घटकों से बंधकर अर्थ की संभावनाओं को उजागर कर देता है। भाव के साथ भाषा को लेकर चलना 'शशि' अच्छी तरह जानते हैं और यही वजह है कि उनकी कविताएं जरूरत पड़ने पर बार-बार पढ़ी जा सकती हैं और सुकून हासिल किया जा सकता है।

ओमप्रकाश 'निर्मल'

काट रहा भीतर ही भीतर, दर्द एक पैनी आरी है

ओम प्रकाश निर्मल हैदराबाद की काव्य यात्रा का पड़ावी नाम है। आदमी खरे थे निर्मल। उन्हें देखकर भी लगता था कि हां, कलाकार है। खादी का कड़क कुर्ता-पायजामा; कुर्ते सफेद नहीं, गाढ़े-मटियारे रंगों के। उन पर खूब फबती भी थी यह धजा। सफेद-काले गज्झिम, करीने से संवरे बाल, जो गर्दन की हल्की-सी जुंबिश से भी माथे पर उतर-उतर आते थे। खरखराती सधी हुई आवाज–सहज स्वर भी लगे कि गरज रहे हैं–और कहीं ठहाका लगा दें तब तो समझिए कयामत ही बरपा हो जाए। 'धर्मयुग' में छपते हैं निर्मल-निर्मल राष्ट्रीय स्तर के कवि-सम्मेलनों में शिरकत करते हैं–निर्मल तेलुगु से हिंदी में अनुवाद भी करते हैं, इन बातों के साथ ही निर्मल की यारबाशी, मयनोशी, फक्कड़ता के न जाने कितने ही किस्से हैदराबाद की फजां में तैरते रहे हैं; आज भी यदा-कदा इन किस्सों की आमदरफ्त होती रहती है अदीबों की चौपालों में। नया सोचने, नए ढंग से लिखने, मुक्त जीने और खरा लिखने वालों की एक पीढ़ी तैयार की निर्मल ने हैदराबाद में। वे सब आज भी 'निर्मल जी' का नाम ले-लेकर सर पीटते हैं।

दर्द, निर्मल की कविता का भी सरमाया रहा–जैसे दुलीचंद 'शशि' की कविताओं का। देखें तो दर्द, पीड़ा, वेदना हैदराबाद की हिंदी-उर्दू शायरी के मूल दीखते हैं। शीर्षक की पंक्ति को ही देखें तो 'दर्द' दो वाक्यों के बीच में है, केंद्र में है। जो दो मूल भाव-कथन इस पंक्ति के बनते हैं उन दोनों में 'दर्द' ही उद्देश्य (Subject) का काम कर रहा है–

1. दर्द भीतर ही भीतर काट रहा है।
2. दर्द एक पैनी आरी है, इसीलिए 'काट रहा' क्रिया पुल्लिंग में है क्योंकि इसका संबंध 'दर्द' से ज्यादा है, 'आरी' से कम। कार्यकारण संबंध के आधार पर देखें तो इस पंक्ति का खुलाव तीन प्रकार से होता दिखाई देता है–

   (क) दर्द एक पैनी आरी है जो भीतर ही भीतर काट रहा है

(ख) दर्द भीतर ही भीतर काट रहा है क्योंकि वह एक पैनी आरी है, और

(ग) दर्द एक पैनी आरी है इसलिए वह भीतर ही भीतर काट रहा है।

इस विश्लेषण में भी तीनों स्तरों पर 'दर्द' की केंद्रीयता लक्षित की जा सकती है। किसी भाषिक इकाई को 'केंद्र' या 'परीधि' पर रखने का कौशल ही वास्तव में कवि का शैलीय उपकरणों को इस्तेमाल करने का कौशल कहा जाता है।

'कटाव्र' का, आरी के पैनी होने का और 'भीतर ही भीतर' का अर्थीय विश्लेषण भी इस पंक्ति की गहराई को व्यंजित कर सकता है। और 'काट रहा' (प्रेरणार्थक : 1) क्रिया का प्रारंभ में आना 'काटने' की, या कहें 'दर्द' की अनुभूति की शिद्दत को बढ़ा देता है–क्रम-विचलन और स्थान निर्धारण (Placing) का महत्त्व इसीलिए पाठ-विश्लेषण में स्वीकार्य है।

दर्द से ही कविता बनती है, पीड़ा का अहसास ही कवि को मार्मिक बनाता है–वियोगी होगा पहला कवि, आह से उपजा होगा गान, की सच्चाई हैदराबाद की कविताएं जाहिर करती हैं। व्यक्तिगत दर्द धीरे-धीरे समाजी-दर्द में रूपांतरित होने लगता है–दर्द की 'साझेदारी' ही कविता को व्यक्ति-सत्य से युग-सत्य तक पसार देती है। निर्मल की कविताएं 'उतर आई शाम : 1991 ई.' ऐसा हमेशा करती हैं। उनका 'मैं' पिघलता हुआ 'हम' की शक्ल अख्तियार कर लेता है–निर्मल ओझल होने लगते हैं अपनी ही कविता से, और पाठक 'निर्मल' बना खुद डूबता चला जाता है उनकी कविता में; कहीं गहरे, बहुत गहरे। जरूरी है कि आत्मगत सच को समष्टिगत सच बनाने की कलाकारी कवि में हो–सभी बड़े कवि इस 'कलाकारी' को साधने वाले रहे हैं। इसके लिए समाज की सच्चाइयों के साथ खुद को गहरे जोड़ना होता है–अपने को अभिन्न करके पालना होता है आम लोगों से बोलनी पड़ती है–जन-सिद्ध भाषा। निर्मल घुलकर रहे हैं समाज के साथ और रमे हैं गली-कूंचों, ठौर-ठिकानों, चौराहों-अड्डों पर–इसलिए उन्हें यह कहने की जरूरत कभी महसूस नहीं हुई कि–'*एक अदद शब्द के लिए/चलिए, बाजार तक चलें*' (उमा शंकर तिवारी)। निर्मल हमेशा बाजार में खड़े थे, तभी तो वे भाषा में शब्दों को ही नहीं ध्वनियों को भी पकड़ते थे–अपनी कविता में इन्हें रंगते थे, सजाते थे–'ध्वनि ग्राहक हूं मैं' (त्रिलोचन) निर्मल ने तो अपने लिए नहीं कहा, पर उनकी कविताएं कहती हैं–'कविता पाठ' कहता है कि वे भाषा का तार-तार पहचानते हैं।

निर्मल की कविताएं यथार्थमना हैं। टूटन, विद्रोह, आक्रोश जैसे आधुनिक/सामयिक बोध भी वहां उपस्थित हैं; पर एक तरह के संयम के साथ। यहां उल्लेखनीय होगा कि निर्मल की काव्य-यात्रा के चरम पड़ाव पर हिंदी कविता का परिदृश्य जिंसबर्ग और अ-कविता के प्रभाव से वर्जनाओं को तोड़ने के नाम पर सेक्स, वीभत्सता और अनचाहे टकराव से घटाटोप था। इसकी छाया हैदराबाद के कुछ कवियों (निर्मल सहित) पर पड़ती दिखाई भी देती है पर हैदराबाद का पानी और यहां की अदबी

रवायत की शाइस्तगी इन्हें इस घटाटोप में खोने नहीं देती। अपने निजी जीवन को जरूर इन कवियों ने मुक्त किया—इनका 'ओन बिहेवियर' बदला; पर कविता में फिर भी नियंत्रण बना रहा। इस तथ्य को कविता-पाठ-विमर्श में गंभीरता से देखने की जरूरत है कि भाषा के उघड़ते जा रहे रूप को हैदराबाद में निर्मल जैसे कवि तत्कालीन हिंदी कविता की मनोभूमि पर खड़े होकर भी ढांके रह सके, अपने मुहावरे गढ़कर। जैसे हैदराबाद के कवियों ने साफ-साफ कह दिया हो कि—'मुझको इस छीना-झपटी में विश्वास नहीं' (कुंवर नारायण)। शायद इसीलिए अंधकार की पहचान भी निर्मल के पास 'शांत' और 'पारदर्शी' है—*'आकाश में छितराए बादल/बुलबुले की तरह फूट गए हैं/और छाता जा रहा है/एक शांत और पारदर्शी/अंधकार ...'* (जंगल में शाम : 10)। इन्हीं बादलों के फूटने के पहले भीगती रात में *'जीर्ण वस्त्रों में छिपा वह दीन/वह एक नर कंकाल/बाहर भीगता है/छांव छज्जे की लपेटे!'* *(टपकते टीन के नीचे : 19)*। और तभी वे बारिश और हवा को टीन के साथ संबद्ध कर एक मार्मिक शब्द-चित्र रच पाते हैं—*'टपकते हैं टीन/टप-टप/जैसे पड़ रही हों जूतियां/अधनंगी भीगी देह पर/मेंह मारता चाबुक हवा से सनसनासन/खिड़की देखती चुपचाप/भीगती यह रात/और कोई पिट रहा चुपचाप/छांव छज्जे की लपेटे!!'* (वही : 19)। जूतियों की चोट, चाबुक की मार, खिड़की का व्यंजनार्थ और 'कोई' का मर्म मिलकर इस 'पाठ' को बड़ा ही व्यापक सामाजिक अर्थ—संदर्भ दे देते हैं। जीवन का ऐसा ही मर्म निर्मल की कविता 'कहां-कहां?' (23) में नए अंदाज में उभरा है—'मैं' का 'हम' में पर्यवसित होना यहां साफ देखा जा सकता है और शब्द और ध्वनि की पकड़ को भी—जिसकी चर्चा पहले की गई—*'मुझमें कुछ टूटा/कुछ जुड़ा/मैं टूट-टूटकर/जुड़-जुड़ कर बना-बिगड़ा/कहां-कहां खोया/कहां-कहां पाया!/नहीं जानता वह क्या था/जिसके लिए मर-मरकर जिया!/मात्र इतना ज्ञात है/मैंने कुछ किया/देखा, सीखा/जिसे कभी नहीं चाहा/वही-वही सहा!/मेरा यह अधूरी कृति-सा जीवन/कहां-कहां कटा, कहां-कहां नया जुड़ा/किस-किसने अधूरा छोड़ा/किस-किसने आगे लिखा!'* क्रिया के स्तर पर भूत और वर्तमान का द्वंद्व ही नहीं 'जीवन-सत्य' (सार्वभौम) भी खुला है इस कविता में। टूटा-टूट-टूटकर, जुड़ा-जुड़-जुड़कर की तरह बन-बिगड़कर-जुड़ा, खोकर पाया, पाकर खोया, मरा-मर-मरकर जिया, देखकर किया, सीख कर किया (या करके देखा, करके सीखा), कट कर जुड़ा का संयोजन यूं तो पाठ-संरचना में स्वतः होता दीखता है पर यदि इसे जीवन-प्रक्रिया से बांधकर काव्यार्थ तक पहुंचा जाए तो-कहां-कहां, वही-वही, किस-किसने के प्रयोग को भी इनसे जोड़ना होगा। एक बात और-'नहीं जानता-मात्र इतना ज्ञात है' की अनिश्चितता और अधूरेपन की स्वीकृति भी कविता में काफी—कुछ रंजकता भरते हैं।

अनिश्चितता, संशय और भय आधुनिक जीवन-बोध के प्रमुख घटक रहे हैं—'छाया', 'परछाईं' 'पदचाप' के माध्यम से निर्मल जी ने इस सामयिक भावबोध

को स्वर दिया है– *'एक छाया/निरंतर मेरे संग संग चलती है/वह शायद तुम हो .../एक परिचित आवाज-सी होती है प्रतिध्वनि/वह शायद तुम्हारी ही है .../कुछ भी नहीं पा सका/वह रिक्तता भी शायद तुम्हीं हो'* (छलना : 26) की अनिश्चितता और *'कि अपनी ही परछाई से डर-डर जाता हूं.../मंजिल अभी दूर है/किन्तु छाया से डरा हुआ/अपनी ही पदचापों से रुक-रुक जाता हूं।'* ('मैं', 'छाया', 'भ्रम' : 28-29) का संशय और डर, और फिर अनिश्चय तथा बेबसी की पराकाष्ठा 'उदासी के पार' (64) में– *'कुछ तो होगा ही वहां, कोई तो खोलता-बंद करता ही होगा, कोई पड़ाव तो आता ही होगा/उदासी के पार';* जैसी पंक्तियों में निपात 'ही' और 'तो' का प्रयोग भी द्रष्टव्य है। बेबसी पर एक लम्बी कविता है इस संग्रह में– *'एक और दिन'* (38-41); 'एकालाप' की प्रोक्ति में बंधी यह रचना 'आज' की विपन्न स्थिति में 'कल' (आनेवाले) की भयावहता को रेखांकित करती है–प्रश्न भी उठाती है– *'कि सिर्फ मंहगाई ही क्यों बढ़ती जा रही है/पिता की जेब बड़ी क्यों नहीं होती?'* और इन प्रश्नों से कतराने की बेबसी भी दर्शाती है– *'कल-सुबह जब ये उठेंगे और रोटी मांगेंगे/तब क्या होगा?/कल–जो न आए तो अच्छा/कल-जो और भी भयानक होगा/कल–जो छलावा है, सपना है।'* यह कविता शुरू होती है इन पंक्तियों से– *'अब ठाकुर शयन कर रहे हैं/पुजारी शयन का घंटा बजा रहा है/मेरी अंतड़ियां कुलबुला रही हैं।'* और खत्म होती है इन पंक्तियों पर *'तू भी सो जा, चुप हो जा निर्मल! ठाकुर शयन कर रहे हैं।/तेरी चीख से उनका पालना हिल जाएगा।'* विपन्नता की यह बेबसी करुणा में रूपांतरित हो जाती है 'मेरी पौत्री-1' में, निर्मल ने तोतली बोली का मार्मिक प्रयोग किया है इस कविता में–अम्मा जी हम मल जाएं? प्रश्न घर भर को चौका देता है। 'ऐसा क्यों बोल रही है?' प्रश्न पर पौत्री का उत्तर है– *'आप तहती हैं/बाहल, गंदे बच्चों के थात थेलती हो/छाला तुत्ता बोलती हो/गंदी बातें छीकती हो/तो फिल हम तहां जाएं?'*–'बाहर दादा के पास जा कर खेलो' का उत्तर सुनकर तो सभी सन्न रह जाते हैं–'वे लिथ रहे हैं/लिथेंगे नहीं तो थाएंगे क्या?/पैसा नहीं तमाएंगे तो हमाले लिए/चिज्जी कैसे लाएंगे?' गरीबी, लाचारी एक मासूम को भी कितना 'सयाना' बना देती है। ये दोनों कविताएं कवि निर्मल की जिंदगी की तल्ख सच्चाइयां हैं, ऐसी और भी रचनाएं हैं संग्रह में जो मध्यवर्गीय जीवन की बेचारगी को सार्वभौमता प्रदान करती हैं। 'मेरी पौत्री-2' में क्रिया-रूप की समानांतरता से वात्सल्य, स्नेह और उछाह की धारा बहा दी है निर्मल ने–ठुमको, ठुनको, चहको, कूको, मचलो, रूठो, चूमो की गुजारिश अपनी पौत्री से की है और वात्सल्य के अपरिमित भावों को उंड़ेला है। *'अंत हुआ कविता का रानी बिटिया!/इस थके, हारे, पराजित बूढ़े की/मलगजी, सूनी, भयातुर, धुंधलाई,/बेचैन, पनीली आंखों में/चुपके से चुटकी भर/बचपन धर दो!,* कहना न होगा कि निर्मल की जिंदगी के सच को पहचान पाने के लिए ये कविताएं जरूरी होंगी। 'तू आह बन किसी की मुझको

पुकारता था' (राम नरेश त्रिपाठी) के परिप्रेक्ष्य में देखें तो इन कविताओं में 'आह' खुद निर्मल की है और उन्होंने पुकारा है, छुआ है पूरे मध्यवित्त समाज की संवेदनाओं को।

पाठ-विमर्श की इस चर्चा में निर्मल की 'काव्य-भाषा' पर भी विचार अपेक्षित लगता है। 'समानांतरता' (क्रिया की) 'मेरी पौत्री-2' में भी है। निरंतरता तथा निश्चित परिणति को दर्शाने के लिए 'श्वासों में ...' (80) की ये पंक्तियां देखी जा सकती हैं– *'चुकने ही वाला है स्नेह अब दीपक का/कंगूरे पर टिका हुआ टिम-टिम कर हिलता हूं/बुझता हूं, जलता हूं, जलता हूं, बुझता हूं/बचपन से ऐसी ही रीत लिए चलता हूं।'* और ऐसा ही विस्तार 'किसान' (42-43) में, जिसकी लगभग सभी पंक्तियां देखी जाएं– *'हल जोतता/सन भिगोता,/छांटता पीटता, सुखाता,/धान के पौधे रोपता/निराई करता/चिड़ियां उड़ाता/जंगली पशु हांकता .../कमर झुकाए फसल काटता/अनाज छांटता/भूसा उड़ाता/अनाज की ढेरियां लगाता/और पेड़ की छांव में रोटी पर/हरी मिर्च और प्याज रखे कलेवा करता.../दोनों हाथों अन्न बांटता/दानवीर बलि को भी लजाता वह/दरिद्र नारायण एक जैसा ही...।'* उपमानों के प्रयोग का स्तर भी निर्मल के कविता-पाठ में बहुतायत से हुआ है जो काव्यार्थ और सौंदर्य दोनों को दीप्त कर देता है। 'दो प्रेम कविताएं (62) की पहली कविता पर दृष्टिपात करें– *'उसके कपोलों पर/आहिस्ता से धर दिए थे मैंने/फूलों की तरह दो चुंबन/और उसने स्वीकार लिया उन्हें/अर्चना समझ कर/वह छवि उतरती चली गई थी मेरे भीतर/पूजा के भाव-सी/और उसकी मंद-मंद मुस्कान/महकने लगी थी-/अगरु-चंदन-गंध-सी.../'* निर्मल की कविताओं में द्वंद्व यहां-वहां बिखरा हुआ है–यहां हम उस गजलनुमा गीत को देखें जिसमें हिंदी के प्रख्यात मुहावरों को ओम प्रकाश निर्मल ने अत्यंत मानीखेज ढंग से पिरोया है–गीत का शीर्षक है–'चांद चलता रहा...' (71) और पंक्तियां हैं– *'टीस बढ़ती गई प्यार की मार से,/स्नेह चुकता रहा, प्रीत गलती रही', 'पांव बोझिल हुए आंख पथरा गई,/दर्द बढ़ता रहा, पीर पलती रही।, तारे खिल्ली उड़ाते रहे भोर तक,/गोरी रह-रह के पहलू बदलती रही।, हाथ मलते रहे, खुद को छलते रहे,/वक्त की आंधियां तेज चलती रहीं।'* यह भाषा पर निर्मल की गहरी पकड़ का प्रमाण है–भाषा के स्तर पर वे माहिर रचनाकार कहे जाएंगे–वे भाषा को 'बेझरना' जानते हैं, उसे फेंटन-घोलने की कला भी उन्हें आती है।–मुक्तिबोध के शब्दों में–"कवि वह होता है जो मिला देता है ताश के पत्ते"; निर्मल के कविता-पाठ में इसकी अनेक मिसालें मिल जाएंगी। 'अपने जज्बात को' (85) गजल के कई शेरों में उन्होंने नए फड़कते प्रयोग किए हैं–

अपने जज्बात को कहां रक्खें, / दिल की झोली कतर गया कोई।
जिसकी राहों में बिछे बैठे थे, / जय सिया-राम कर गया कोई।
अपनी कश्ती पे जिसको लाए थे, / हमको धकिया के तर गया कोई।

किसको आबेहयात देते हो, / यहां पी-पी के मर गया कोई।

भाषा का चुटीलापन और निर्मल की अलमस्ती इन पंक्तियों में मुखर है—दर्द की संजीदा नक्काशी के बाद इस तरह की भाषा की तराश शायद इस बात को भी मुकम्मल करती है कि—'दर्द का हद से गुजरना है दवा हो जाना।' दर्द की यही इन्तहा 'और क्या हाल ' (86) के सहज व्यंग्य में भी दीखती है, जहां भाषा की सादगी और तेजी के तो कहने ही क्या— *'और क्या हाल है बन्ने मियां?/सब कुछ बेहाल है बन्ने मियां!/पगड़ियां, चेहरे, पोशाकें बदलो,/दौर-ए-नक्काल है, बन्ने मियां!/लूट लो, खा जाओ, ले भागो,/नाना का माल है, बन्ने मियां!/जी रहा है निर्मल भी इस युग में, / खुदा का कमाल है, बन्ने मियां!'* निर्मल हरियाणा में जन्मे और राजस्थान में पले-बढ़े सो अपनी एक कविता 'इस साल' (73) में उन्होंने 'बोली' की क्रियाओं का बड़ा ही कलात्मक इस्तेमाल किया है—कविता का विषय भी लोक में प्रचलित विरहिणी के लोकरंजित अनुभवों से आबद्ध है। मन तो यह पूरी कविता देने का हो रहा है पर बानगी 'क्रिया-रूपों' से बंधी पंक्तियों से भी मिल सकेगी— *'इस साल नीम बगराया है /जिठानी हलर-फलर डोले है,/धीरे से गांठ-गांठ खोले हैं,/सारे दिन जली-कटी सुनावे थी,/आज तो हंस-हंस के बोले हैं,/छाती में फांस-सी रड़के है,/मन में कुछ रह-रह के तिड़के है/पड़ोसन बोली-सी मारे है,/ललना को रह-रह दुलारे है,/मैं अपनी गोद को निहारूं हूं,/रह-रह के तुझको पुकारूं हूं /इस साल तन फिर गदराया है,/खटिया शर-शैया-सी लागे है,/मन मूरख कहीं-कहीं भागे है /तड़के उठ घड़ी भर पंसाती हूं,/जिठानी दिन उगे तक सोवे है /इस साल सब कुछ छितराया है,/फागुन में जेठ धमक आया है।'*

निर्मल की कविताओं में मूलतः दर्द और स्मृतियां बसी हैं। कहीं 'धूमिलीय' अभिव्यंजना भी है। पर हर प्रकार की कविता में हिंदी-उर्दू मिश्रित भाषा का मचलता प्रवाह है। निर्मल ने हैदराबाद की हिंदी कविता को नई भाषा दी, नए भाव-बोध दिए और दिया तरह-तरह से बात कहने का ढंग। उनकी कुछ कविताओं पर पाठ-विमर्श सूक्ष्मता से अभी होना है। फिलहाल इतना ही कि निर्मल ने अपनी कविता को जमीन और जिंदगी से जोड़कर किसिम-किसिम के काव्य-रूप गढ़े, भाषा रची; साफ, पारदर्शी और खरी भाषा-अपने आस-पास उगती, गमकती भाषा। निर्मल ने कविता की भाषा की जमीन में जान डाली और जी-जान से यह कोशिश की—

मगर मुझे पाने दो
पहले ऐसी बोली
जिसके दो अर्थ न हों।

— रघुवीर सहाय

कमल प्रसाद 'कमल'

दर्द शायर का समझने को कलेजा चाहिए

कमल प्रसाद 'कमल', हिंदी-उर्दू दोनों का जाना-पहचाना शायर। कभी मंच पर सुना था उन्हें, फिर एक बार वसंत चक्रवर्ती के दौलतखाने पर सुना, दिल्ली से एक दल हैदराबाद आया था; उसकी खातिर जुटी महफिल में। एक बुजुर्गवार शायर की मौज और साफगोई देखकर अमिट छाप पड़ी थी तब। अली सरदार जाफरी की जो टिप्पणीक 'आलोकपथ' (1987 ई.) के फ्लैप पर छपी है, कुछ-कुछ वैसी ही छाप—"(कमल) उम्र की उस मंजिल में हैं जहां आदमी की शायरी में उस्तादाना कैफियत पैदा हो जाती है।" दर्द और ग़म के मेले 'कमल' की शायरी का भी अहम हिस्सा हैं, संग्रह के गीतों, गजलों, मुक्तकों में इसका वजूद है। इन सबको मिलाकर देखें तो 'कमल' की रचनाओं में दर्द का एक संश्लिष्ट 'पाठ' बनता दिखाई देता है। 'डी-कंस्ट्रक्शनलिज़्म' (नव-संरचनावाद) की इस सदी में 'कमल' के 'दर्द के पाठ' की एक अधिसंरचना (Super structure) बनाई जाए या उसे एक 'उच्च पाठ' (High text) के रूप में पेश किया जाए तो खलबली तो मच सकती है पर 'पाठ-विमर्श' में यह पद्धति भी स्वीकृत है और 'डी-कंस्ट्रक्शन' की तुलना में कही अधिक मान्य और वैज्ञानिक भी।

कमल प्रसाद 'कमल' एक परिपक्व कवि हैं, सो उनमें एक ठहराव भी है। इस परिपक्वता में दो बातें काम करती दिखाई देती हैं—एक तो, स्व-अनुभूति और स्व-विवेक तथा दूसरी, आदमी की पहचान (Cognition) और आदमी में विश्वास। समाजी-दर्द का अहसान जगाने का शुक्रिया वे सबसे पहले अपनी मां को अदा करते हैं—'तेरी करुणा के बिना, दर्द समझ पाता कैसे?' (3), फिर यह दर्द 'आत्मगत' बनता, फैलता है—*'कितनी है जलन/और कितनी पीड़ाएं हैं/कितना है अथक दर्द/जो कि एक अर्से से/मेरे मन/मेरे मस्तिष्क की गुफाओं में/पकता रहा है नित्य'* (21), या 'दर्द मन का पी रहे हैं, गम जहां का खा रहे हैं। आज हम आपाद मस्तक दर्द बनते जा रहे हैं (56) और आगे के 'उप-पाठ' (Co-text) में यही दर्द समाज

का दर्द बनकर छा जाता है– *'आज अपनी यह धरती/दर्दों का सागर है/बिखरा पड़ा है दर्द/जलन, टीस, पीड़ा है।'* (29) और क्योंकि आदमी दुनियावी होता है तो संशय भी है और कमतरी का अहसास भी कि– *'दर्दों का अनंत सागर जग/किसका-किसका दर्द समेटूं।'* (31) पर देर नहीं लगती कि जागता है कवि का आत्मविश्वास, घुल जाती हैं कुंठाएं– *'मैं भी हूं एक कवि/दर्दों में जनमा/पीड़ा में पनपा/कवियों का प्रथम काम/दर्दों के पलकों की/कलियों को चुनना है। घावों के मुखड़ों पर सांसों की तारों से/मरहम की हलकी-सी चादर को बुनना है'* (20-30) और यह आत्म बल विवेक पैदा करता है– *'काम है यह बड़ा महान 'कमल'/दीन दुखियों के ज़ख्म धोने का'* (77) और फिर यही विवेक आत्मबोध में तब्दील हो जाता है–दर्द का 'दर्शन' बन जाता है– *'ओ दुख के शहजादे शायर/तू दुख में बेहाल न होना/दुख ही तो सुख का सागर है/दुख में घबराने में बढ़कर/जग में कोई पाप नहीं है'* (41) और कि– *'दर्द की आंच मन के पत्थर को/छानकर आईना बनाती है'* (57) और फिर यह भी कि– *'गम मिला है तुझको किस्मत से, तो गम का मान रख/गम को मेरे दोस्त! अपने घर सदा मेहमान रख'*। (71)

ऐसी अधिसंरचनाओं के सहारे ही 'कमल' के 'कविता-पाठ' की आत्मा तक पहुंचा जा सकता है–उनके यह कहने को बड़बोलापन नहीं सच्ची कैफियत मानना चाहिए कि–'काव्य मेरा नहीं है तुकबंदी, घोर तप है, विशुद्ध चिंतन है' (85)। 'कमल' सच बोलते हैं–तुलसी की तरह–'सत्य कहहुं लिखि कागद कोरे' और उनकी दिली ख्वाहिश है कि सब उनका यकीन करें– *'यत्न करता हूं रखूं आंखे खुली/जो भी मैं देखूं, वो सब सच-सच लिखूं,* (90)–'कहहुं सांच सब सुनि पतियाहू' (तुलसी)। और जो उनके इस दर्शन को नहीं पकड़ पाते उनके लिए वे गालिब की तर्ज पर 'पूछते हैं वो कि मतलब क्या हुआ/कोई समझाओ कि हम समझाएं क्या?' किसी अन्य अभिव्यंजना के माध्यम से कहते हैं– *'आग में चेतना की तप-तपकर/काव्य की साधना में होकर लीन/हो अनाड़ी बड़े 'कमल' तुम भी/किनके आगे बजा रहे हो बीन?'* (96)। यह शायद संयोग ही हो कि ग़ालिब और कमल दोनों की व्यंग्यात्मक उक्ति प्रश्नवाचक संरचना पर ही खत्म होती है।

'कमल' का दूसरा 'पाठ' इन्हीं नासमझों–नादानों की ज़हनियत से बना है। किसी भी कवि-कलाकार की बेइंतहा चाह होती है कि उसकी कृति के 'पाठ' को सही ढंग से समझा, सराहा या गरियाया जाए। पर इसके बरक्स जब साहित्य में अवसरवादिता और नंगई का बाजारी प्रदर्शन हो तो कोई संजीदा अदीब क्या करे? संग्रह की भूमिका में 'कमल' ने कहा है, "यह सफर (कविता का, अदब का) उन बस्तियों से शुरू हुआ जहां कला का, चिंतन का मान होता था लेकिन आज मैं महसूस कर रहा हूं कि मैं उन अजनबी बाजारों में पहुंच गया हूं, जहां कला पारखियों, कला पुजारियों से ज्यादा फन के सौदागरों की भीड़ लगी हुई है...आज देखता हूं कि

कुछ छोटे लोग बड़े साधकों और बड़ी साधना के कत्ल की साजिश करते हैं' (11-12)। इसी उद्वेलन से उपजा है यह 'पाठ' जिसमें व्यंग्य, आक्रोश, धिक्कार की प्रोक्तियां (Discourses) संश्लेषित (Synthesized) होती चली गई हैं– *'कल हर दिल का नन्हा प्याला, अमृत का अथाह सागर था/आज यह कैसा कहर हो गया? सारा अमृत जहर हो गया'* (7) और हैरानी कि *'मोती के मोल कंकर, कंकर के मोल मोती/हैरान कर रहा है बाजार का तरीका'* (64) और इस तल्ख सच्चाई का पर्दाफाश भी कि– *'कटती है साधकों की गर्दन गुटों के बल पर/महिफल में चल पड़ा है दरबार का तरीका'* (93) और फिर तंज कि 'खोपड़ी ठस है जिनकी गोबर से, वे कला पुंज बन रहे हैं आज' (94)। इसके बाद ऐसे लोगों पर गहरी मार– *'जो न जानें काव्य क्या है, वे ग़ज़ल कहने लगे हैं/और हम उनकी ढिठाई देखकर शर्मा रहे हैं'* (55) और फिर सीधी चोट भी कि *'माथे पर जब कवि का/लेबल लगते ही मित्र/ऊट पटांग बकने का/राइट मिल जाता है/फिर क्या है/मौज करो/हुल्लड़ मचाओ खूब/गुणियों की बातों पर हरगिज मत कान धरो'* (35-36-37)। यहीं से खड़ा होने लगता है सच्चे कवि का आत्माभिमान–'मेरे वैभव का कहां अंत' (नरेंद्र शर्मा) की तरह अपना काव्य-वैभव पहचानने वाला कवि गरबीली उक्तियां भी कसने लगता है–ग़ालिब और फिराक की तरह। यहां प्रसंग से हटकर एक खयाल जहन में आया, नाम से लगा कि 'कमल' कायस्थ हैं–उर्दू शायरी में कायस्थों का अर्से से दखल रहा है–अगर ऐसा है तो उनके 'पाठ' को अन्य कायस्थ शायरों के आमने-सामने रखकर देखने की भी जरूरत होगी। ये गरबीली उक्तियां इसलिए मौजूं है कि 'मुक्त आसमान' से ज्यादा अहमियत 'मुक्त बाजार' को देने वाले फनकारों को अपने 'जियांट' वजूद का अहसास तो करा ही देना चाहिए–

बहरा है ये जग, बात खरी सुन नहीं सकता
पागल है 'कमल' बात खरी बोल रहा हैं। (59)
ग़ज़ल की बानगी सीखो कमल से
ग़ज़ल कहना नहीं आसान यारो! (67)
आज तुम आंखें चुराते हो, मगर कल मान लोगे
जो मनीषी थे 'कमल' भी है कड़ी उस शृंखला की। (72)
शर्म से मानते नहीं कुछ लोग
दिल में सब जानते हैं क्या हूं मैं। (92)
दर्द शायर का समझने को कलेजा चाहिए
लोग मेरी तरह गम में गुनगुना कर देखते । (66)

इसी के साथ भीतर से बहता हुआ ठहराव नमूदार होता है। जिंदगी के निचोड़ से पैदा आदमीयत। और तैयार होता है, आत्म प्रशस्ति (Self glorification) की जगह संयमित जहनियत को पुनः सक्रिय (Re-activate) करने की ख्वाहिश का उप-पाठ :

आज भी अज्ञात है, कल भी 'कमल' अज्ञात होंगे
नाम की परवाह क्या है, काम करते जा रहे हैं। (55)
है कमल ही तुम्हें गुमान बहुत
आओ, तुमको मिलाएं दर्पन से। (62)

इसी संयम में पग कर दोस्तों-दुश्मनों को अपने अनुभव की आंच में पकी सूफियाना सीख भी कि– *'हाथ में गठरी जुनूं की, मन में इक मस्ती की मौज/टेढ़ी जीवन यात्रा में, साथ ये सामान रख।* (71)। कवि की इसी इनसानी फितरत को भांपते हुए ही संग्रह के फ्लैप पर फिराक गोरखपुरी की राय है– *"कमल खुलूस के साथ अच्छे और सच्चे शेर कहने को अपना मकसदे-शायरी समझते हैं।"* ऐसा संयम और विवेक उम्र के साथ पता नहीं आता हो, पर निश्चित ही आता है अपनी जड़ों, अपने संस्कारों और उन आस-पास बिखरी नियामतों से जिन्हें हम लोक परंपराएं (Little tradition) कहते हैं और कमल इनसे वाबस्ता नजर आते हैं, कई-कई जगहों पर।

भाव के स्तर पर ही नहीं भाषा के स्तर पर भी 'कमल' नए 'विजन', नए मूल्यों के रचनाकार हैं। उनकी एक-एक लाइन प्रभावशाली संवाद (Communication) करती है। आदमी की पहचान के साथ-साथ आदमी की भाषा की पहचान भी उनकी गहरी है। संग्रह की दो सुघड़ भूमिकाओं में दो काव्यमर्मी चिंतकों की इस संबंध में पहले टिप्पणियां देखें 'कमल' ने प्रत्येक शब्द के गुण, जाति और धर्म को पहचान कर उपयुक्त स्थान पर उसे सजाया है' (रामकुमार वर्मा : 6) और 'कहने का ढंग निराला है। भाषा का क्या कहना। बहुत सहज है, मन को लुभाने वाली और बस जाने वाली है। उर्दू के मौजूं शब्द जहां-तहां गुंथे हुए हैं जिनकी अलग ही छटा है।' (वियोगी हरि : 19)। 'मुझे शब्द-शब्द में देखो' (त्रिलोचन) की चाह रखने वाले किसी भी कवि के लिए उसकी शब्द सामर्थ्य पर इससे बड़ी सनद क्या हो सकती है। पर कवि इन शब्दों को पाने में, इन्हें संजोने और 'कविता' बनाने में क्या पाता क्या खोता है, यह 'कमल' की जुबानी ही जानें; चाहें तो इसे उनकी 'रचना-प्रक्रिया' का सच भी कह लें– *'शायरी वो कला है आंखों में/रूप के दीप बाल देती है। साधना इसकी है मगर जालिम/ये कलेजा निकाल लेती है'* (86)। भाषा की लुनाई 'कमल' में पैदा हुई है हिंदी-उर्दू की सामासिकता से रची-बंधी उनकी जहनियत से। उनके गीतों में भी उर्दू का बहाव हर कहीं परिलक्षित है–जन्नत का टुकड़ा था जैसे (7), आज यह कैसा कहर हो गया (7), चर्चे जमाने में *बेदारियों के* (19), शराबे-मोहब्बत के *पी-पी के प्याले* (20), लहकते हुए *गुलसितां मिट गए हैं* (20) और मुहावरेदानी भी, जिसके बारे में रामकुमार वर्मा ने कहा है–"मुहावरों को पानी बना देना 'कमल' की एक और विशेषता है।" यहां हम उनकी एक लम्बी व्यंग्यात्मक कविता 'कविता का काला बैंक' (32-37) में समोये मुहावरों को देखें–चिंता के बादल हैं, मौका सुनहरी है,

नानी को याद करें, भाग अपने जागे हैं, ढोल अपने पीट-पीट, शंख अपने फूंक-फूंक, बच्चों का खेल नहीं, जब तक हथेली पर ली उसने जान नहीं, रास्ता हो गया साफ, भय है ठोकर खाने का, सूखी कली खिलती है, हरगिज मत कान धरो, अपना जमाओ रंग, उंगली उठाए यदि, धाक बैठ जाएगी, नाम पर न आएगा।

कमल प्रसाद 'कमल' संवाद पैदा करने वाले कवि हैं अतः संबोधनों की उनके यहां छटा बिखरी है—मां! (1), मिया! (3), प्रिय! (11), दुनिया वाले! (12), राम! (43), दीनानाथ! (43), अजीजो! (78), दोस्तो! (79), जैसे संबोधनों के प्रयोग से उनकी अपनी भीतरी भावोद्वेलता को तो निखार मिलता ही है—पढ़ने-सुनने वाले का भी कवि से सीधा रिश्ता बनता है। 'प्रश्न' भी उठे हैं 'कमल' की रचनाओं में—प्रश्नाकुलता नहीं। 'अभागा? कौन कहता है अभागा?' (6) में टकराने की टंकार और बहस की चुनौती है। 'मेरा मन? प्यार का संसार है यह' (6) में कबीर की तरह 'प्रेम' से लबरेज आत्मा को धारने की गरबीली घोषणा है। 'राम! आज क्यों काठ हो गया?' (43) में भरपूर विश्वास पर लगने वाली ठेस से उपजी वेदना और स्तब्धता है। और फिर 'प्रश्न' का नकारात्मकता में रूपांतरित होता ढांचा भी है, पृठ-75 पर; प्रश्न है—'कौन पूछेगा?' इसके पहले के हर शेर की दूसरी पंक्ति में आए इन अंशों को जोड़ लें— *'तेरे आगे कली की नाजुकी को..., तुझे देखे तो रंभा उर्वशी को..., जो ऐसा गम मिले, तो फिर खुशी को..., मिले जब मौत ऐसी, जिंदगी को... ।'*

'कमल' के 'कविता-पाठ' में क्रिया-विचलन के कई स्तर हैं, कारक विचलन के भी और ये दोनों मिलकर व्याकरणिक विचलन को भी कभी-कभी साध देते हैं। ध्वनि-शब्द स्तर पर तो विचलन है ही—कभी उर्दू के असर से, तो कभी लय को बिखरने से बचाने के लिए। व्याकरण के स्तर पर तो 'कमल' के 'पाठ' में आए विचलनों का अलग से वर्गीकृत अध्ययन हो सकता है, पर कुछ उदाहरण यहां देख लें—*था कल तक खेल तूफानों से लड़ना, बहुत विकट है मन मेरा, किन शब्दों में तू ही बतला, मेरी बिसात ही क्या थी मां, दर्द का भंडार है यह, बसाई थीं जो जन्नतें कल्पना में, रस्ता हो गया साफ, हम समझते थे भुलाना आपको आसान होगा, कसकने जब लगे जग के लगाए घाव छाती में, एक दिल हीरे-सा था कदमों पे धर देते उसे, हमसे सपने में ये न होने का, खेल जी भर के दिल के मोती से, बद्दुआ किसकी लगी है वक्त को, बन गए छाले हृदय के फूल सब, खोलता हूं हर एक सांस के साथ/गांठ मन की मगर नहीं खुलती, है भरा जिसमें साधना का तेल/जगमगाता-सा वह दीया हूं मैं। यह तो साफ दिखाई ही दे रहा है कि विचलन के ये स्तर अर्थ की अपेक्षित लकीरों को उभार दे देते हैं। ध्वनि-शब्द स्तर पर भी इस प्रवृत्ति को परखें-करम तुम्हारा* (12), *तुम्हारी बानी* (12), *औ खाइयां* (8), *प* (19), *उलफत* (20), *लोहू* (23), *बात सुझ सकती है* (29), *दर्पन* (56), *रेख-लछमन की* (56), *जान*

की कीमत पे भी (71), *मरसिया* (74)।

'चयन' और 'विचलन' के साथ ही 'कमल' को पढ़ते समय इस ओर भी ध्यान जाता है कि गीतों, ग़ज़लों और मुक्तकों तीनों में ही 'लहजों' का पाठ भी बनता गया है—समर्पण, प्यार, गुस्सा, आवेश, दार्शनिकता, व्यंग्य ये सब सिर्फ 'वस्तुगत' या 'भावगत' बदलाव को ही रेखांकित नहीं करते बल्कि इन्हें व्यक्त करने का पूरा भाषिक विधान ही बदलता चला गया है। एक बात कहीं चुभती भी है कि 'कमल' ने अधिकांश समाजी सरोकारों जैसे गैरबराबरी, सांप्रदायिकता, स्त्री-विमर्श, सियासी दुश्वारियों आदि को विषय क्यों नहीं बनाया। अदबी दुनिया के दुचित्तेपन के प्रति उनकी 'गरमाहट' को ही अगर पूरे समाज के दोगले चेहरे के लिए चुनौती के रूप में देखा जाए तो अलग बात है—पर यह काम 'पाठ' को अनायास खींचने का होगा क्योंकि खुद 'कमल' के कलाम इस ओर संकेत भी नहीं करते—हां, साहित्य-जगत की ले-दे पर उनकी 'खुंनस' में अरुण कमल वाला यह भाव-बोध जरूर कौंधता दीखता है—*'ऐसा वक्त आ गया है/ऐसा ही वक्त आ गया है/जब गुंडे बेला के फूलों की माला पहन/जै-जैकार करा रहे हैं/जब जहर-माहुर फल-फूल रहे हैं/और फूलों की क्यारियों में जल नहीं।'* पर यह तो कभी भी कहा जा सकता है कि 'कमल' की भाषा में एक खास तरह की काव्यात्मकता है। उपमानों का जखीरा भी उनके पास खूब है। *आखिर 'पुराने चावल' हैं; खुशबू तो बिखेरेंगे ही—'इतनी मधुर तुम्हारी बानी, जैसे हो गंगा का पानी' (12) 'कमल' जैसा रचा-पका शायर ही कह सकता है या यह भी कि 'जन्नत का टुकड़ा था जैसे, धरती के हर आंचल का घर' (7)। और दो गीत प्रेम के विरह भाव के 'तुम गईं' (15) और 'अनहोनी' (18),* जिनमें मध्यवर्गीय प्रेम की स्वप्नजीवी और रूमानी छवि उघार होकर अभिव्यंजित है; हम उत्तर आधुनिकता बोध के मारे चाहें तो इसे मध्यवर्गीय खोखलापन और हताशा कह लें पर प्रेम की संवेदना और उसका अद्भुत सौंदर्य भी कभी लुक-छिपकर (छायावाद में) तो कभी मांसल-शरीरी बनकर (प्रगतिवाद में) 'प्रेम का पाठ' रचता और व्यक्ति मन की सूक्ष्मता को अंकित करता रहा है। इस बहस में न पड़कर 'कमल' की उपमान-अभिव्यंजना का साक्षात्कार करें; तुम गईं लगा जैसे कि एक *सुंदर नगमा थम गया अचानक/या कोई सुंदर खेल बीच में ही—जैसे हो गया खत्म/जैसे एक बहुत ही रोचक पुस्तक के/कुछ वरक अनाड़ी हाथों ने हों फाड़ लिए* (15), *तुम गईं हवाओं ने रुख बदल दिया/चांदनी चांद से बिलग हो गई जैसे/बिन बाती जैसे दीप जल रहे हैं सारे* (18)। यहां क्रम-विचलन (order deviation) पर भी तवज्जो दी जा सकती है। अभिव्यक्ति के अनेक स्तर पर कहें 'मानक भाषा' के कई उक्तिगत प्रकार्य बार-बार 'कमल' की रचनाओं में घटित होते हैं जिनके आधार पर उनकी पाठ-भाषा का प्रारूप भी तैयार किया जा सकता है। कुछ जो अर्थ, सौंदर्याभिव्यक्ति

और संश्लिष्टता (Synthesis) की दृष्टि से अनूठे बेजोड़ लगे उन्हें दे रहा हूं नीचे–

आज तक भी कसक है घावों में/धार तीखी थी इतनी चितवन की (56), *बहरा है ये जग, बात खरी सुन नहीं सकता/पागल है 'कमल' बात खरी बोल रहा है (59), तेरे अधरों का रस पीकर पली मालूम होती है/हवा इस गांव की कुछ मनचली मालूम होती है (61), तुम बताओ न छल की आंच इसे/टूट जाएगा आईना छन-से (62), हाल मस्ती का हमारी खुद-बखुद जाते समझ/आप भी औरों की खातिर घर लुटा कर देखते (66), कटारी सी-उतर जाएगी दिल में/चढ़ाओ तो ग़ज़ल पर सान यारो (67), जुदा होते ही तुमसे मन की हालत/कि जैसे शाख से पत्ता झड़ा है (76), लिखो मत इसपे नाजुक नाम उसका/समय का जर्द कागज खुरदुरा है (78), शायरी भी है ऐसा फन जैसे/बाल में मोतियां पिरोने का (77)*

जनाब कमल प्रसाद 'कमल' हैदराबाद की हिंदी-उर्दू शायरी की जिंदा तारीख हैं। सच कहा है उनकी शायरी की बाबत अली सरदार जाफरी ने कि–"रूह की लज्जत का सामान हैं ये 'कमल'। कविता रूहानी सुकून पहुंचाए, आनंदित करे; कई लक्ष्यों–उद्‌देश्यों में से शायरी का यह मकमद भी है (फ्लैप)।" समाजी सरोकार में 'कमल' दीन-दुखियों, मुफलिसों के दर्द में शरीक हैं; रूह की लज्जत इन कलामों से भी मिलती है–*'महलों की छत पे वर्षा, कंचन की हो रही है/कुटियों के लोग, नीचे पेड़ों के, बस रहे हैं' (9) और 'हों बंदों के दुख और न बंदानवाजी/अब एक ऐसी बस्ती बसा लें तो दम लें' (20)*।

यह सब कहने और तफसील देने के बाद 'कमल' की एक लाइन बेइंतहा हांट कर रही है कि यह कहीं मुझी पर तो चस्पां नहीं होती, या कहीं 'कमल' जैसे उम्रयाफ्ता और अनुभवी शायर अपनी शायरी पर शायद यह मजमून पढ़ कर मन-ही-मन इसे दुहरा न रहे हों–

पहचान जिनको सोने पीतल की कुछ नहीं,
वे मेरे मन का कंचन पत्थर पे कस रहे हैं।

शायद ऐसा न हो, क्योंकि उनकी पारदर्शी जिंदगी और अनुभूति का पता उनकी शायरी दे देती है। किसी शायरी में उठे रूप-रस-रंग के पीछे से शायर की निश्चित मनोवृत्ति का पता तो चल ही जाता है; अगर शायर सच्चा, ईमानदार और खरा हो तो। भाव-भाषा अर्थ-प्रभाव के धरातल पर खरा, सच्चा, ईमानदार या कि 'परफेक्ट' है 'कमल' का कविता-पाठ। अभी तो 'कमल' की शायरी पर फकत अकबर इलाहाबादी की चंद सतरें नजर कर रहा हूं जो उनके जैसे 'मानी' के पुजारियों के लिए नहीं, उनके लिए हैं जो 'शब्द चातुर्य' (नाजुक बयानी) को ही कविता समझने का भरम ताजिंदगी पाले रहते हैं–

मानी को छोड़कर जो हों नाजुक बयानियां,
वह शेर नहीं, रंग है लफ़्ज़ों के खून का।

राजा दुबे

कुछ नया-सा जन्म हरिया रहा है

इस शीर्षक के पहले की पंक्ति है– *'हर एक उजड़ी-नंगी शाख पर'*। 'वसंत' शीर्षक यह कविता राजा दुबे के काव्य-संग्रह 'एक हस्ताक्षर और' (1959 ई.) में संकलित है। प्रकाशन काल और उस समय की काव्य प्रवृत्तियों पर विचार करने से पहले यह देखें कि इन पंक्तियों में आशा का स्वर और सार्थक बदलाव का विश्वास प्रकट है। यही राजा दुबे के काव्य-पाठ का प्राण है। 1943 ई. में 'तार सप्तक' के प्रकाशन के बाद अस्तित्ववाद की चर्चा जोरों पर रही। पर इसी के साथ-साथ कई अन्य भाव-बोध भी उभर रहे थे। पूरा पाचवां दशक भीड़ में अकेले होने, अकेला कंठ बनते जाने, अपनी पहचान ढूंढ़ने तथा रुग्णता और पराजय के मध्यवर्गीय बोध में लिपटी संवेदनाओं को भी अभिव्यंजित कर रहा था। एक लंबी फेहरिस्त है इन कवियों की–सर्वेश्वर, भारती, श्रीकांत वर्मा, लक्ष्मीकांत वर्मा, मलयज, विपिन अग्रवाल आदि, आदि। इनकी कविताओं में विचारों की दार्शनिकता की तुलना में अनुभव की निजता ने अधिक जगह घेरी, संभवतः इसीलिए दशक पांच के इन उभरते कवियों को 'क्षणिक मनःस्थिति के कवि' भी कहा गया। रोजमर्रा के व्यक्तिगत तनाव और निजी 'सफरिंग' के ब्योरे इस राह के कवियों की 'वस्तु' बने। यह जरूरी था कि अपने समय की कविता के प्रति निरंतर सचेत बने रहने वाले कवि राजा दुबे इस प्रवृत्ति को परखते, इससे प्रभाव ग्रहण करते। इस संग्रह की कविताएं जैसा पाठ बनाती हैं, उनसे यह छिपा नहीं रह जाता कि राजा दुबे भी इन्हीं कवियों की तरह 'कविता' और 'कविता शिल्प' के नएपन की खोज में दीवानावार जुटे हुए हैं। मध्यवर्गीय और निम्न मध्यवर्गीय समाज तब तक गहरे सामाजिक दबावों और रूढ़ियों के घेरे में कैद था। ऐसे में स्वाभाविक था कि 'निषेधात्मकता' प्रबल होती, जो अर्थहीन संयम में जकड़े रचनाकार में कुंठा उपजाती। ऐसा ही हुआ भी, और शायद यही वजह है, और इसमें कोई आश्चर्य भी नहीं होना चाहिए कि संग्रह की अधिकांश कविताओं में राजा दुबे 'भावुकता भरी नजर के मारे' नजर आते हैं। महज अपनी ही सोच में सिमटते

हुए—*कुछ सोचता कुछ नहीं/सोचता-सा मैं* (हार स्वीकार : 41)। महज संवेदनाओं को अहमियत देने के बावजूद इन कवियों ने मिलकर कविता में लाक्षणिकता और भाषिक प्रयोग के बढ़िया-घटिया; जैसे भी, ढेरों रास्ते खोजे। राजा दुबे ने भी ये सारे 'लटके' (अगर इस शब्द को गंभीरता से लिया जाए) आजमाए; जिनकी चर्चा आगे 'पाठ-विमर्श' में। एक खास बात और कि इस दशक में 'भाषिक बुनावट' में चीजें एक खास तरह की पेश की जा रही थीं, इसलिए काव्य भाषा में काफी कुछ टूट-जुड़, मिल-बिछड़ रहा था—बिंब और प्रतीक की नव्यता के साथ-साथ सपाटबयानी, विवरण और गद्यात्मकता को कविता के भीतर समोने की कोशिश को भी इस संदर्भ में नजरअंदाज नहीं किया जा सकता। 'पत्रकारिता' की भाषा की दो-टूक, टिप्पणीनुमा सूचनापरकता और कहीं-कहीं तटस्थता (कभी तो इतनी वीतरागी कि खुद अपने भीतर इस तरह देखना, जैसे कोई दूसरा देख रहा हो) को भी अहमियत देनी होगी। यह कहना गैर जरूरी होगा कि इनमें से अधिकांश रचनाकार कवि-पत्रकार थे—रघुवीर सहाय की काव्य-भाषा को तो विशेष रूप से कई आलोचकों ने पत्रकारिता की भाषा के परिप्रेक्ष्य में रखकर देखना जरूरी माना है। इस ओर भी दृष्टिपात करना जरूरी होगा कि इस उपकाव्य धारा में एक खास 'सब्जेक्ट' को खास परिणति तक ले जाने की ललक भी प्रबल है, अतः भाषा की पूरी संघटना एक निश्चित 'पैटर्न' में ढलने के लिए बाध्य है। इसीलिए कई बार ये सारे कवि एक ही भाषा में बोलते हुए लगते हैं, लग सकते हैं। संशय, शक, डर और बेबसी कभी निजी तो कभी सार्वभौमिक बनकर उभरते हैं—विशेषता यह है कि इनसे उबरकर सार्थक जीवन की ओर लौटने की जिद इन कवियों में बनी रहती है—राजा दुबे की कविताओं के भी सर्वाधिक मर्मस्पर्शी स्थल वही हैं, जहां उनकी कविताएं झंझावातों से टकराने, घबराने और हारने के कगार तक पहुंचने के बाद फिर जिंदगी की ओर पलटती हैं। भाव क्योंकि नितांत निजी हैं इसलिए 'साधारणता' (हर तरह की) प्रतिष्ठित हुई है—दैनंदिन जीवन के कार्यकलाप, जीवन के छोटे-छोटे प्रसंग, निजी स्मृतियों का सघन रूप और बातचीत का लहजा—इस काल खंड के कविता-पाठ के अनिवार्य घटक बनते चले गए हैं। इस दशक में भाव की इसी प्रधानता की ओर संकेत करते हुए चंद्र गुप्त विद्यालंकार (1956 ई.) की टिप्पणी है—"किसी युग में कविता रीति, छंद, अनुप्रास आदि के कठोर बंधनों में बंधी हुई थी। आज के युग में कविता के वे बंधन टूट गए और उस क्षेत्र में भी भाव ही सर्वाधिक प्रधान बन गया है।" इसी स्थल पर 'भारतेंदु' की यह पंक्ति भी विचारते चलें—*'भाव अनूठा चाहिए, भाषा कोऊ होय।'*

राजा दुबे के 'कविता-विमर्श' को समझने में उपर्युक्त पीठिका सहायक होगी। 'एक हस्ताक्षर और' प्रेम की पीर का पाठ है। प्रेम जिसमें मिलना-बिछुड़ना ही नहीं, धोखा और बेवफाई भी है, और है निम्न मध्यवर्गीय समाज की कुठाएं। प्रेम और सौंदर्य की 'दार्शनिकता' छायावादी काव्य-पाठ में लिपटी हुई है—तो प्रेम का मूर्त रूप

प्रगतिवादी युग में उभरता है। वैसे इसकी आहट बच्चन, नरेंद्र शर्मा, अंचल और नवीन में भी साफ-साफ सुनाई देती है। 'कल दिन में मैं कमरे में था, था चित्र तुम्हारा सम्मुख' (नरेंद्र शर्मा) के आमने-सामने राजा दुबे की एक पंक्ति रखकर देखें– *'सोते समय रात को/आज फिर तुम्हारे बहुत से आकर्षक पोज'*, (एक शीर्षक विहीन कविता : 20)। 'अंचल' की पंक्ति *'यह फागुन की रात और मैं विकल पड़ा मन मारे'* का नेह और उन्मेष 'एक पृष्ठ और' (8) में धजा बदल कर अवतरित मालूम पड़ता है : *'मन कहता है :/तुम तक उड़ जाऊं सदेह/तन की इच्छा भी/तुमसे जुड़ जाने की बहुत-बहुत/पर दोनों से परे एक मैं/जो हूं विवश, असमर्थ, असहाय!'* 'अंचल' की ही बिसरी यादों की छुअन और तरसन ओढ़े ये पंक्तियां– *'अब तक प्रिय, मैं रही तुम्हारी, अब हो गई पराई/...., लगता यों प्राणेश मुझे, मैं उमड़ी बरस न पाई'* राजा दुबे के इस भाव से कैसे टकराकर एकमेव हो जाती हैं– *'अभी-अभी मैं था/अभी-अभी तुम थे।/हमारे साथ परिचय थे, प्रतीक्षाएं थीं; किंतु अब सिर्फ धब्बा है'* (समय की रौंद : 70)

इसके बाद प्रगतिवादी धारा में भी गिरिजा कुमार माथुर, शिवमंगल सिंह 'सुमन' भवानी प्रसाद मिश्र, त्रिलोचन, नागार्जुन आदि के प्रेम गीत अद्‌भुत हैं। 'नींद के बादल' में केदारनाथ अग्रवाल के ढेरों प्रेम गीत संकलित हैं। प्रतीक्षा, हूक और मिलन की बेचैनी का जो कोमल भाव गिरिजा कुमार माथुर की इन पंक्तियों में गुंथा है– *'मिट्‌टी से संयोग आग का/तन पर जैसे परस तुम्हारा/दीपक को आलोक मिल गया.../दीप नयन नयनों में डालो/मिट जाए छाया का घेरा'* उसी की अनुगूंज राजा दुबे की इन पंक्तियों में सुनी जा सकती है– *'यह वत्सल शाम/मुझे छू लेती है/डूब-डूब जाता हूं। रोम-रोम बांसुरिया/मेरा कंठ तानसेन हो जाता है'* (वत्सल शाम : 22)। प्रेयसी के रूप और मोहक सौंदर्य को त्रिलोचन ने इस 'भंगिमा' में देखा है– *'पहले पहल तुम्हें जब देखा/क्या सोचा/सोचा था/इससे पहले ही/सबसे पहले/क्यों न तुम्हीं को देखा।'* और राजा दुबे की पहली भेंट *'तुम पहली बार मिलीं जब/कितनी सहज थीं* (क्रमशः 44) या *'जब मेरे घर बगैर बुलाए/एक दिन तुम आई थीं : तुलसी के बिरवे को तुमने/पानी का अर्घ्य चढ़ाया था'* (एक दिन : 80) भी उतनी ही उतावली, उतनी ही सजग और उतनी ही उत्फुल्ल है। प्रेयसी की याद, प्रेमी की अतृप्ति और लालसा को नागार्जुन ने 'पनीली' संवेदना दी है– *'तुम नहीं हो पास/मैं तो तरसता हूं/प्यार के दो बोल सुनने के लिए।/एक की ही दस उंगलियां/नहीं हैं काफी कदाचित/रेशमी परितृप्तियों का जाल बुनने के लिए।'* और राजा दुबे की याद, अतृप्ति और लालसा से उपजी उदासी का रूप– *'आधी रात हो गई–अरे!/तुम याद आ गए सहसा!/मैं उदास हो गया/बहुत उदास हो गया'* (आधी रात का उदास स्मरण : 35)। 'सुमन' की विरह व्यथा *'कांस-सी मेरी व्यथा बिखरी चतुर्दिक/बाढ़-सा उमड़ा हृदयगत धार/मेघ भादों के झमाझम झर रहे जो/शरद-सी तुम कर रही होगी*

वहीं शृंगार' और इसी व्यथा को भोगने का राजा दुबे का अपना अंदाज– *'फिर पीड़ित स्मरणों जैसी/बिजली कौंध गई/हाहाकारों से कारे-कजरारे बदरा गरज गए।/अनाथ आंसुओं-सा/अबाध पानी बरस गया।/पुखराजी पीड़ा की फूट गईं कोंपलें,/लिखा दर्द/टीसें महक गईं।/घावों की दूबें/फिर से हरियाईं, हरी हो गईं'* (वर्षारंभ : कवि के धन्यवाद : 21)।

राजा दुबे की कविताओं में प्रेम, स्मृति और बिछोह के साथ-साथ एक भाव बेवफाई का भी आ जुड़ा है। इसी कारण उनका 'प्रेम पाठ' प्रेम की कोमल अनुभूति से प्रतिशोध तक की यात्रा कर आता है। इससे कुछ समाजी सच भी खुलते हैं। पाठ का संश्लिष्ट रूप तैयार करें; प्रेयसी का घर आना, तुलसी के बिरवे पर अर्घ्य चढ़ाना, प्रेमी के कमरे की किताबें ठीक करना (एक दिन : 60), उसकी रचनाओं की तारीफ करना, कहना कि 'तुम कित्ते अच्छे हो', आत्म समर्पण तक के लिए व्यग्र होना (एक शीर्षक विहीन कविता : 20) शाम को (वत्सल शाम : 22) या सूर्यास्त के समय (सूर्यास्त : 25) मिलना फिर सबके समक्ष यह कह देना कि प्रेमी से कोई पूर्व परिचय और प्रेम नहीं (क्रमशः 44) तथा *'अपने पतिदेव के साथ/रसभोर कहीं तुम्हारा मिलना/और मुझे देखकर सहसा/अपनी सुराहीदार गर्दन/इस भाव से दूसरी तरफ/मोड़ लेना जैसे मुझे देखा ही नहीं'* (एक शीर्षक विहीन कविता : 20) कि प्रेमी का मन यह कहने को करे : 'मन हुआ कहूं तुमको बेवफा' (वही)। फिर ढेरों स्मृतियां और गहरे दर्द की आवाजाही और अंततः *'प्रतिशोध की अग्नि-दर्द जो/परसों उठा/उसे मैंने/चुपचाप पीकर सह लिया।/कल भी उठा था/किंतु मैंने/लोगों से कहा,/फूट कर बह लिया।/आज भी/दर्द ने जब/सिर उठाया तो/सहा नहीं गया/किसी से/कुछ कहा,/नहीं गया।/केवल कलम उठा/पैड पर तुम्हारा नाम लिक्खा/और X दिया, बस।'* (प्रतिशोध : 4)। इसी के साथ यह अहसास कि फूल नहीं 'कांटे ही सत्य हैं' (46)। फिर एक बदलाव और यात्रा जिंदगी की ओर वापसी की– *'आज भी जब/गुलमुहर फूल देता है/जी में कहीं/वसंत जी जाता है। अभी भी पहले जैसा कुछ बचा है/आज भी जो/लगते अगहन में/तुम्हारे मायके आने की बात सोच जाता हूं'* (आज भी : 62) और कल के पतझर के बाद विहंसता जीवन का हरियारपन– *'कल बहुत सारे/बूढ़े-पुराने/सामने के पेड़ से/पत्ते झरे, झरते रहे /फिर देखते ही देखते/हो गया निर्वस्त्र/और शाम को/बचा केवल प्रेत-सा वह ठूंठ था।/पर देखता हूं आज/हर एक उजड़ी नंगी शाख पर/कुछ नया-सा जन्म हरिया रहा है'* (वसंत : 24)। यहीं सम-सामयिक कवि राजेश जोशी की कुछ पंक्तियों को भी राजा दुबे के भाव-संसार के साथ रखकर देखा जाए– *'आज वो तुम्हारे बोले गए वाक्य के सिर्फ अंतिम शब्द/दोहराती है। वो एक परछाईं की तरह चलती रही, तुम्हारे साथ-साथ/उसने खो दिए अपने सपने और अपना बातूनीपन।'* (राजेश जोशी)– *'क्या हुआ हमको–ओह/एक दूसरे से बोलते तक नहीं?/ . आज मैं क्यों नहीं कहता हूं :/पुलॅोवर ठीक से*

पहनो—सर्दी बहुत है/क्यों नहीं कह रहा हूं :/लो, ओढ़ लो यह शाल मेरी/और तुम भी आज यह सब नहीं कहतीं/अजी सटकर मत चलो/कान में मत फुसफुसाओ/लोग देखते हैं—क्या कहेंगे?/भला सोचिए तो/न हमें ये शरारतें अच्छी... ।' प्यार में अबोलेपन की कसक और पीड़ा बड़ी मारक होती है।

राजा दुबे के इस प्रेम-कथा केंद्रित पाठ में उनके जीवन के क्षण, उनकी पारिवारिक पृष्ठभूमि, 'उनकी नष्ट-भ्रष्ट दिनचर्या' (जिन्हें व्यवस्थित करने का वादा प्रेयसी ने किया था 'एक दिन'—60) को भी हैदराबाद के वे कवि, पत्रकार और चिंतक निकाल दिखा सकते हैं, जो उन्हें नजदीक से जानते हैं। पर यह तो फिर भी सौ-टका सच है कि राजा दुबे की कलम से निकलीं ये रचनाएं 'बहुत छोटे आदमी के/बहुत छोटे स्वप्न' (आत्म कथ्य : 86) का अक्स तो हैं ही। छोटे आदमियों के सारे सपने पुरते भी कहां हैं? यह भी तो बड़ा सच है और कहीं अधिक दारुण भी।

राजा दुबे ने प्रयोगवादी कविता के वे सारे उपकरण अपनाए हैं, जो उस समय चलन में थे, (और बाद में जिन्हें आडंबर कहा गया) मसलन; कोलन, डैश, कोष्ठक, छोटी-बड़ी, आड़ी-तिरछी लाइनें, एक-एक शब्द की माला पिरोते हुए कविता पूरी करना, भाव की गहनता-सघनता दर्शाने के लिए फैला s s व (36) सां s s प (53) तमा s s मरा s s त (38) जैसे प्रयोग तथा ध्वनि को लेखिम में बांधने का यत्न : फैलाकर डैने... फर... फरर फरर... (एक पृष्ठ और : 8)।

पांचवें-छठे दशक की काव्य भाषा के अनेक 'मोटिफ्स' भी राजा दुबे ने अपनाए और कुछ अपने भी गढ़े—क्रॉस (6), टूटी मूठें (10), अजगर (36), सांप (36), मछली (50), कोढ़ी (82), बौने (82), गीदड़ (93), आदि और कई शब्द संबंध भी—लंगड़े सत्य (10), चरमराती आस्थाएं (10)? कलमुंही लालसा (72), बासे सत्य (72), प्रेतनुमा छायाएं (84), बदबूदार आत्मा (86), टूटी बैसाखी (87), हांफती चेतना (87), बांझ सीपियां (91), गंजी कृतियां (91), कुंठाएं कातिल (94), विकलांग ओंठ (94), अहम पोपला (94),। तो कुछ बड़ी ही सशक्त अभिव्यक्तियां—दर्द के जर्द कपड़े उतार फेंकता हूं (23), शब्द ही नहीं निकलते, उच्चारण मर जाते हैं (36), किसी वाक्य रहित शब्दों-सा अर्थच्युत (93),। राष्ट्रीय कविता परिदृश्य पर राजा दुबे की आंख बड़े गहरे गड़ी रही थी। भाषिक बुनावट में चीजों को पेश करने के सभी अभिव्यंजनात्मक तरीके (टेकनीक्स) उन्होंने आजमाए—शब्दों के दुहराव का भी अर्थ की गहराई तक पहुंचने के लिए उन्होंने बखूबी इस्तेमाल किया—डूब-डूब जाता हूं, रोम-रोम बांसुरिया, सिरा-सिरा देता हूं, खोल-खोल देता हूं (वत्सल शाम : 22-23), उघड़ते जोड़-जोड़, रोम-रोम दुखता-सा, पसीने-पसीने, लिपट-लिपट जाता है, हड्डी-हड्डी चटक जाती है, (नींद उचटने पर : 36-37)।

ये सारे भाषिक उपादान मिलकर राजा दुबे की इन कविताओं को तत्कालीन काव्य-भाषा के रचाव से जोड़ते हैं। यह भी हम अहसास कर सकते हैं कि हैदराबाद

में रहकर आधुनिक काव्य बोध को ही नहीं, उस काव्य-भाषा को भी पकड़ने और इस्तेमाल करने वाले राजा दुबे का कवि-मानस कितना संवेदनशील रहा होगा। संभवतः इसीलिए व्यक्तित्व की सूक्ष्मता को उकेर पाने वाली उनकी भाषा आज भी कहीं-कहीं बहुत 'ताजा' और 'टटका' लगती है। राजा दुबे की ये कविताएं भावुक, रूमानी और स्वप्नजीवी लगने के बावजूद अपना 'पाठ' खुद बनाने की हामी हैं– *'जहां चुपचाप खयालों के पर्चे/छपते रहते हैं'* (मुक्तिबोध)। फिर कुछ और उप-पाठ (को-टेक्स्ट) भी तो रचे गए हैं–एक तो संशय का पाठ जो प्रेम कविताओं में भी यहां-वहां छिपा बैठा है और स्वतंत्र रूप से भी कुछ कविताएं यह 'पाठ' रचती हैं। एक कविता लें, जिसमें प्रश्न और भीतर से उभरते, आश्वस्त करते उत्तर के साथ ही 'संशयवाद' (अपनी शख्सियत से जुड़ा) आकार लेता है– *'खट... खट... खट/कौन?/कौन है जो यह/आधी रात गए मेरे बंद कपोटों पर/दस्तक देता है?/सन्नाटा?/पर सन्नाटे में आवाज कहां होती है?/अंधियारा होते ही/वह तो कुर्सी, अलमारी मेजों और किताबों पर/जहां सुनसान पाता है;/सिर धर सुस्ताता है, सो जाता है/हवा?/लेकिन आज सुबह से ही/बड़ी उमस है/मृत्यु से खामोश दरख्त/और नाम तक को पता नहीं चला।/चोर?/चोर!/चोर भला दस्तक क्यों देगा?/और, और यहां थोड़े ही/कोहनूर रक्खा है!/दीवार घड़ी?/न, वह तो हफ्ते से बंद पड़ी है।/धड़कन?/चिच्... तब फिर?/अरे, अरे!/यह सब क्या है?/यह सांकल किसने खोली?/ यह मेरा ही प्रतिरूप/कौन चला आता है?/स्वर, शब्द, कंठ, उच्चारण/यह तो बिल्कुल मुझ जैसे ही हैं/क्या मैं एक नहीं दो हूं?'* (विभ्रम : 39)। 'अस्तित्व' के दोहरे होते जाने का संकट 'अकेलेपन' के अहसास या अकेले कंठ की पुकार की निस्तब्धता से तो खड़ा होता ही है, अपनी 'पहचान' की तलाश भी इसे पोसती है।

फिर एक उप-पाठ निर्मित होता है 'परिवार' की संरचना का। जहां पिता के लिए स्वीकारोक्ति है कि– *'हम जानते हैं/कि आप जनक हैं/पर अधबनी औलाद के'* (हम और आप : 10) जिसमें खुद के अधूरेपर का दर्द भी कराह रहा है। इसके साथ ही मध्यमवर्गीय परिवार की दारुणता, जहां 'विधवा जेबें और प्यार :/मध्यमवर्ग की कितनी बड़ी मूर्खता' (मध्यमवर्ग की ट्रेजिडी : 45)। कहने को नौजवान पुत्र शापित है। और चक्की पीसकर पालने वाली मां, राखी बांधने वाली बहन और बूढ़े पिता (जिन्हें बहू के हाथ से रोटी की चाह है) के लिए बेटे की आत्मस्वीकृति– *'मगर मां,/आंचर हुआ बदनाम/बहिन, तेरी भुजा टूटी/ओ पिता, बुढ़ापे का सहारा/तुम्हारी यह छड़ी-पड़ गई झूठी है'* (अंतिम : 95-96)। यह 'पाठ' ऐसा कि रग-रग टीसने लगे और निराला के शब्द जाग जाएं–'दुख ही जीवन की कथा रही।'

और तीखे व्यंग्य का पाठ जो 'उन सबको' (89), 'गायक मित्रों से सादर' (77), 'गिरधर गोपाल और लाल दुपट्टा' (78), में अलग-अलग रंग में बना है और

सामाजिक विद्रूपता पर रचे दो पाठों 'समय का फेर' (79) और 'फख्र की बात' (80) से इन्हें जोड़े दें तो मुकम्मल हो जाता है। बाद के दोनों पाठ देख लें :

हुआ समय का फेर/गधा खाए पंजीरी/फरहाद करे अर्दली/बर्तन मांजे शीरी/राज्य करे टीन का नेता/नर से बनती नारी/इस कल युग का/और बखान करूं क्या/गूंगा गुड़ का स्वाद बताए/फाकेमस्ती अमीरी।' और दूसरा पाठ– *'उल्लुओं को मिले सिंहासन/गधों के सिर पर ताज है/ब्लेडों से काटकर नाखून/हो गए कुछ यों भी शहीदे नाज़ हैं,/कल तक छिपे रहे जो/जंगे-आजादी में किसी पेटीकोट के भीतर/वही आज शासन के कल-पुर्जे;/हिदोस्तां के रामराज हैं।*

और हताशा के भीतर से आकार लेता आस्था और आत्म विश्वास का पाठ–मानो, 'सबदहि सबद भयौ उजियारी' (सूर); मनुष्य के साहस और संघर्ष का पाठ। एक ओर *'क्योंकि होकर पास एम.ए.,/राष्ट्रभाषा का एक छोटा-सा कवि/तुम्हारा राजा दुबे/चप्पलें चटकाता हुआ बेकार/ढूंढ़ता फिर रहा है भारत में क्लर्की/सिर्फ अस्सी रुपए की'* (अंतिम : 95) और परिणाम आत्म-टूटन– *'हम टूटी मूठें/खोखले व्यक्तित्व/लंगड़े सत्य/चरमराती आस्थाएं/हम कच्ची आयु के टूटे संवेदन'* (हम और आप : 10) जैसी गहरी हताशा, बेबसी, पराजय बोध और दूसरी ओर इतनी गहरी नैतिकता, इतना स्वच्छ विवेक और आत्म सम्मान के भाव की जबरदस्त उठान– *'हमने आश्रम की भिक्षाएं नहीं स्वीकारी/आस्थाओं का नीलाम नहीं बोला/यात्राएं गिरवी नहीं रखीं/अपने बूढ़े ऊंट नहीं बेचे/कुल की मर्यादा को नंगा नही किया।'* (टूटे संवेदन और बूढ़े ऊंट : 83-84) और इससे भी बढ़कर अदम्य जिजीविषा और साहस : *'अभी तक जब मरा नहीं/तो अब मरूंगा भी नहीं/मरा पहले भी नहीं था/कला पर केंचुल थी सिर्फ/कृति के पांव भारी थे।/किंतु आज ऐसा नहीं-/केंचुलों की जगह आस्था के कवच हैं/और सृजन का हर छोटा बड़ा शिशु/जहां भी है/सुरक्षित है, सुरक्षित है।'* (शिशु-सुरक्षा : 85)।

अंत में तीन कविताओं का मिश्रित पाठ, जिसमें रोजमर्रा की जिंदगी और क्रियाकलाप झलकते हैं–तीनों कविताएं क्रमशः रघुवीर सहाय, शमशेर और नागार्जुन की याद दिलाती हैं। कविताएं हैं–'एक कौतकपूर्ण जिज्ञासा' (55-56), 'कारण-अकारण' (58), और 'अपशगुन और परिणाम' (65)। पहली कविता को 'जिज्ञासा' से नहीं हसरतों से जोड़ना चाहिए–छोटे लोगों की छोटी-छोटी हसरतें, इच्छाएं–हजारों ख्वाहिशें ऐसी कि हर ख्वाहिश पे दम निकले।' और इच्छाएं भी कैसी–चुपके से उठें, कमरे से निकलें, आंगन में आएं, वस्त्रों समेत नहाएं, पिएं चांदनी, कुछ सोचें-बिसूरें, बेकाम टहलें, खंभे छुएं, कैंची बनाकर पसारें पांव, सुस्ताएं, उंगलियां चटकाएं, सीटी बजाएं, गला फाड़ कर चिल्लाएं। इस कविता का क्रिया की अनवरतता के साथ विश्लेषण हो तो भाषा-संघटना का सहज काव्य-रूप भी प्रतिफलित होते देखा जा सकता है। दूसरी कविता में दैनिक जीवन की अनुशासन बद्धता के पीछे छिपी

विस्फोटक मनःस्थिति (वही प्रेम की विफलता से निर्मित) भी है और परिवार का मनोविज्ञान भी– *'आज अल्ल सवेरे उठा/मां के चरण छुए/पिता को प्रणाम किया/विधिवत स्नान किया/बगैर बोले चाले भोजन किया/अच्छी तरह बाल काढ़े/मां ने सोचा :/शायद लड़का सुधर गया/पर शाम को :/प्याला समेत चाय फेंक दी/परसी हुई थाली/सामने से हटा दी/अकेली कमीज पर/ठण्डी रात घूमने चला गया।/खूब रात गए लौटा/बक्स खोल/कुछ पत्र, एक फोटो, एक स्वेटर निकाली/पत्र और फोटो जला दिए।/स्वेटर को उकेल डाला।'* (संपादित पाठ)। निम्न मध्यवर्गीय परिवार के विश्वासों (अंध) और विडंबनाओं पर टिप्पणी है तीसरी कविता और उन्हीं अंधविश्वासों के साथ जीने की मजबूरी भी– *'रात भर रोई फिरकी/मुहल्ले भर के लावारिस/खजहे कुत्ते रोए/सुबह बदन पर छिपकिली गिरी/घर से निकलते ही/पड़ोसी बनिए की बहू ने छींका/मोड़ पर काना दिखा/बिल्ली ने रास्ता काटा/शाम तक/मेरी लगी-लगाई नौकरी छूट गई थी/और बहिन की मंगनी टूट गई थी।'* (संपादित पाठ)।

राजा दुबे के पास भाषा की टकसाल है। कहीं उनका भाषिक संतुलन डगमगाया भी है, कभी वे बेवजह की तफसील में भी गए हैं। कहीं उनकी भाषा उचाट भी दिखती है और कभी बनावटी भी। कहीं वे अत्यंत आवेग में होते हैं तो कभी एकदम ठंडे। कभी वे लप-लपाकर जलते हैं तो कहीं धुंधुआ कर रह जाते हैं–यह सारा कुछ इंगित करने के बाद भी मानना होग कि राजा दुबे आधुनिक भाव और भाषा बोध के समर्थ कवि हैं। अपना अलग रास्ता बनाने वाले धुंधलके में खोई मंजिल तलाशते–क्योंकि अंधेरा बाहर ही नहीं भीतर भी रास्ते बना रहा है–ऐसे ही अंधेरों की गुंजलक में चंपे, हाथ-पैर मारते और छूट निकलने की जद्दोजहद में रत कवि का नाम है–राजा दुबे; और कोई चारा भी तो नही, क्योंकि : 'दुनिया में बहुत अंधेरा है, बत्ती गुल हो गई है।' (राजेश जोशी)।

इंदु वशिष्ठ

कट न पाए जो कभी भी, दर्द की वह रात हूं

भावनाओं के उद्वेलन को ठहराव देते हुए व्यक्त करने वाली कवयित्री हैं—डॉ. इंदु वशिष्ठ। ठहराव भी क्या कहें; ठिठकन है। चलते-चलते ठिठक जाना और उस दायरे में जो कुछ संलग्न है उसे भाव-स्तर पर अभिव्यक्ति देना, उनकी कविताओं का प्राण तत्त्व है; रचना-प्रक्रिया है। मुझे अच्छी तरह याद है जब मैं पहली बार हैदराबाद पहुंचा था (1979 ई.) तब दस दिन के भीतर चार अजाने लोग मुझ से एक के बाद एक मिलने आए थे—प्रो. श्रीराम शर्मा, डॉ. विष्णु स्वरूप, ओम प्रकाश निर्मल और इंदु वशिष्ठ। ये सभी मुझसे कहीं वरिष्ठ थे और अपनी-अपनी जगह पर स्थापित। उस समय मेरे लिए यह चौंकाने और स्तंभित कर देने वाला अनुभव था। अब विश्लेषण करता हूं तो बात उतनी अनहोनी नहीं लगती कि ये सभी 'हिंदी' को एक परिवार की तरह देखने वाले लोग थे; इस परिवार का कोई 'नौसिखिया' उनके शहर में हिंदी का काम करने के लिए आया है, जानकर भी वे उससे खुद जाकर न मिलें, यह हो भी कैसे सकता था। कैसा था इनका मन, कैसे थे ये लोग? यह लिखते समय भी गला अवरुद्ध है और पलकें नम।

बाकी तीन आत्माएं तो ब्रह्मलीन हो गईं। इंदु जी हमारे बीच हैं—सक्रिय हैं—पर न जाने क्यों इधर थोड़ी खामोश हैं। (अब इंदु जी भी नहीं रहीं : लेखक)

वे अपने कंधे तक के बालों को पीछे कसकर 'पोनीटेल' बांधती हैं, जिससे उनका प्रशस्त माथा और भी प्रशस्त दीखता है। सफेद बालों की यह 'पोनी' भी बातचीत के समय हिल-हिलकर अपनी सहमति-असहमति जतलाती रहती है। सौम्य-स्निग्ध रूप और गंभीर मुखाकृति। भारीपन लिए हुए; पर सुरीली आवाज है उनकी; इस तरह खनकती-बिखरती हुई कि जब वे अपने गीत मंच से तरन्नुम में सुनाती हैं तो किरणों की तरह बिखरकर इस आवाज का जादू सुनने वाले की आत्मा में पैबस्त होने लगता है। इंदु जी की कविताओं में फूल, कलियां, पौधे, शाखें और खुशबू हैं जरूर पर जड़ों का अंधेरा भी इनमें बराबर व्यक्त है; साथ ही जड़ों की वह

नमी भी जो सींचती है पौधे के पूरे अस्तित्व को। शायद इसीलिए उनका कविता-पाठ आशा-निराशा, हताशा-साहस, अंधेरे-उजाले, जिंदगी-मौत और उत्साह-उदासी के अद्भुत मेल से रचा दिखाई देता है।

'धूप के रंग' (1989 ई.) और 'संदर्भ अपने-अपने' (1992 ई.) क्रमशः छंदबद्ध और छंदमुक्त कविताओं के संकलन हैं। अतीत, पीड़ा और दर्द पाठ के मूल में है। सी. नारायण रेड्डी ने ठीक कहा है–"अतीत कभी जहर देता है तो कभी दवा भी बताता है। सब कुछ झेलने के बाद लगता है कि कहीं कुछ कांटे-सा कसक रहा है। यही कसक, दर्द की अनुभूति ही कविता की जननी है।" (शुभाशंसा, सी. नारायण रेड्डी)। आश्चर्य नहीं कि 'संदर्भ अपने-अपने' की कविताओं को ओमप्रकाश निर्मल ने 'व्यक्तिगत पीड़ाओं का दस्तावेज' कहा है और इंदु वशिष्ठ ने भी यह स्वीकार किया है कि पीड़ा उनके साथ 'सगी' की तरह रही है और उन्हें प्रिय भी है। यह बहुत साफ दिखाई देता है कि इंदु जी की कविताओं के पाठ में प्रेम का पक्ष भी बहुत गहरा है। 'कहां नहीं है स्नेह? सांस-सा सबके उर में'–पंत के इस कथन को इंदु जी का कविता-पाठ उजागर करता है जिसमें 'छायावाद' की भी विशेषताएं सिमटकर आ गई हैं–सहानुभूति, कल्पना, प्रकृति का मानवीकरण, विचित्रता। पंत के लिए अपनी पुस्तक 'छायावाद' में नामवर सिंह ने जो वाक्य लिखा है उसे शब्दशः इंदु वशिष्ठ के काव्य पर प्रक्षेपित किया जा सकता है–"प्रकृति उनके भावुक हृदय में पंख लगा देती है।" एक विशेषता इस पाठ की और है कि इसमें 'विजन' या स्वप्नदर्शितता को भी पर्याप्त स्थान मिला है जिसमें कल्पना का योगदान अप्रतिम है। पंत ने 'आधुनिक कवि' (1941 ई.) की भूमिका में यह स्वीकार किया था, और पूरी आस्था और ईमानदारी के साथ, कि ''मैं कल्पना के सत्य को सबसे बड़ा सत्य मानता हूं और उसे ईश्वरीय प्रतिभा का अंश मानता हूं।'' स्मृति, कल्पना, प्रेम और दर्द की संश्लिष्टता से उपजा इंदु वशिष्ठ का कविता-पाठ आशा और निराशा की एक ऐसी धारा प्रवाहित करता है जिसमें 'मन' केंद में है–'जर्जर तन खंडित मन लेकर/कैसे मैं अभिसार करूं?' और इसी के साथ आशा का संचार भी है–'पतझर जो आए उदास नहीं होना/टूट गया दर्पण तो आस नहीं खोना।' आशा-निराशा का यह द्वंद्व अनेक पदबंधों में गुंथकर इंदु जी के कविता-पाठ में व्यंजित हुआ है–संशय की सांस, जेठ की दुपहरी, पागल बदली, डर के रिश्ते, विषाद की माला, बैरन काया, याद का दर्पण आदि-आदि।

एहसासों को वाणी देने में भी इंदु जी की कविताएं अपना अलग शब्द संसार रचती हैं। यह सर्जनात्मकता उनकी विशेषता है जिसमें भाषा भी है और अनुभव भी– *'लाल हैं गुलाबी हैं/नीले और पीले हैं/दर्द के लिफाफे के/अक्षर सब गीले हैं।'* यह एहसास ही कभी शाब्दिक टटकापन ले आता है– *'रात चल रही/चांदनी के साथ/गोरस की मटकी को/लिए अपने हाथ।'* और इसी से उपजती है कवि हृदय

की मानवीय आकांक्षा- *'दुख सबका अपना हो जाए/इसकी भी प्यास जरूरी है/हैं एक ज्योति की किरण सभी/इसका विश्वास जरूरी है।'* यही ताजगी उनकी प्रतीकवत्ता में भी छलकती जाती हैं— *'फागुन है कान्हा-सा/राधा-से रंग हैं।'* और फिर मानवीकरण का अनंत भाषिक विस्तार— *'मौसम जाने क्या बोला है/घूमा है फिर अतीत।'*

इंदु जी की कविता का एक वैशिष्ट्य स्त्री की कोमल भावनाओं की स्तरीकृत अभिव्यंजना से निर्मित है जिसमें स्त्री-जीवन की विडंबना भी है जैसे कि सपने और मुस्कान लिए यौवन की एक देहरी से दूसरी तक की यात्रा, बाबुल की निर्धनता, पतिगृह में रोज नए षडयंत्र, दहेज-दहन-दारुणता। ऐसे कई गीत हैं जो मिलकर उस छलना को व्यक्त करते हैं जिसके कारण स्त्री को यह कहना पड़ता है—'जनम लिया जिस दिन मैंने/तब से पत्थर छाती पर है।' इस विडम्बना के साथ स्त्रीमन का समर्पण और उसकी कोमलता भी एक अलग पाठ रचती है। उल्लेखनीय है कि छायावाद के सभी प्रमुख कवियों ने, यहां तक कि निराला ने, 'मैं तुम' शीर्षक से कविता लिखी। इंदु जी की भी एक कविता का शीर्षक है 'मैं और तुम'। 'मैं' के साथ छाया, अर्पण, पंछी, वंशी, छल, भ्रम, प्यासी, धरती, टूटी तरणी, निष्ठा, अमा की रात जुड़ते हैं और 'तुम' के साथ क्रमशः दर्पण, मन, गगन, स्वर, सम्मोहन, बंधन, घन, सागर, प्राण और सलोने प्रात। यहां यह भी ध्यान देने योग्य है कि 'मैं' के साथ संबद्ध दीप, अधूरा गीत और दर्द की रात के समकक्ष 'तुम' में कोई विलोम दर्शित नहीं है—मानो यह स्त्री की नियति का पक्ष हो।

इंदु जी की ग़ज़लों का पाठ भी—'दर्द' की निरंतरता से ही निर्मित है। 'शमां बनकर हम अकेले ही यहां जलते रहे, जिस कदर दर्द तूने बख्शे हैं, हमको हालात ने किया रुसवा'—जैसी पंक्तियां इसे प्रमाणित करती हैं।

अर्थ की प्रबलता वैसे तो संवेदन और शब्दों के सही मेल से व्यक्त हो जाती है लेकिन अतिरिक्त बल के लिए इंदु जी ने शब्दों को उद्धरण चिह्न में रखकर देने का एकाधिक स्थानों पर यत्न किया है—'महानता' में उसकी किसी का 'कुछ' टूटकर बिखर गया है। एक बिना पेन 'उसे' लिखता है और 'दूसरा' बिना हिचक उसे मिटाता है/नहीं जानती थी 'आजादी' की परिभाषा।

इंदु जी की छंदमुक्त कविताओं (संदर्भ अपने-अपने) में यथार्थ बोध भी है, अस्थिरता की तलाश भी और व्यंग्य और उम्मीद की अभिव्यक्ति भी। एक तरफ ये पंक्तियां हैं— *'शहर की दीवारें/जब से/ऊंची होने लगीं/बस/तभी से/गांव का/सवेरा याद आने लगा/'* और दूसरी ओर यह भी कि *'पीपल के पेड़/और पुराने कुएं के पीछे/सूरज और चांद/दोनों उगेंगे/विश्वास और/आस्था की ओर/लौट रहे हैं/लोग।'* और एक प्रचंड साहसी स्वर उभरता है— *'लड़ो/अंधेरों से/भिड़ो तड़पकर उनसे/उम्मीदें/इन्हीं की कोख से/फूटती हैं।'*

व्यंग्य की धार इस पाठ में बहुत तीखी है। एक कविता की कुछ पंक्तियां देखें जिनमें भाषा का सजाव भी बहुत ध्यान खींचता है। इन पंक्तियों में 'मैं' और 'तुम' की सहभागिता और क्रिया रूप का सुझावात्मक स्वरूप तथा शब्द विचलन भी एक खास तेवर इस पाठ को देता है– *'आओ/हम भी/नेता-नेता का खेल खेलें/देश को बांट लें/जूठे पत्ते/विदेशियों के चाट लें/हंगामें करें/घर को संसद बना लें/जूतम पैजार करें/गालियों की/बौछार करें/आरोप लगाएं/झूठे सच्चे/पक्ष पर/विपक्ष पर/और/खुद पर भी।/समस्याएं बढ़ाएं/कमेटी बिठाएं/फैसलों की तारीखें टलवाएं/संविधान की करें ऐसी-तैसी।'* और इसी कविता की अंतिम पंक्तियां क्रियारूप की समानांतरता (पैरेललिज्म) का भी दिग्दर्शन कराती है। रघुवीर सहाय ने कहीं पुस्तकों की श्रेणियों की बात करते हुए खाने से संबंधित क्रियाओं की समानांतरता से अपनी बात कही थी कि–"कुछ किताबें, चखने के लिए होती हैं, कुछ निगल जाने के लिए, कुछ चबा-चबाकर खाने के लिए और कुछ चबाकर और मुंह में घुलाकर देर तक स्वाद लेने के लिए।' अब कविता की अंतिम पंक्तियां देखें– *'आओ/देश को फिर उलझाएं/उसे/धीरे-धीरे/टुकड़ों में/रोटी की तरह खायें/उसे अच्छी तरह चबाएं/और पूरी तरह निगल जाएं।'* इंदु जी की कविता में कई स्थानों पर जमीन की सच्चाई दैनंदिन जीवन के क्रियाकलापों से भी व्यक्त हुई है। उनका यह पाठ हमें सर्वेश्वर, रघुवीर सहाय और शमशेर की याद दिलाता है। यहां जो पाठ हमने चुना है, वह स्त्रियों की दिनचर्या से बंधा है जिसकी भाषिक विशेषता यह है कि इसमें संयुक्त शब्दों और क्रियार्थक विशेषणों के प्रयोग से भाव और स्थितियां उकेरी गई हैं– *'घरों में/अपने-अपने/औरतें/शुरू करती हैं सवेरा/घर-गृहस्थी/झाड़ बुहारू/उसकी-इसकी/मेहरारू/बहू-पतोहू/घरों...../चौका-आंगन/चूल्हा-लकड़ी/दाल-रोटी/बच्चे-स्कूल/डिब्बे-नाश्ते/डाँट-फटकार/बरतन-पानी/चिल्लाती नानी/चूनर धानी/कजरा गजरा/पहन सयानी/तोर-मोर/गर्जन घनघोर/घरों.../दर्द ही दर्द/चेहरे पर गर्द/फटी चोली/कर्कश बोली/पैबंदी धोती/किस्मत सोती/नाती-पोती/संध्याबाती/संग संगाती/अच्छी-बुरी/सुख दुख/झल्लातीं/हिलहिल कर/आरती गातीं/शीश झुकातीं/खैर मनातीं/लौट जातीं/घरों में....।'*

इंदु जी के कविता-पाठ का वितान बहुत विस्तृत है। उन्हीं के शब्दों में कहें तो 'टूटना होता है जरूरी, कुछ बनने के लिए।' उनकी टूटन में भी निर्माण का, आशा का, साहस का संदेश है और उनके पाठ में जमीन की सच्चाई है क्योंकि वे मानती हैं कि 'तुम्हारा सच यह जमीन है।' अपनी संवेदनाओं और अपने अनुभव को इंदु जी ने बाहरी-भीतरी दोनों स्तरों पर पहचाना है और इन्हें बेधक वाणी दी है। जब भी उनकी कविता पढ़ी जाए, यह एहसास होता है कि सर्जनात्मकता में कविता को बांधना और फिर उसे उसी में ढूंढ़ना बड़ा ही सुखद अनुभव होता है। इंदु जी की पंक्तियां ही इस्तेमाल करूं– ***'आप हों, मैं हूं, चाहे कोई भी/चोट खाने पे बात खुलती है।'***

प्रतिभा गर्ग

मैं शिखा उस दीप की जो, रात दिन हर सांस जलती

प्रतिभा गर्ग सही मायनों में एक विदुषी महिला हैं। आभिजात्य उनके व्यक्तित्व से टप-टप टपकता है। साफ, झक साड़ी में उनका निर्मल और कांतिमय मुख ऊपर से बहुत गंभीर लगता है (वे उस्मानिया विश्वविद्यालय में रीडर रह चुकी हैं, शायद इसलिए) पर उनका अंतर अत्यंत स्निग्ध है। मुझे 'डॉक्टर साहब' संबोधित करती हैं तो निश्चित ही 'आप' सर्वनाम भी देती हैं मुझे; सकुचाता रहता हूं मैं—पर उनकी शालीनता का क्या करूं? बड़ी ही सुरीली और मधुर वाणी है उनकी। उतनी ही मधुर हैं उनकी भावनाएं। सुनते हैं कि वे महादेवी के सान्निध्य में कई बरस इलाहाबाद में रही हैं। तभी तो उनकी बाहरी-भीतरी छवि में एक प्रकार का सम्मोहन है। भीतरी छवि का यह सम्मोहन उनकी कविताओं में चुंबकीय तत्त्व बनकर समाया हुआ है। इसलिए यदा-कदा उनके कविता पाठ में जब शोषण, नेताओं के कुकृत्य और राजनीति के प्रसंग आते हैं तो रसभंग जैसा लगता है—यह नहीं कि ये प्रसंग काव्यात्मकता की कसौटी पर कमजोर हैं, बल्कि इसलिए कि ये प्रतिभा गर्ग के भाव-लोक से तनिक भी मेल नहीं खाते। उनकी कविताएं झरने या प्रपात की तरह नहीं एक सोते की तरह बहती हैं—कल-कल-करतीं, छोटी-छोटी धाराओं में बहती-बुलबुले बनातीं, चट्टानों को हौले-हौले नम करतीं। इस तरह कि कलकल को प्रतिध्वनि की तरह सुना जा सकता है, फूटते बुलबुलों की पारदर्शिता, आकृति और बहाव की मंथर गति को महसूस किया जा सकता है, चट्टानों की खुरदरी-काली खाल को भीगते, शितलाते देखा जा सकता है। भावनाओं और अनुभूतियों के एक-एक स्पंदन को कविता-पाठ में रच देना आसान नहीं होता, प्रतिभा जी की कविताएं ऐसा संभव करके दिखाती हैं। (प्रतिभा जी भी नहीं रहीं : लेखक)

ऐसा उनका कविता-पाठ इसलिए कर पाता है कि वह भाव की आत्मानुभूत अभिव्यंजना है। 'काव्यार्चन' (1998 ई.) की कविताएं यह सिद्ध करती चलती हैं कि अगर कवि में भाव की सच्चाई है तो वह सरस और मन को छूने वाली रचना

कर सकता है। सरस और सरल रचना का अर्थ 'कमजोर' रचना लेना, ठीक नहीं है; जैसा कि आज उत्तर आधुनिकता के बहाव में लिया भी जा रहा है–'सरल कबित्त कीरति बिमल, सोई आदरहिं सुजान' के साथ ही इस संदर्भ में बाबू श्याम सुंदर दास का यह कथन भी देखा जा सकता है–"कविता हृदय का व्यापार है, दिमाग को खुजला कर उसका आवाहन नहीं किया जा सकता।" अब सुधीजन और काव्य-रसिक स्वयं निर्णय करें। यह बात तो शुरू से ही कविगण, कविता-समीक्षक और काव्य-शास्त्री मानते आ रहे हैं कि भाव, संवेदना, कल्पना और सौंदर्य का गुंथा नाम ही 'कविता' है जिसमें बुद्धि से ज्यादा महत्त्व हृदय का है। विचार और बौद्धिकता के पिंजरे में बंद भावपंछी को जब 'शून्य' के विस्तार में उछाल मिलता है तो वह दूर-दूर तक दिग्-दिगंत की यात्रा भी करने लगता है और लौट-लौटकर आंतरिक भाव-जगत में भी लीन रहता है। प्रतिभा जी का कविता-पाठ ऐसे ही भाव-विस्तार का पाठ है जिसमें उनका 'उर' (बारंबारिता की दृष्टि से यह उनके 'पाठ' का मूलभूत शब्द है) संलग्न है और जिसके भावों को वे जन-जन के उर में रोप देने का सामर्थ्य रखती हैं कि मानव की भावना सार्वभौमिक (Universal) होती है; यह फिर-फिर दुहराने की जरूरत है क्या?– *'हाय किसके उर में/उतारूं अपने उर का भार?'* (पंत)।

भावों की इस साझेदारी में प्रतिभा जी के कविता-पाठ की भाषा ऐसी बनती चली गई है जिसे हम पढ़ने के साथ 'देख-सुन' भी सकते हैं। एक 'सोते' के प्रवाह की मानिंद। इस 'कविता-पाठ' में शब्दों की आवृत्ति-दर-आवृत्ति है। अलग-अलग कविताएं पढ़ी जाएं तो इनकी पकड़ कठिन होगी, पर संग्रह में यह आवृत्ति साफ-साफ दृष्टिगोचर होती है। इस तरह के दुहराव को आज फट से 'काव्य-दोष' या कवि की 'भाषिक सीमा' कहकर खारिज करने का यत्न किया जाता है। 'छायावाद' के कवियों में इस प्रकार की शब्द आवृत्ति के संबंध में नामवर जी का कथन देखें : "पंत जी के यहां स्वप्निल, उर्मिल, मृदुल आदि ज्यादा हैं, प्रसाद जी के यहां मधु, माधव, माधवी आदि, निराला के यहां नव या फिर विराटता के बोधक बड़े-बड़े शब्द, महादेवी जी के यहां दीप, बाती, तूली, ओस, अश्रु आदि। इससे उनकी पूरी प्रवृत्ति का पता चलता है।" प्रतिभा जी के कविता-पाठ में ऐसे शब्द उनकी प्रेममूलक, वेदनामूलक, समर्पणमूलक और चाहमूलक प्रवृत्ति को व्यक्त करते हैं। ये शब्द अलग-अलग तरह से अलग-अलग सह-संबंधों से बंधकर भिन्न-भिन्न भाव-भूमियों का स्पर्श करते हैं। कुछ उदाहरण लें–'सौरभी स्वप्न', 'सौरभी आंचल', 'मधुमास सौरभी', 'सौरभ अछूता', 'सुरभित आलोक' की अपनी अर्थछटा और अपने अर्थ संदर्भ हैं। इसी प्रकार 'मौन मिलन', 'मौन स्मृतियां', 'मौन समर्पण', 'मौन हाहाकार' की अर्थवत्ता आत्मानुभूत भावों से जुड़ी है तो 'अंतर मौन', 'उर मौन', 'भावना मौन' की संवेदनात्मक स्थितियों से। एक ओर जहां स्वप्निल बांहें, स्वप्निल मुस्कानें, सपनली आशाएं हैं तो दूसरी ओर स्वप्न रोते, सपन सुनहले, सपने चितेरे हैं। इस कविता-पाठ में बीन के स्वर

झनझनाते हैं तो विश्वप्रेम की वीणा भी गूंजती हैं, बीन मन लहराता है तो गीतों की बांसुरी भी सजती है। यहां आकुल लहरों के साथ आकुल अभिलाषाएं भी हैं, स्नेह सलिल तो है ही, स्नेहिल समय भी है। इन प्रयोगों में प्रतिभा जी की कविता देखी-सुनी जा सकती है। ये प्रयोग ही कविता के वाक्यों को अपेक्षित 'क्रिया' (Verb) देते हैं—एक विशेष प्रकार के भाव-बोध से भाषा को संयुक्त करते हैं; तभी कविता, 'कविता' बनती है—*'कविता/वह क्रिया है जिसमें/एक पूरा वाक्य आकर/बहने, सहने, रहने लगता है।'* (रमेशचंद्र शाह)। प्रतिभा जी की कविताएं भाषा को अतिरिक्त अर्थ ही नहीं, अतिरिक्त मूल्य भी देती हैं। अरुण कमल का कथन सारगर्भित है कि "भाषा अतिरिक्त मूल्य सृजित करने लगती है तब यह साहित्य सृजित करती है।

यह अतिरिक्त मूल्य 'काव्यार्चन' की कविताएं विशेषण प्रयोग के स्तर पर भी सृजित करती हैं। छायावादी कविताओं में भावावेग, कल्पना चित्रों की लड़ी और वचन में विदग्धता को सिद्ध करने में विशेषणों के सर्जनात्मक प्रयोग पर नामवर सिंह की टिप्पणी है : "विशेषण उलट-पुलट हो जाते हैं। एक विशेषण को उठाकर दूसरी जगह रख आने का साहस कल्पना के ही बूते का है। 'सुरीला' विशेषण बांसुरी का है पर पंत ने उसका प्रयोग हाथ के लिए किया है।" विशेषणों की यह उलट-पुलट भी और प्राकृतिक या भावपरक चित्रमयता के लिए भी प्रतिभा जी के काव्य-पाठ में विशेषणों की झंकृति आत्ममुग्ध करने वाली है। विशेषण-विशेष्य के सहज सामान्य प्रयोग (जन स्वीकृत) तो यहां हैं ही, जैसे—सजल मेघ, तिमिर घन, मदिर मुस्कान, नत नयन, बदरी कजरारी, अरुणार अधर, आहत् हृदय, क्षीण लौ, घन कजरारे, मधुर लय आदि और इनकी 'उलट-पुलट' भी, जैसे—विरही भाव, सुमधुर अर्चना, पावन उजियारा विहंसे सपने, रूपसी श्रद्धा, यौवन शापित आदि। इस कविता-पाठ में क्रियापरक विशेषण भी हैं जो चित्रमयता को पारदर्शी बनाते हैं, यथा—रूप सुलगता, काजल अलसाए, लहर भटकती, तरणि डगमगाती, मधुबन झुलसा, शलभ मिटते, पथिक बहका, फूल विहंसते आदि। विपरीत का द्वंद्व भी यहां मुखर है—मधुर-क्रंदन, अस्फुट पीड़ा, नयन उनींदे-उनींदी रात, मधु राका, मधु यामिनी, शापित तन, यौवन शपित आदि। प्रतिभा जी के कविता-पाठ में शब्द और अर्थ का यह संबंध अनुभव की गहरी उद्विग्नता से निर्मित हुआ है, ढला है, नया बना है। पास्तरनाक ने बहुत पहले कहा था "शब्द या भाषा का यह संगीत केवल ध्वनि का मामला नहीं है। यह शब्द और शब्द के सलीकेदार रख-रखाव से नहीं, शब्द और अर्थ के नए संबंध से ही सार्थक बनता है। तभी वह दूसरे द्वारा भी सुना जाता है।" (उद्धरित : परमानंद श्रीवास्त में)। शब्द और अर्थ के इस नए संबंध को प्रतिभा गर्ग की काव्य-पंक्तियों के कुछ पदबंधों (Phrases) को तीन स्तरों पर विश्लेषित करके देखा जा सकता है।

वर्ग 1 : सुमन भावना के, गरल वेदना का, गागर रस की, छांव स्मृतियों की, देहरी पलाकों की, दीपक स्नेह का, लहर भावनाओं की, वैभव रूप का, वेदना उर की, आंचल सुख-दुःख के, तरणी आशा की आदि।

वर्ग 2 : साध का दीप, जगती का गरल, साध की मनुहार, अवनी का अंतर, पलकों के बंदनवार, वंचना का घूंघट, चाह का वरदान, शूलों की मुस्कान आदि।

वर्ग 3 : अर्घ्य बनकर छलछलाया, स्वप्न के आकार जैसा, पांखुरी के उर सरीखे आदि।

प्रतिभा जी के 'कविता-पाठ' से यह कथ्य बार-बार मुखरित होता है कि साहित्य भाषा की सर्जनात्मक अनुभूति है। इस संदर्भ में नंदरकिशोर आचार्य के शब्दों का स्मरण हो आता है कि—"साहित्य भाषा में अपना और अपने में भाषा का सर्जनात्मक अनुभव है। वह भाषा और आत्म के एकत्व की अनुभूति है।" भाषा, भाव और आत्म की यह एकात्मकता 'काव्यार्चन' की कविताओं में लौकिक और अलौकिक दोनों प्रकार की अभिव्यंजना के लिए प्रतिफलित दिखाई देती है जिसमें प्रतिभा जी ने अपने 'होने' और होने के 'अनुभव' को भाषा दी है, स्वर दिए हैं; सधी भाषा और सजीले स्वर। भाषा को साधने में 'काव्यार्चन' की कविताओं में मानक हिंदी को रूपात्मक स्तर पर कभी विचलित करके और कभी लोकभाषा की संरचना में ढालकर रखने का काव्यमय प्रयोग भी उल्लेखनीय है—विकसी (सृष्टि), चिंतना (प्रिय), पुलकाया (भावी पथ), नमती (आंख नमती रही), अंसुआई (अंखियां कजरारी), अंसुआए हैं (सांझ-सवेरे), पियासा (चातक), धुंधल (इनका रूप धुंधल जाता है), अंसुआ (उठी), उजेरा (तन), मावस (का अंधियारा)। कल्पना और सौंदर्य के उठान के लिए कुछ अधूरापन, कुछ धुंधलका, कुछ मौन, कुछ मुखरता की दबी-छिपी भावनाओं को निश्चित उपसर्गों की सहायता से प्रतिभा जी ने वाणी दी है जिससे यह फिर सिद्ध होता है कि साहित्य, भाषा की सृजनात्मक आत्मानुभूति है और भाषा की सृजनात्मक में ही में 'कविता' को ढूंढ़ना चाहिए। कुछ उदाहरण चुने हैं, इस कविता-पाठ से, देखें—अनबोले (गाता जा राही), अधखुले (अधर), अदेखा (वह), अजाने (स्वप्न), अनकही (बात), अबोले (ही मुखर थे), अनमिले (आकुल किनारे), अबोला (सत्य), अजानी (यह गुनगुन), अनमिले (वरदान), अगीते (गीत), अनबीते (क्षण), अनपाई (मंजिल), अनकही (जीवन गाथा), अनबोली (सांस), आदि। इन प्रयोगों को भी आवृत्ति और सह-प्रयोग के आधार पर देखते हुए प्रतिभा जी की काव्य-भाषा के एकाधिक प्रारूप निर्धारित किए जा सकते हैं।

'काव्यार्चन' के कविता-पाठ में 'तुम' या संबोधित की भूमिका केंद्र में है। प्रेम और समर्पण, संयोग और वियोग, आशा और निराशा के भावबोध में लिपटे इस पाठ में इसीलिए भोक्ता या प्रेषक (addressee) 'मैं' भी है, कभी प्रत्यक्ष तो कभी परोक्ष रूप में—नाम तुम्हारा लेकर हमने जगती का सब गरल पिया है, जबसे तुम चंदा बन

आए नभ अपना आंगन लगता है, तुम मिले मैं खो गई थी, न जाने क्यों सजीले हैं तुम्हारी याद के बंधन, तुम्हारे मुस्कराने से अमा भी हो उठी उजली, तुम बने चंदा गगन के और मैं मिटती चकोरी, अधरों पर है नाम तुम्हारा, अर्चना कैसे करूं प्रिय मैं अधूरी रागिनी हूं, तुम नवल किरण से जब आते मैं मौन उषा बन जाती हूं, तुम खेल समझते हो जीवन मैं पीर भरी एक गाथा हूं, तुममें मुझमें अंतर इतना जितना मदिरा और पानी में। संबोधन के ये स्तर अनेक स्थानों पर 'मैं—तुम' के अतिरिक्त भी इस्तेमाल हुए हैं, जैसे—तूफानी तेवर भी देखो कैसे हुए हठीले हैं, बोल अमा तू क्यों शरमाई?, आग से मत खेल पंछी जल उठेगा पंख तेरा।

'काव्यार्चन' का सह-पाठ स्त्रियोचित या वैवाहिक प्रतीकों से संवरा-सजा है। इसके दो स्तर दीखते हैं—एक तो प्रकृति भाव को लय और रूप देने के लिए तथा दूसरा, वैवाहिक जीवन की विडंबना को दर्शाने के लिए (जिसका स्वर इंदु वशिष्ठ के कविता-पाठ में भी आरोही है)। पहले स्तर पर 'निशा के हाथ के कंगन', *'मांग में सिंदूर भर/उषा चली रवि को रिझाने'*, 'जैसे ढेरों प्रयोग मिलते हैं तो दूसरे स्तर पर— *'तृप्ति का आलिंगन/आज भी अधूरा है, कुंकुमी बिंदिया बनी लौ, सपने डूब गए काजल में, अरमानों की सेज सजी थी/वह आए सिंदूर कुचलते, वंचना शृंगार बनकर रह गई है,* जैसी पंक्तियां प्यार के प्रतिदान में उपेक्षा, घृणा और वेदना पानेवाली स्त्री का सिसकता-सुलगता चीत्कार हैं। इन्हीं से उपजी है इस 'पाठ' में प्रश्न की प्रोक्ति। ये प्रश्न सिर्फ 'सवाल' नहीं है—बेचैनी, छटपटाहट, टूटन, हताशा आदि-आदि न जाने कितने भाव इनके भीतर से फूटते हैं। ऐसे तड़पते भाव जिन्हें सुना और महसूस किया जा कसता है— *'नाव के मांझी कहां हो?/दीप की बाती कहां हो?, उर में दहती आग/कलम के होंठ हुए क्यों गीले हैं?, क्यों पतझर का वैभव वसंत?, क्या साधिका की पूजा के फूल/उन तक पहुंच सकेंगे? मांग में सिंदूर तो क्या?/चुनरी है लाल तो क्या?।* प्रश्नों से ही इन कविताओं में एक 'उप-पाठ' और बनता है जिसमें प्रश्न, 'प्रश्न' की तरह ही आते हैं, इनका संदर्भ 'आत्म-वेदना' से आगे बढ़कर 'विश्व-वेदना' तक फैल जाता है—ठीक महादेवी की तरह : *'मधुर मधुर मेरे दीपक जल।'* प्रतिभा जी ने ये प्रश्न सामाजिक विद्रूपता के संबंध में भी किए हैं—*आज जड़ता और अराजकता/भ्रमित क्यों कर रही है?, क्या कभी आएगा वह दिन/भय रहित कर्मण्य हों हम?, भावना झुठला मनुज क्यों/बन गया है स्वार्थ पालित?, रस की गागर-सा यह जीवन/क्यों बन जाता विष का प्याला?* और मानवी साहस और संकल्प को चुनौती भी देती है, इस विद्रूपता से टकराने की— *'प्रस्तर चट्टानों से भय कर/किसने पाई मंजिल राही?'*

इसी 'उप-पाठ' से एक और उप-पाठ बनता-उभरता है, आकांक्षा का, जो हमारे पूरे जीवन को अर्थ देती है और कवि-मन के आत्म-प्रस्फुटन को प्रत्यक्ष अनुभूति की राह से चरितार्थ करती है—*मानवी वैभव अमर हो/बस यही दुहरा रही हूं, अनबोले*

गाता जा राही/रुकना जीवन की जड़ता है, फूलों की तो बात और है/शूलों को भी सहलाता जा, पतझर की पांखुरियों से ही/केसरिया मधुमास खिलेगा। यह 'पाठ' उद्बोधन गुण और ओज गुण से आसक्त है जिसमें 'मैं' विस्तीर्ण होकर 'हम' में बदलता है तथा 'तुम' भी 'बहुवचनी' स्वरूप अख्तियार करता है।

प्रतिभा जी का कविता-पाठ प्रेम, प्रेम की पीर, दुख, शोक और स्मृतियों से तो बना ही है जिसमें छायावादी संवेदनाओं के विविध स्तरों की छवि हमें दिखाई देती है। साथ ही इस पाठ में मानवीय सौंदर्य, आत्म सौंदर्य और क्लासिक नारी सौंदर्य भी अभिव्यंजित है। फिर इस 'पाठ' में यथार्थ और समाज भी है, बदलाव की तड़प भी है और है सामूहिकता और जागृति का उद्घोष; नारी-चेतना या स्त्री की अनुभूति के रंग में रंगा। बहुत कुछ 'छूटा-सा' भी लगता है, इस कविता-पाठ में, पर यह तो सभी कलाओं के बारे में निपट सत्य है : *'लिखता हूं/बार-बार/कविता मैं/तारों की,/हवा की,/पेड़ों/आकाश की।/फूलों पत्तियों की। तितलियों की।/चिड़ियों की-/तैरती मछलियों की, नदियों की,/वनों की, समुद्र की,/पर्वतों, पहाड़ियों की-/हर बार/कितना कुछ जाता छूट/हर बार।'*

फिर भी यह 'पाठ' इस कथन पर खरा उतरा है कि "साहित्य मूलतः और अंततः अनुभूतिपरक है। भाषा, साहित्य के लिए एक जीवंत अस्तित्व जिसे वह अनुभव करता है, सुनता है, देखता है, सूंघता है, स्पर्श करता और चखता है, उसके संपूर्ण अस्तित्व को आत्मगत करता है। इसलिए साहित्य यदि एक प्रवचन है भी तो वह मूलतः एक अनुभूत्यात्मक प्रवचन है।" (नंदकिशोर आचार्य)। प्रतिभा जी की कविताओं में यह प्रवचनी भाव है, पर यह उनका काव्य सत्य है जो उनकी अपनी जीवनानुभूति से उपजा है, उनका अपना अर्जित सच। 'कवि से हम उसका अर्जित सच नहीं छीन सकते' (मृदुला गर्ग)। जीवन के अनुभवों से अर्जित यह सच ही प्रतिभा जी में प्रश्न पूछने का साहस पैदा करता है, अन्य की पीड़ा को सहलाता है, प्रकृति को अपने काव्य-पाठ में समाहित करता है, अपने चिंतन को समाज या लोक के गहरे जुड़ाव के साथ प्रस्तुत करता है और इन सब की फलश्रुति के लिए भाषा-साहित्य-संस्कृति का अद्भुत संश्लेष तैयार करता है। उनकी कविताओं का प्रभाव अमिट है, उनकी लय मन में बस जाने वाली है और उनकी संवेदना छू लेती है; छवियां तो उनकी विविधरूपी हैं ही– *'उपजहिं अनत अनत छवि लहईं'।* क्योंकि "साहित्य उपजता कहीं है, शोभायमान कहीं और होता है" (विद्यानिवास मिश्र) निश्चित ही शोभायमान यह रसिक के हृदय में होता है तभी तो प्रतिभा जी ने भी कहा है कि–*'तुम मत दुहराना इन दर्द भरे गीतों को/*अधर अधर पर इनका अर्थ बदल जाता है।'

प्रतिभा जी की काव्य-भाषा गीत की परंपरागत शब्दावली में पग कर निखरी है। भीतर की बेचैनी उनकी कविताओं में अनुगूंज बनकर उभरती है। शब्दों के 'प्राण'

की पहचान उनकी गहरी है और उन्हें 'बेधक' बनाने की उनकी क्षमता अतुलनीय– *'प्रतिभा' के तिरंगे तरकस में/शब्दों के बाण दुधारे हैं।'* उनकी कविताएं विद्यानिवास मिश्र के इस कथन के प्रति विश्वास स्थापित करती हैं, चाहें तो इस कथन में साहित्य के स्थान पर प्रतिभा जी के गीत रख लें :

> *'मुझे तो साहित्य केवल चित्त का प्राण और प्राण का शब्द बनने का एक सनातन व्यापार लगता है। जो तब तक नहीं चुकेगा जब तक मनुष्य है और उसकी संवेदना है।'*

नेहपाल सिंह वर्मा

जहां का दर्द उतर आया दिल में कुछ ऐसे

नेहपाल सिंह वर्मा हैदराबाद में हिंदी की साहित्यिक हलचल का नाम है। रोज अखबार में उनका नाम देख लीजिए। कवि-सम्मेलनों के वे संचालन-विशेषज्ञ हैं। मंदिरों-मठों से लेकर नाव-नदी तक, वे पल भर में कवि-गोष्ठियां कर दिखाते हैं। हैदराबाद में न जाने कितने कवि उन्होंने बनाए-संवारे (और बिगाड़े भी)। हमेशा स्कूटर पर सवार; कहीं जाते या कहीं से आते। संगठन और आयोजन की उनकी क्षमता भी 'धांसू' है—कवियों के अभिनंदन करा देना, काव्य-संग्रह प्रकाशित करा देना, विमोचन करा देना, किसी खास मौके पर हैदराबाद के कवियों से कविताएं लिखवाकर उनका संकलन छपवा देना; उनके बाएं हाथ का खेल है। मुख्तसर यह कि हैदराबाद में वर्मा जी उन सब जगहों पर हैं, जहां हिंदी की गतिविधियां हैं; वह भी केंद्रीय भूमिका में।

बड़े प्यारे शख्स हैं—नेहपाल जी। लंबे कद के, सांवली-सलोनी सूरत धारे। घने बाल; कंधों की ओर थोड़ा मुड़े हुए—अब तो सफेदी आ चुकी है पर 'गझिनता' बरकरार है। कभी उनसे पूछना है कि वे कौन-सा केश तेल या कौन-सी जड़ी-बूटियां बख्शते है अपनी इन जुल्फों को, कि ये इस उम्र में भी लहरा रही हैं—जबकि इधर हमारे सिर की 'चंदिया' दिन-ब-दिन 'चांद' बनी जा रही है। मिलते भी बड़े प्यार से हैं। 'हौ-हौ' (हैदराबाद में 'हां-हां' सहमति सूचक अभिव्यक्ति का पर्याय) करके दाहिने-से-बाएं ('नहीं-नहीं' के उत्तर-भारतीय अर्थ में) 'मुंडी' हिलाते हैं (यह भी हैदराबाद का अपना तरीका है)। इस तरह अपने सामाजिक-भाषिक आचरण में पूरे हैदराबादी हैं वर्मा जी। हैदराबाद की रग-रग उनकी पहचानी है। सराबोर हैं वे दकन के गंगा-जमुनी रंग में।

लटपटाते हुए बोलते हैं वे। लगता है मुंह में कोई गोली हो जिसे हलक में जाने से बचाते हुए बोल रहे हैं। धीरे-धीरे, संयत स्वर में अपनी बात कहते हैं; जोश या आवेश में बोलने का काम उन्होंने कुछ दोस्तों और चेलों पर छोड़ रखा है। ठीक भी

है, जब 'साधन' है तो बेवजह अपनी जबान का जायका क्यों बदमजा किया जाए!

मुझसे उनका संबंध पुराना है। उम्र में मुझसे बड़े हैं, पर खंचिया-भर आदर देते चले आ रहे हैं। इतना कि मुझे अपने साथ 'खुली बैठकी' के लायक भी नहीं समझते, न मुझसे 'अन्य' मसलों पर 'खुलते' हैं। लानत है ऐसे आदर-भाव पर। पर उनसे कहूं कैसे? और मेरे कहने भर से वे मान जाएंगे क्या? मेरी 'गुरु-गंभीर' छवि उनके मन में बसी है शायद, 'गुरु-घंटाल' वाला मेरा रूप वे कब देखना चाहेंगे; इंतजार में हूं। मानवीय संबंधों की भी अपनी विडंबनाएं होती हैं, यह भी कुछ-कुछ वैसा ही मामला लगता है।

सिर्फ एक बार की याद है कि यह विडंबना थोड़ी दरकी। मूसलाधार पानी बरस रहा था उस दिन, हैदराबाद में; टूटकर। बड़ी जानदार बरसाती पहन कर आए थे—पैंट अलग, कोट अलग, शायद टोपी भी उसी मेल की थी। अमरीका से लौटे थे ताजा-ताजा, अंदाजा लगाया मैंने; वहीं से लाए होंगे। उस दिन उन्होंने खूब बातें की—हैदराबाद के शायरों की, उनके अड्डों की, मय और मयखानों की भी। इस घटना को मैं आज तक अपने तईं उनकी सहज भंगिमा नहीं स्वीकार पाया हूं। इसकी वजहें भी कई तलाश रखी हैं मैंने—एक तो तेज बारिश में वे वापस जा नहीं सकते थे, सो कुछ तो बतियाना ही था। अमरीका से जुम्मा-जुम्मा चार रोज पहले लौटे थे तो वहां की 'उन्मुक्तता' का तनिक असर भी बाकी रहा ही होगा। फिर बरसात भी ऐसी थी जो खुश्क से खुश्क आदमी पर भी 'कुछ-न-कुछ' असर डाले बिना छोड़ती कहां। बहरहाल, उनका यह खुला रूप मैंने पहली और आखिरी बार देखा। इंतजार इसे और भी 'खुले' देखने का है। शायद इसके लिए उस दिन से भी ज्यादा 'टूटती' बरसात में उनके आने-बैठने का इंतजार करना होगा। उम्मीद का दामन कभी नहीं छोड़ना चाहिए—संत-फकीरों की इस बानी पर मेरा यकीन पक्का है।

अब बात वर्मा जी के 'कविता पाठ' पर। समाज की 'सफरिंग' उनके 'कविता-पाठ' का एक उबलता-उफनता दृष्टांत बनती चलती है। यहां वे किसी किस्म का कोई ओट नहीं करते-खरी, दो-टूक अभिव्यक्ति। 'सफरिंग' के इसी पाठ से तकलीफ, रुग्णता, पराजय, ध्वंस के 'उप-पाठ' उपजते हैं जिनमें काव्य-वस्तु के केंद्रक के रूप में सांप्रदायिक तूफान, मानवीय अवमूल्यन, सत्ता की चतुराई, किसान-मजदूरों का दर्द मौजूद हैं।

एक पाठ नेहपाल जी की कविताओं का 'संस्कृतिधर्मी' भी बनता है। अपनी जड़ों से जुड़ने, उन्हें पहचानने, उन्हें पोसने की भावना से प्रेरित पाठ। जनतांत्रिक समन्वयवादी चेतना के बरक्स राजनीति-पोषित स्वार्थी चेतना के अंतर को वे बखूबी पहचानते और अभिव्यक्ति देते हैं। हिंदू-मुस्लिम एकता को दकन और हैदराबाद के हवाले से उठान देनेवाला उनका कविता-पाठ, इसकी गवाही देता है।

नेहपाल सिंह वर्मा का कविता-पाठ विचारबोध के 'सरलीकरण' से बना है, 'तरलीकरण' से नहीं। वे घटनाओं, स्थितियों और दोगलेपन को सरल ढंग से बयान तो करते हैं पर किसी के पक्ष या विपक्ष में उसे तरल नहीं करते। भावुकता के स्त्रैण रूप उनकी कविताओं से लगभग खारिज हैं। प्रेम और स्त्री की बात जहां कहीं उन्होंने कही भी है, लगता है 'फूलों' की बात भी वे 'कांटों' से बच-बचाकर कर रहे हैं। प्रेम की तीव्रता, ऐंद्रिक उल्लास और उफनती भावुकता यहां नदारद है। प्रेम की कविता में यदि रसमय आवेग न हो, यादों की छुअन न हो, रूमानी स्वेद न हो तो गीतों में प्यार की लय बने भी तो कैसे? यही वजह है कि उनकी प्रेम-कविता के गिने-चुने 'उप-पाठ' में शृंगार पूरित घड़ियां नहीं हैं, मधुरिमा ढुलका देने वाले रस-कलश नहीं हैं और नहीं है मोद के क्षणों की अभिव्यंजना। उनकी 'सावन' और 'वसंत' पर लिखी कविताओं के पीछे भी कवि नहीं, एक आदर्श बघारने वाला शिक्षक बैठा दिखाई देता है। ऐसा 'अ-प्रेमी' जो स्निग्ध प्रेमालाप और आकुल कंठों की परितृप्ति की लालसा को बरजता रहता है। सब कुछ संयत, शालीन, शांत!

इसके विपरीत मध्यवर्गीय खोखले आभिजात्य को बेनकाब करता उनका 'उप-पाठ' कहीं 'बोल्ड' है। यहां उन्होंने जो कहा है, डंके की चोट पर और सीधे-सीधे 'तुम' संबोधन का इस्तेमाल करके-बखिया उधेड़ दी है उन्होंने मध्यवर्गीय 'फुसफुसी' मानसिकता की। इस प्रकार के 'उप-पाठ' में उनकी शब्दावली पूरी तरह संस्कारहीन तो नहीं है, पर खुरदुरी शब्दावली को उन्होंने भरपूर जगह दी है। उनकी कविताओं में बार-बार उभरते-उतराते शब्द प्रतीक भी रूढ़-परंपरागत अथवा कोमल-कांतिमय नहीं नए और 'खादी' के हैं।

एक 'उप-पाठ' असंतोष और अवसाद का अलग से भी बनता है जिसमें असहनीय यथार्थ को वे मात्र सूंघते नहीं, देख भी पाते हैं; काफी नजदीक से। इसीलिए इस पाठ में ब्योरों की अंतहीन रेखा खिंची दीखती है। इस प्रकार की कविताओं में उन्होंने अपने आस-पास बिखरे असंतोष को ढूंढ़ने की कोशिश की है। उनकी यह चेतना हैदराबाद के छायावादी, प्रेम पगी कविता के माहौल में परवान चढ़ी, यह बात रेखांकित होनी चाहिए। शायद यही वजह है कि जब उन्होंने प्रेम गीत लिखने चाहे तो पटरी नहीं बैठी। यह बात अलग है कि इस 'उप-पाठ' में यथार्थ और सच्चाई के संप्रेषण के रास्ते भावुकता भी प्रच्छन्न रूप से कहीं-कहीं आ गई है—पर वह पक्ष अलग से चर्चा का है।

कुछ 'पाठ' वर्मा जी के पास मजबूरी के भी हैं। 'मांग के साहित्य' की परिपाटी से ग्रसित। अधकचरे पाठ। पत्र-पत्रिकाओं की मांग पर जन्म-पुण्य तिथियों, पर्व-त्यौहारों आदि पर कविताएं लिखना, आज के कवि की विडम्बना बन चुका है, यह मजबूरी मंच पर कविता-पाठ से भी उत्पन्न लगती है। विडम्बना यह भी है कि

तात्कालिक मनःस्थिति से उपजी ऐसी रचनाएं 'उद्दीपक' का काम तो करती हैं पर उतनी ही तेजी से इनका प्रभाव स्खलित भी हो जाता है। वर्मा जी की होली, दीपावली, विजय दशमी, गुड फ्राइडे, हजरत मुहम्मद, महावीर तुम्हें प्रणाम, भगत सिंह, युद्धवीर, शराब बंदी, एड्स पर लिखी कविताएं इसी श्रेणी की हैं। गनीमत है कि इनमें कुछ सामयिक और गंभीर सामाजिक संदर्भों को डालकर वर्मा जी इन्हें 'बचकानी' बनने से बचा लेते हैं। फिर भी इनका स्थाई प्रभाव नहीं पड़ता पाठक पर।

समाज की 'सफरगि' से संबद्ध 'कविता-पाठ' में वर्मा जी ने कुछ शब्दों का प्रतीकवत प्रयोग बार-बार किया है। विष नीलकंठ इनमें से एक है। कभी लेखक के रूप में, कभी आम आदमी के रूप में वे इस गरल को पीने और समाज को अमृत देने की जरूरत बताते हैं; 'आदर्श बाधित' यह अभिव्यंजना छूती तो है पर ऊपर-ऊपर ही। 'सांप' भी उनके इस कविता-पाठ का बीज-शब्द है। 'सपेरे बीन बजा' में तो उन्होंने सांपों की श्रेणियां भी बना डाली हैं—सांप्रदायिकता, पूंजीपति, धार्मिक नेता, गरीबी, ये सभी इस कविता में भांति-भांति के रूप-गुणधर्मी सांप हैं। इसी तरह 'सूरज' और 'पेड़' भी 'सफरिंग' के इस कविता-पाठ में फिर-फिर मौजूद हैं; लेकिन इन दोनों का वितान और जड़ें अपेक्षाकृत विस्तीर्ण और मजबूत हैं। पहले 'सूरज' को देखें—'कुछ लोग कैद करने सूरज को चले थे' में असंभव को साधने की नाकाम कोशिश की अभिव्यक्ति है—दूसरी पंक्ति है—*'वे थक के किसी पेड़ की छाया में सो गए।'* एक कविता में तप-तपकर निखरने की शाश्वतता सूरज से जुड़ी है—*'सूरज जब भी खूब तपा है'*, यहां अलग शब्दों में भाव 'अज्ञेय' वाला ही है—*'दुःख सबको मांजता है।' मन के अवसाद में भी 'सूरज' काम आया है—'रात के अंधेरे में सूरज खो जाएगा'* और उत्साह-उछाह में भी 'आओ सूरज को छू लें।' और सूरज दबे-कुचले लोगों के आशा-विश्वास का प्रतीक तो है ही—*'आंसू से भीगी धरती पर/नए सूरज को उतारने के लिए'* और साथ ही उस छल का भी जो हमारे ही आस-पास के लोग रचते हैं और हमारी खुशियों में सेंध लगाते हैं—*'पड़ोसी ने मुझसे, मेरे हिस्से का सूरज छीना है।'* अब 'पेड़' को—वर्मा जी के इस 'कविता-पाठ' में 'सूरज का पेड़' भी है; आशा, आकांक्षा, उत्साह और सतत् यात्रा से संबद्ध। 'पेड़' का परिवर्तनशील स्वभाव भी है, जो मानवीय अनुभवों और अनुभूतियों का भी होता है—'पेड़ हर मौसम में, अपना रंग बदलता है।' मानव की आंतरिक पीड़ा और दर्द के उफान के लिए भी 'पेड़' हाजिर है—'दर्द के पेड़ जब हरे होंगे।' और जीवन या कहें पूरी दुनिया का 'प्रतीक' भी पेड़ बनता है जिसे न जाने कितने अनदेखे, अमानवीय पंजे अपनी गिरफ्त में लेने को व्यग्र हैं—*'यह अंधेरा जाने कहां से उतरता है/जो पहले तो पेड़ के नीचे/जगह बनाता है/और फिर धीरे-धीरे/सारे पेड़ को/अपने भीतर छिपा लेता है।' या 'चौराहे की बरगद की डाली/फिर हिलने लगी है। चांदनी रात में/कोई पक्षी व्याकुल है/लगता है कोई जंगली पशु/फिर धीरे-धीरे/पेड़ पर/चढ़*

रहा है।' पेड़ों के कटते जाने और पर्यावरण के असंतुलन को व्यक्त करती कई कविताएं हैं। एक की कुछ पंक्तियां देखें; *'बूढ़ा बरगद ऊंघ रहा है/निंबिया सकुचाई खड़ी है/पीपल का चेहरा उदास है। सुहागिन तुलसी खतरे में है।'*

वर्मा जी का संस्कृतिधर्मी कविता-पाठ, सामासिक संस्कृति का भी पाठ है और उसके बिखरते जाने के दर्द का भी। हैदराबाद की गंगा-जमुनी रवायत इस पाठ में कवि-अनुभव के साथ एकमेव होकर अजीब-सी बेकरारी के साथ व्यक्त हुई है; इतनी प्रखर बेकरारी कि कवि के भीतर बसी कविता तक अर्थहीन होने लगती है *'जब पूजाघरों के कंगूरे/बंदूक की नली बन जाते हैं.../मेरे ढेर से शब्द/अपना अर्थ खोने लगते हैं (शब्द-शब्द-शब्द)।* यह त्रासदी घातक भी है– *'अब यहां गुरुद्वारों, मंदिर/मस्जिद और दरगाह की/इज्जत और पवित्रता/खतरे का शिकार हो गई है'* (झूठे वादे)। और भयावह भी– *'मंदिर में भगवान नहीं है/मस्जिद भी खामोश खड़ी है/कहीं किसी का खून हुआ है/गिद्धों से आकाश भरा है।'* और इस स्थिति पर कवि का बेकरार सवाल कि *'मैं पूछता हूं/शिवाला और मस्जिद बोलते क्यों नहीं/मैं इनकी घंटियों और अज़ानों से/कहता हूं कुछ बोलें/अपने बंद होंठ खोलें/और मुझे बताएं/कि इन दोनों के बीच/जो लाश पड़ी है/उसका हत्यारा कौन है?'* (शिवाला चुप है)। इस चुप्पी ने ही दकन में आग लगा रखी है 'मेरे शहर की बुनियाद हिल गई है' वह शहर– *'पहाड़ों और चट्टानों का/यह है मेरा दकन/जहां दरगाह का उर्स/ब्राह्मण की पूजा से/और मंदिर की पूजा/मुसलमान बादशाह के नजराने से/आरंभ होती थी/...अब.../लड़ाई, लड़ाई लड़ाई।'* (मेरा दकन)। ऐसी लड़ाई जिसमें *'हमारे भीतर का पशु/हमसे अधिक बलवान है/वह हमारे हाथ में/पिचकारी की जगह/चाकू थमा देता है'* (होली) और अचानक भाई-भाई को अलग करती है, उनमें शक के बीज बोती है– *'कल सुबह तब बस्ती में/सब कुछ ठीक ठीक था/लालू और कालू/साथ-साथ बीड़ी तंबाकू पीते/मंदिर मस्जिद जाते/पर अचानक एक चील...'* और यह 'चील' ले आती है शहर में कर्फ्यू जिसमें *'मनुष्य नहीं बोलते/कुत्ते बोलते हैं.../मनुष्य कर्फ्यू में/शांत हो जाता है.../ उसने वह सब किया है/जो कुत्ते भी नहीं करते.../जलती बस्तियों के बीच/शैतान को जगाया है'* (कर्फ्यू में)। यह 'पाठ' नेहपाल जी के 'दिल का पाठ' है।

आगे अन्य उप-पाठों पर विर्मश से पहले कुछ वैचारिक मुद्दे। इसमें शक नहीं कि वर्मा जी के कविता-पाठ की विषयवस्तु का क्षेत्र व्यापक है पर उसमें अर्थ का इकहरापन है। वैचारिकता और इंद्रिय-बोध का तालमेल कम है, विचार और तात्कालिकता के तत्त्व अधिक हैं, सो अधिकतर पाठ बिखर-बिखर जाता है। क्षणिक मनःस्थितियों का कवि होना अपने में कोई बुरी बात नहीं है, पर कवित्व की शर्त भी जरूरी होती है; कविता-पाठ में। सपाटबयानी की भी अपनी मांग होती है कि वह 'कविता' कैसे बने? गद्य पंक्तियों को टुकड़े-टुकड़े एक के बाद एक रखते जाने से काव्य-वस्तु एक ढांचे में ढलकर संप्रेषित तो हो जाती है पर कविता-रस नहीं मिल

पाता। यही वर्मा जी के कविता-पाठ की सीमा है, कहीं-कहीं तो वह सिर्फ शब्दों का जखीरा बनकर रह जाता है। शब्दों के जुटाव से कविता चमक नहीं पाती 'शब्दों के बैठने की अदा से ही कविता चमकती है' (भगवती चरण वर्मा)। जहां कहीं वे इस सीमा से बाहर निकले हैं, 'कविता' हो सकी है।

इन मुद्दों के साथ आगे बढ़ने के पहले एक खास बात भी आपसे 'शेयर' कर लूं। नेहपाल जी की कविताएं सम्मिलित काव्य-संग्रहों और पत्र-पत्रिकाओं में ढेरों छपी हैं–पर अलग से उनका कोई काव्य-संग्रह प्रकाशित नहीं है। जब मैंने ऋषभदेव जी के मार्फत उन्हें संदेश भेजा कि अब इस 'विमर्श' में उनकी बारी है तो एक दिन वे खुद घर पर मिलने आए। बड़े संकोच और चाय-पानी के बाद उन्होंने अपनी कविताओं की डायरी निकालकर मेरी ओर बढ़ाई और बोले कि "आप कहां दर-दर से मेरी कविताएं जुटाते फिरेंगे, इस डायरी में छपी-अनछपी सारी कविताएं हैं।" मैं हतप्रभ था; कहीं कोई कवि अपनी डायरी भी किसी को देता है भला? पर यह अजूबा हुआ, सच पूछिए तो नेहपाल जी ने अपना 'तोता' मुझे दे दिया। वे जानते हैं कि मैं इसकी गरदन नहीं मरोड़ूंगा; उनके इस विश्वास पर मैं सौ-सौ जान से निछावर हूं।

नेहपाल जी के 'प्रेम का पाठ' ठंडा है, यह बात शुरू में मैंने कही। बहुत शालीन प्यार है उनका; उतना ही पवित्र भी– *'तुम्हारे स्पर्श से लगा/हृदय की झील पर कमल खिल उठा।'* यह पावन 'खिलाव' प्रेमिका के चेहरे को मन में बसाने की सदिच्छा में ढलता है– *'मैं अपने हाथों में/तुम्हारे चेहरे की पहचान/कैद कर लूंगा'*, और चेहरे की यात्रा आंखों तक संयत ढंग से पूरी होती है– *'जब भी मैंने तुम्हारी/आंखों में झांका/तुम्हारी आंखें/बहुत बोलती दिखीं।* यह पवित्रता, सदिच्छा, संयतता 'प्रेम' की कहानी का उसके शैशव में ही इति कर देती है– *'तुम दरवाजे की दरारों से झांकती रहीं/मैं सड़क की भीड़ में खो गया.../और एक कहानी/जन्म लेते-लेते रह गई।'* फिर भी एक रूमानी (या कहें बेमानी) एहसास बच रहा है– *'मैं तुम्हारे द्वार से/लौटा ही कब था/आज भी पदचाप मेरे/सुन रहे हो तुम।'* प्रेम का पाठ आवरणों या पर्दों के पीछे नहीं बनता, 'दीवानगी' और 'शिद्दत' से बनता है–'इन गुलाबी होठों पर बर्बाद मेरी जिंदगी (धमवीर भारती) जैसी पंक्तियों से।

डंके की चोट पर समाज–राजनीतिक खोखलेपन वाला 'उप-पाठ' वर्मा जी में सबसे सशक्त है। उनकी आत्मा इसमें वैसे ही रमी है जैसे 'संस्कृतिधर्मी' पाठ में। खुरदुरी शब्द-अभिव्यक्तियों ने इस पाठ को वास्तविकता के नजदीक लाने के साथ ही अर्थ की 'कड़ुवाहट' को भी महसूस कराने में कोई कोर-कसर नहीं छोड़ी है–मेरे रक्त चुआते तलुओं ने/इस यात्रा का इतिहास लिखा है, कंधे पर काली बदली, स्वार्थी दलाल, शोहरत के ठेकेदार, शमशान की राख, दरांती की तेज धार, हथौड़े की चोट, दोगले शब्द, भूखी राजनीति, कुदाल की नोंक, सूनी घाटियां जैसे पदबंधों के साथ

चील, खंजर, कफ़न, बेड़ियां, लावा, मरियल आदि शब्द 'यथार्थ-बोध' की परिपाटी में बंधकर ही सही, प्रभावशाली अभिव्यक्ति देते हैं। इस 'उप-पाठ' को पढ़ते-अलगाते हुए मुझे बार-बार 'दिनकर' की पंक्तियां याद आती रहीं। वर्मा जी की कविता 'शब्द की सतरों'—*'शब्द मेरे पास भी हैं/शब्द तुम्हारे पास भी हैं.../तुम इतिहास लिख रहे हो.../राजाओं के जय-पराजय/की तिथियां लिखने को.../पर नागरिकों के आंसू/और रक्त की कहानी/कहीं नहीं होगी'* को पढ़ते ही दिनकर की ये पंक्तियां कौंध गईं—*'दिल्ली तेरे रूप-रंग पर कैसे हृदय फंसेगा?/बाट जोहती खंडहर में हम कंगालों की रानी।'* नेहपाल जी की कविता 'झूठे वादे' की ये लाइनें—*'पचास सालों से/तुम झूठे वादे कर रहे हो/तुम्हारे झूठे वादों की फसल/पककर तैयार हो गई है...*पढ़कर 'दिनकर' की पंक्तियां याद आती हैं—*'तो होश करो, दिल्ली के देवों होश करो/सब दिन तो यह मोहिनी न चलने वाली है।'* और 'दिनकर' की पंक्तियां 'कहते हैं जो थे साधु सरीखे पाक-साफ/डुबकियां लगा वे भी अब पानी पीते हैं।' के साथ नेहपाल जी की 'झूठे वादे' की ही पंक्तियां देखें—*'कुर्सियों के बदल जाने से/सांप का जहर नहीं बदलता।'* कैसा लगता है, शब्द बदल जाते हैं पर खरे कवि की राजनीतिक चेतना से संबद्ध भावों की प्रखरता बरसों-बरस बनी रहती है और उतनी ही पुरअसर होती है।

असंतोष और अवसाद का 'उप-पाठ', 'सफरिंग', 'संस्कृतिधर्मी' और 'राजनीतिक' उप-पाठों में भी जाहिर होता है। और अलग से भी यह पाठ उनकी कविताओं का बनता है। दकन/हैदराबाद पर लिखी कविताओं में 'अवसाद' का करुण रूप है—'जबान की बुनियाद पर/हुई तकसीम ने/दकन की पहचान को/लूट लिया है' (दकन ढूंढ़ रहा हूं) या 'यह शहर कुली कुतुबशाह का शहर /हिंदी-उर्दू एकता की कहानी/सीने में छिपाए/सियासी दंगों पर/चुपके-चुपके रोता भी है' (मेरा शहर)। इसी पाठ में यथास्थिति और अमानवीय बनते जा रहे 'तुम' और 'वह' के प्रति उफनता असंतोष कभी-कभार तंज का भी रूप अख्तियार करता दिख जाता है, एक गजल के दो शेरों पर तवज्जो दें : *'ऐ मुझको बांटने वाले हजार शक्लों में/तेरा वजूद भी शायद बिखर रहा है, अभी। वह अंधेरों की बात क्या जाने/जो उजालों से डर रहा है अभी।'*

अपने शहर की खुशियों की चर्चा करते-करते उस पर लगते ग्रहण की त्रासदी होली-दीवाली-ईद के धमाल के बीच सांप्रदायिकता की चील के मंडराने का दर्द वर्मा जी के कविता-पाठ को 'भावुक' बनाता है, ऐसा लगता है जैसे 'तुम्हारी बांसुरी की तान में छिप रो रहा कोई' (दिनकर)। उन्होंने खुद भी कहा है—'दर्द का लहजा बदल रहा है;' सच उनका दर्द 'प्रेम की पीर' से नहीं, समाजी सरोकारों से उपजा है। कुछ भी हो, अभिव्यंजना में चाहे कुछ कमजोरी भी हो और चाहे कुछ कविताएं शब्दों का जखीरा मात्र लगें; नेहपाल जी की कविताएं इस बात को पुरजोर ढंग से सिद्ध करती

हैं कि कविता को हमारे जीवन के बीच से उठकर ऊपर आना चाहिए। अपने कथ्य में उनका संपूर्ण कविता-पाठ जीवन से गहरे संलग्न हैं, यह भी कहा जाए कि जीवन अपनी मिठास और कड़वाहट, अपने काले-सफेद यथार्थ और अपनी खट्टी-मीठी यादों के साथ इसमें बसा है, व्यक्त है। और इनके पीछे से झांकता विश्वास और जीवन को सार्थक दिशा में बदलने की आशा भी। उनका कविता-पाठ आम-जन के कष्ट और उनकी पीड़ा के साथ उनके भीतर सहने की ताकत भरने की भी बात करता है; फिर से 'दिनकर' की ही पंक्तियां सामने रखी जाएं जो वर्मा जी की कविताओं में भी जगह-जगह झनझनाती हैं :

उठ मंदिर के दरवाजे से/जोर लगा खेतों में अपने
नेता नहीं, भुजा करती है/सत्य सदा जीवन के सपने!

मख़्दूम मोइनुद्दीन

ज़मीनो-आसमां को एक करने का हौसला

'मख़्दूम' हैदराबाद की उर्दू शायरी के मकबूल नामों में अव्वल हैं। 'एक चमेली के मंडवे तले' छठे दशक की एक फिल्म की सफलता का बायस बना था। हैदराबाद में मासूम लड़कियों की अरब-शेखों द्वारा खरीद फरोख्त की समस्या पर बनी फिल्म 'बाजार' में 'फिर छिड़ी रात बात फूलों की' ने मख़्दूम की याद को हैदराबादियों के दिलों में ताजा कर दिया था। उन्हें गुजरे एक अर्सा हो गया है, पर उनकी आदमी के रूप में खासियत और शायर के रूप में बारीकी का आज भी कोई सानी नहीं है। मैं उन्हें देख, उनसे मिल न सका पर उनके बारे में हैदराबाद में काफी-कुछ सुनने-पढ़ने को मिलता रहा है। उनके बेटे नुसरत से मेरे नजदीकी रिश्ते हैं। बाप की थोड़ी अदा तो बेटे में होगी; नुसरत की शक्ल में मख़्दूम साहब को ढूंढ़ने का यत्न किया करता हूं। नुसरत अपनी नफासत, शिष्टाचार, जिंदादिली से बरबस मोह लेते हैं--बड़ी कोमल-शाइस्ता शख्सियत है उनकी--मख़्दूम की तस्वीर भी नाजुक-सी लगती है। वामपंथी रुझान के मख़्दूम की शायरी में 'प्रगतिशीलता' विचारों की उतनी नहीं, जितनी भाषिक तराश की है। उनके 'बिसात-ए-रक्स' (देवनागरी में लिप्यंतरित संस्करण) के आधार पर उनके 'कविता-पाठ' की एक तस्वीर बनाने की कोशिश कर रहा हूं; तस्वीरें मुकम्मल नहीं हुआ करतीं, इस स्वीकारोक्ति के साथ।

साहित्य अगर भावनाओं की उथल-पुथल का प्रतिबिंब है तो वह सामाजिक बदलावों का आईना भी है। सामाजिक परिवर्तन का जैसा असर भावों और विचारों पर पड़ता है, वैसा ही उनको व्यक्त करने वाली शैली, व्यंजना के ढंग, शब्द-चयन और वाक्य-विन्यास पर भी। 'मख़्दूम एक बड़े शायर हैं : 'बड़े शायर का नस्बुलएन (उद्देश्य) बुलंद होता है, और तरज़-ए-इजहार मकबूल' (मीर हसन : शायर का तआरुफ : बिसात-ए-रक्स)। जब बात सामाजिक उद्देश्य और 'प्रकट करने के तरीके' की हो तब भाव पक्ष और कला पक्ष के भेद को नाहक उजागर करने की जगह रचना को देखना ज्यादा समीचीन है। रचनाकार उन्मुक्त होते हुए भी अपने बंधनों

में बंधा रहता है। अतः उसे अन्य गैर जरूरी बंधनों में बांधना साहित्य की अमरता को बांधना है : 'मख़दूम अलफाज के इंतेखाब में एहतियात नहीं बरतते, बाज औकात बंदिशें ढीली होती हैं, मुहावरे भौंडे होते हैं इन खामियों के बावजूद आपको मख़दूम का जिद्दत-ए-फिक्र, अदबी सदाकत और खुलूस और खुद एतमादी से तो इनकार नहीं हो सकता।' (सिब्ते हसन : मुहिबी मख़दूम : बिसात-ए रक्स)।

सिब्ते हसन मख़दूम की 'फन्नी खामियों' को तो उजागर करते हैं लेकिन इन खामियों का एक भी दृष्टांत वे नहीं देते। काव्य भाषा में बनावट, तत्समता, व्याकरणिकता, मंजाव, मिठास की खोज सामाजिक ह्रास का चिह्न है। वाक्-पटुता, बनाव-सिंगार ने हमेशा पतनशील साहित्य की ही सृष्टि की है। ऐसे साहित्य की न तो हिंदी में कमी है, न उर्दू में। विद्रोही कवि जो नए भाव-विचार लेकर चलता है, अपनी नई शैली भी ढूंढ़ने का प्रयास खुद करता है। तब रूढ़िवादी उसे भाषा और संस्कृति का शत्रु घोषित करने में भी संकोच नहीं करते : 'जमां व मकां का पाबंद होने के बावजूद शेर बेगमां (Timeless) होता है... शायर अपने दिल में छुपी हुई रोशनी को उजागर करता है और शेर में ढालता है।' (मख़दूम मोहिउद्दीन : पढ़ने वालों से : बिसात-ए-रक्स)। मख़दूम के इन्हीं विचारों की रोशनी में अगर हम उनके 'कविता-पाठ' को देखें तो पायेंगे कि अनुभूत विषय के साथ उनमें लय और भाव का अद्भुत संगम है और विचार गांभीर्य और क्लिष्ट कल्पना के साथ रूपक, उपमादि अलंकार का अनोखा संयोग भी।

पहले मख़दूम के शब्द-चयन पर विचार करें। फ्रांसीसी लेखक फ्लोबेर ने कहा था कि "हम एक ही संज्ञा द्वारा अपना कोई विचार व्यक्त कर सकते हैं, एक ही क्रिया उस विचार को गति दे सकती है और केवल एक विशेषण उसकी व्याख्या कर सकता है।" मख़दूम के 'पाठ' में चमन, पैमाना, तबस्सुम, गुल, जाम, बादे सबा, अंधेरा, रहगुजर, रंग आदि संज्ञाओं के अनगिनत अर्थ और संदर्भ हैं। एक ही क्रिया उनके विचार को ही नहीं, पूरी कविता के रचाव को भी गति देती है... इनसान, हैवान, सुलेमान (बहुत खेल चुका),... का सैलाब, का गिरदाब, की दाब (किसे कहते हैं), को ईमान, को इनसान, को निगेहबान (नहीं कहते हैं), शाद, आजाद (किया जाएगा)। आवारा (हवाएं), शम्मे (आजादी), मौजे (बेकरार), मासूम (लड़कपन), बोसीदा (हवेली), नक्शे (वफा) जैसे विशेषण भी भिन्न संज्ञाओं से जुड़कर कथन को नई भंगिमा दे देते हैं।

कविता के साथ यह सच्चाई है कि शब्द-संकेतों के बिना दूसरा व्यक्ति कवि के भावों को समझ नहीं सकता, अतः कवि की कला का एक प्रधान अंग शाब्दिक-चयन को माना गया है। कवि भावुक हो चाहे विचारक, वह सफल कवि तब तक नहीं हो सकता जब तक अपने भावों-विचारों को भाषा में मूर्त करने के लिए

उचित से उचित शब्दों को चुनने का फन उसमें न हो। शब्द-चयन के साथ-साथ उसकी अर्थ छटाओं पर पकड़ कवि की अभिव्यंजना को धार देती है। शब्दों का अर्थ उनके सह-प्रयोग पर भी निर्भर करता है। ऐसा करके ही कवि शब्द के रूप, रंग यहां तक कि आकार को भी देख पाता है। मख़दूम के 'कविता-पाठों' में उनकी यह ताकत अनेक स्तरों पर उजागर हुई है। एक ओर उन्होंने मनोभावों, जड़पदार्थों, प्राकृतिक उपादानों का मानवीकरण करने में शब्दार्थ की गहराई को सह-प्रयोग द्वारा साधा है : तमन्नाओं का तूफां करवटें लेता था सीने में (तूर), साज ने अंगड़ाई ली (आसमानी लोरियां), जजबात बदलने लगे करवट (जवानी), जिंदगी है के चिल्ला रही है (सिपाही), फफोलों को सुकूं मिलता है (वक्त-बेदर्द मसीहा), सन्नाटे चौंके (विसाल), कुछ कहने का अरमां आंखों में (लमह-ए-रुखसत), शाम रुखसत हो रही है रात का मुंह चूमकर (आसमानी लोरियां), राग सुनने रुक गए हैं बादलों के कारवां (तेलंगन), सदके हुई शोखी तो बलाएं लीं अदा ने (सागर के किनारे), खिलखिलाते हैं जरायम (हवेली) आदि तो दूसरी ओर भावों को उपमानों में बांधकर शब्द संयोग के माध्यम से अर्थ की गहरी अभिव्यंजनाएं मख़दूम में भरी पड़ी हैं : सागर की खनक बन गई उस शोख की आवाज (जवानी), सांस की तरह से आप आते रहे जाते रहे (इंतजार), मुस्कराता-सा तसव्वुर, गुनगुनाता-सा ख़याल (वो), जैसे पीते वक्त भूखे बाल-बच्चों का खयाल (वो), ये तमन्ना है कि उड़ती हुई मंजिल का गुबार (जाने गजल)। ये कुछ उदाहरण ही काफी हैं यह बताने के लिए कि शब्दों पर मख़दूम का बेहिसाब नियंत्रण है। शब्द उनकी रुचि के अनुसार नाचते हैं, उनकी आज्ञा का पालन करते हैं। मख़दूम उनमें ऐसा जीवन डाल देते हैं कि शब्द खुद-ब-खुद अर्थ को पुकारते हैं—चश्मे नम का मुस्कराना, याद के चांद की चांदनी का जगमगाना एक ही कविता में आकर स्मृति के दर्द को कितना गहरा बना देते हैं—इस गहराई के एहसास को और भी तेज करता है निरंतरता को उद्‌घाटित करने वाली क्रियाओं का फैलाव जो कविता के इस छोर से उस छोर तक पसरा है—*'आती रही रात भर/मुस्कराती रही रात भर/जलती रही/थरथराती रही/उतरते रहे/जगमगाती रही/फिरता रहा।'* हमें साफ लगता है कि कवि ने भाषा के उचित संकेत-प्रतीक (Semiotics) पर उंगली रखी है। उनके 'पाठ' में शब्दों के दुहराव ने भी अर्थ विस्तार और अभिव्यंजना पद्धति को नया रंग दिया है : खुद अपनी जिंदगी पे पशेमां है जिंदगी (जंग), चांदनी रातें थीं, ऐसी चांदनी रातें न थीं (पशेमानी), शाखे गुल, और महक, और महक और महक (अहसास की रात), हर एक जख्म के अंदर है जख्म, दर्द में दर्द (फरियाद)। शब्द-चयन पर यह नियंत्रण ही उनमें चित्रमयता की क्षमता भी पैदा करता है। चित्रमयता उत्पन्न करना काव्य-सृजन का आखिरी पादान है जहां शब्दों का संयोजन मात्र 'पठनीय' न रहकर दृश्य बन जाता है—उड़ रही हैं आसमां पर जाफरानी सारियां (आसमानी लोरियां)

शफ़क की पीठ के पीछे से आ रहा है कमर (कमर), रात भर जगमगाता रहा चांद तारों का बन (चांद तारों का बन)।

यह सच है कि काव्य संसार में कुछ शब्द अधिक महत्त्वपूर्ण माने जाते हैं। ये रूढ़ हो चुके होते हैं इसलिए इनका प्रयोग करके भावनाएं सहज ही जगाई जा सकती हैं—मख़दूम में भी ऐसे शब्दों की कमी नहीं है पर इन्हें नए संदर्भ देने की जद्दोजहद उनमें हर कहीं दिखाई देता है। अरबी-फारसी के शब्दों एवं समासों का भी इनके पाठ में खूब प्रयोग है। पर इसे दोष न मानें। पुरानी भाषा से शब्द लेना गुनाह नहीं है। अंग्रेजी का लेखक लैटिन से, हिंदी का लेखक संस्कृत से शब्द और शब्द-रचना के स्रोतों को लेकर विशेष प्रभाव उत्पन्न करता है। मख़दूम में भी ये शब्द भावों की गहनता, सूक्ष्मता ओर उच्चता को व्यक्त करने में सफल हैं। इनके प्रयोग से शब्दों का अपव्यय भी नहीं हुआ है, अन्यथा शायद एक समास के लिए पूरी एक पंक्ति भी कम पड़ती। बहुत बड़ी-बड़ी बातें भी मख़दूम सरल ढंग से कह देते हैं। ऐसे में प्रकृति उनकी संगिनी बनती है। यह विदित है कि रोमांटिक कविता का एक विशेष भाग प्रकृति से संबंधित रहा है। मख़दूम के लिए भी नदी, तालाब, वन, पर्वत, समुद्र, रात, शाम, सुबह आदि उनके नाना भावों के लिए इस तरह आधार बन जाते हैं कि उनकी कल्पना समस्त सृष्टि में विचरण करती हुई जान पड़ती है। अनेक वेष धारण किए प्रकृति उनके काव्य में मौजूद है। उनके भावों के अनुरूप प्रकृति का रूप भी बदलता है—या कहें प्रकृति उनके भावों के रंग में रंग कर सामने आती है। इस संदर्भ में अधिक उदाहरण न देकर 'शायर' की कुछ पंक्तियां देखें : *'कुछ कौसे कजह से रंगत ली, कुछ नूर चुराया तारों से/बिजली से तड़प को मांग लिया, कुछ कैफ उड़ाया बहारों से/फूलों से महक, शाखों से लचक और मंडवों से ठंडा साया।'*

अलौकिक सौंदर्य के दर्शन के लिए मख़दूम नारी सौंदर्य की छवियों का भी बखूबी इस्तेमाल करते हैं। रवींद्र नाथ टैगोर ने कहा था कि "जो ज्ञान लोक सुंदर है उसकी आभा नारी में दिखाई देती है—पार्थिव से अपार्थिव सौंदर्य तक पहुंचने का मार्ग यही है।" मख़दूम में पार्थिव से अपार्थिव सौंदर्य तक पहुंचने की यह यात्रा भी है और 'वासना' से 'प्रेम' तक पहुंचने की भी जहां पुरुष, स्त्री, प्रकृति सभी एकमेक हो जाते हैं, अपना आवेग संभाल नहीं पाते। शैली और रवींद्रनाथ टैगोर में भी दैहिक मिलन अस्तित्व को प्रिया में मिला देने का बिंब लेकर प्रस्तुत हुआ है—And I will recline thy marbel neck, Till I mingle into it, यहां शुरू होता है आनंद और आनंद का आधिक्य 'वेदना' में परिणत हो जाता है, फिर यही वेदना विषाद या दर्द के रूप में अभिव्यंजित होती है और अंततः 'प्रेम' इबादत से भी आगे जा पहुंचता है—'इस दिल को दे के लूं दो जहां यह कभी न हो, सौदा तो होवे तब न कि जब उसमें तू न हो' (सौदा), 'नहीं दैरो-हरम से काम हम उल्फत के बंदे हैं, वहीं काबा है अपना आरजू दिल की जहां निकले' (नसीम)। अतीत यहां जिंदगी बनता है और

यादें सहारा—'जब बरसती है तेरी याद की रंगीन फुहार, फूल खिलते हैं दरे मयकदा का होता है' (याद है : मख़दूम)। प्रेम, निराशा, वेदना के भीतर से प्रणय की उमंग उभरती है। वेदना की गहरी छाया में कवि जीवन की नई राह ढूंढ़ता है, अपने को खोजता है। मख़दूम में यह खोज सामाजिक पतन से उपजी खीज, प्रेमिका से दूरी, वैयक्तिक बाधाओं से रू-ब-रू होती है पर जिजीविषा और आशा का वह सूत्र नहीं छोड़ती जो मानव सभ्यता के विकास का मूल है। 'जंग' शुरू होती है 'इनसान रह सके कोई ऐसा जहां भी है' से और खत्म होती है—*'ओ आफताबे रहमते दौरां तुलू हो/ओ अंजुमे हम्मयते यजदां तुलू हो।'* 'मशरिक का प्रारंभ 'जहल, फाका, बीमारी, नजासत का मकान... एक कब्रिस्तान है' जिसमें हूं न हां कुछ भी नहीं' जैसी पंक्तियों से होता है और खत्म होती है 'इस जमीने मौत परगर्दा को ढाया जाएगा, इक नई दुनिया, नया आदम बनाया जाएगा' पर। 'अंधेरा', 'तेलंगाना', 'नाम-ए-हबीब' में भी मख़दूम का जीवन से लगाव व्यक्त होता है। यहीं उनके उन सामाजिक उद्देश्यों को, उनकी अपनी दृष्टि को भी देखना चाहिए क्योंकि उनकी कविताओं की यह विशेषता है कि उनमें कहां भाव खत्म हुआ, बिंब शुरू हुआ, कहां बिंब खत्म हुआ, विचार शुरू हुआ, कहां भाव-विचार की सीमा लांघकर अनिर्वचनीय संकेत शुरू हुए, अलगाना कठिन है; ये सब मिलकर बनती है 'मख़दूम' की कविता। जैसा कि पहले भी कहा गया, सारी प्रकृति मख़दूम के लिए 'स्टिमुलस' है, उद्दीपक है, अनुकूल स्पर्श होते ही जिसमें भावनयन् प्रारंभ हो जाता है और सब कुछ तस्वीर की तरह झलक उठता है। यह उनके स्पर्श का ही कमाल है—मन की आंखों का स्पर्श है यह। इसी भावनयन् में गुंथे हैं उनके उज्ज्वल विचार, उनकी जीवन दृष्टि :

> *जिंदगानी सरेदार गाती रहे, प्यार की चांदनी*
> *जगमगाती रहे।* (प्यार की चांदनी),

हां वो नगमा छेड़ जिससे मुस्कराये जिंदगी/तू बजाये साजे-उलफत और गाए जिंदगी (हवेली), झूम-झूमकर, गरज-गरजकर बादल बनकर छाना है (सितारे), हयात लेके चलो, कायनात ले के चले, चलो तो सारे जमाने को साथ ले के चलो।

'मख़दूम' का शायर हमेशा उनके साथ है; दर्प लिए, आत्मविश्वास से भरा और अपने वजूद के प्रति सतर्क : 'मेरी आंखों की जबां और मेरे दिल की आवाज, न समझने के लिए है, न सुनाने के लिए (या रब न वो समझे हैं : गालिब), *'तेरे हमराही खो गए रे मुसाफिर-मुसाफिर चले चल' (एकला चलो रे), 'बिखरी हुई रंगी किरनों को, आंखों से चुनकर लाता हूं/फितरत के परेशां नगमों से इक गीत बनाता रहता हूं/फिर अपने दिल की धड़कन को, पत्थर के दिल में भरता हूं।'*

रचना-प्रक्रिया में जितना महत्त्व शब्दार्थ संबंध और भावों-विचारों का है उससे कम रचना के संगठन या बुनावट का नहीं। 'मख़दूम' की रचनात्मक संघटना के

अनेक स्तर हैं, इन पर शैली वैज्ञानिक दृष्टि से महत्त्वपूर्ण नतीजे निकाले जा सकते हैं। उनकी कुछ गजलों और नज्मों से उभरते खास बिंदु देखें :

'तूर' :

1. यहीं की थी... इब्तेदा मैंने/यही की मुद्दआ मैंने/यहां पहले सुनी थी... सदा मैंने
2. रहते थे, भरते थे, बदलते थे, करते थे
3. जामे शराब आता, रंगी रबाब आता, रंगी सहाब आता, मस्ते शबाब आता
4. लगजिशें होतीं, लरजिशें होतीं, जुंबिशें होतीं, कोशिशें होतीं

'जवानी'

1. पड़ने लगी, बदलने लगी, हटने लगी, भरने लगी, चढ़ने लगी, जाग उठी, आने लगी।
2. वो देख – बदलते हुए –पहलू कोई उट्ठा
   ,, – बिगाड़े हुए–गेसू कोई उट्ठा
   ,, – के है कौन खां–बजते हैं घुंघरू
   ,, – के किस गुल की/महक–फैली है हर सूं

'इंतजार' का जायका लें तो लहराते रहे, आते रहे, जाते रहे में स्थिति का जायजा है, तमन्नाओं का ख्वाब आएगा, अफगंदा नकाब आएगा, नजरें नीची किए शरमाए हुए आएगा में आशा और इच्छा का सतरंगी फैलाव है, 'पत्तियां खड़कीं तो समझा कि लो आप आ ही गए' में भ्रम का पुरसुकून अंदाज है', 'तारों को भी नींद आने लगी, आस भी अब जाने लगी' में वास्तविकता के एहसास के साथ दर्द का एहसास भी है–

मेरे महबूब–मेरी नींद उड़ाने वाले –
आ भी जा अरमां निकले
मेरी रूह पर छाने वाले–(आ भी जा–मेरी जां निकले)–

में आरजू और इश्क की इंतहा का बयान है। 'पुरसा' में 'न' और 'भी' के संयोग ने बेचैनी और बेकसी का अजीब मंजर बुन डाला है : *न तेरी हवाएं न मेरी हवाएं/न तेरी दुआएं न मेरी दुआएं/दुआएं भी बेबस/तेरी और मेरी इल्तिजाएं भी बेबस।*

इसी में 'निरंतरता' और 'प्रश्नवाचक' के माध्यम से 'होने' और 'न होने', 'सकार' और 'नकार' की अदभुत संवेदनात्मक बुनावट पेश की है मख़दूम ने : फूल खिलते रहे, कलियां चटकती ही रहीं (निरंतरता)/दिल धड़क जाए तो हासिल? आंख भर आई तो क्या? (प्रश्न)? शाम सुलगाती चली जाती है, जख्मों के चिराग (निरंतरता) कोई जाम आया तो क्या, कोई घटा छाई तो क्या? (प्रश्न), काकुलें लहराईं, रातें महकीं, पैरहन उड़े (निरंतरता)/एक उनकी याद ऐसी थी, नहीं आई तो क्या? (प्रश्न)।

'संन्नाटा' में 'न' और 'कोई' के प्रयोग से संन्नाटे की ही नहीं, उसके टूटने की ख्वाहिश का इजहार भी जेहनी बनकर उतरा-उभरा है : *'कोई धड़कन/न कोई चाप/न संगत/न कोई मौन/न हलचल/न किसी/सांस की गर्मी/न बदन/ऐसे सन्नाटे में इक आध तो पन्ना खड़के/कोई पिघला हुआ मोती/कोई आंसू/कोई दिल/कुछ भी नहीं/कितनी सुनसान है ये राहगुजर।* कोई रुखसार तो चमके, कोई बिजली तो गिरे।'

मख़दूम के काव्य में फारसी शायरी के शोख रंग में हिंदी श्लेष का दुरंगापन है। यहां विचार भी हैं, शोखी भी और शुद्ध प्रेम का सूफियाना ढब भी। उनकी 'इश्क हकीकी' की तुलना 'दर्द' से की जा सकती है—'दर्द' कहते हैं—'जग में आकर इधर-उधर देखा, तू ही आया नजर जिधर देखा' या 'किस काम का दिल है जिस दिल में तू न हो।' मख़दूम में मोमिन-सा विचार गांभीर्य है, रूपक, उपमादि का संयोग है, वैसी ही करुणा है और दाग की तरह सारे जमाने के दर्द को पी जाने की ललक—'ऐ फलक दे हमको पूरा गम तो खाने के लिए, वह भी हिस्सा कर दिया सारे जमाने के लिए।' मख़दूम में 'सरूर' और 'इकबाल' की तरह विश्व और देश की फिक्र भी है। उन्होंने मनुष्य मात्र की समानता, एकता और बंधुत्व के गीत गाए हैं—तेलंगन (तेरी खस की झोंपड़ी पर झुक पड़े सब बामो दर), बंगाल (एक होकर दुश्मनों पर वार कर सकते हैं हम) और 'कहो हिंदोस्तां की जय'।

मख़दूम का काव्य कविता और जीवन दोनों ही कसौटियों पर खरा उतरता है। वे रस-रंग से बंधे हैं, प्रकाश में उड़ना भी उन्हें आता है और अंधेरों में चलना भी। संसार के ताप में भी वे तपे हैं और आनंद की लौ-से झूमे भी हैं। और विषाद की छाया को चीरकर ऐसे जहान की कल्पना भी वे करते हैं जिसका अछूता निजाम हो जिसका मुहब्बत पयाम हो। ऐसी धरती जिसकी सुबहें भी नई हों और शामें भी। और ऐसे जहान की बागडोर थमाते हैं वे आम आदमी को-'ऐसे जहाने नौ का तू परवरदिगार हो।' मख़दूम की रचनाएं ऐसे ही नहीं बनी हैं। वे अपने भीतर और बाहर देर तक देखने से बनी हैं—तभी वहां भाव, भाषा, शिल्प, विचार के अनेक कोण बने हैं और ये कोण प्रकृति में इस तरह विलय होते चलते गए हैं कि चेतना की सीमा और बाह्य जगत एकमेव होते साफ-साफ दीखने लगते है। मख़दूम का पाठ प्रेम के मुख्तलिफ रूपों का पाठ है। 'प्राचीनतावाद' तो उनमें है ही नहीं। पता नहीं क्यों इकबाल की इन पंक्तियों में मुझे मख़दूम की शायरी का हुस्न और जहनियत दोनों छटपटाते दिखाई पड़ते हैं : *'आ गैरियत के पर्दे इक बार फिर उठा दें,/बिछुड़ों को फिर मिला दें,/नक्शे दुई मिटा दें/सूनी पड़ी हुई है मुद्दत से दिल की बस्ती,/आ इक नया शिवाला, इस देश में बसा दें/दुनिया के तीरथों में ऊंचा हो अपना तीरथ, दामाने आसमां में उसका कलम मिला दें।/हर सुबह उठ के गाएं मंतर वो मीठे-मीठे,/सारे पुजारियों को मय पीत की पिला दें/शक्ती भी शांती भी भक्तों के गीत में है/धरती के बासियों की मुक्ती पिरीत में है।'*

नरेंद्र राय

मैं हक़ीक़त हूं, समझ लो कोई अफ़साना नहीं

मूलतः चित्रकार हैं—नरेंद्र राय। कहते हैं, कविता के मैदान में दोस्तों के उकसाने पर कूद पड़े। अभिव्यक्ति में जान थी और आवाज में तड़प, सो मंच-पर-मंच लूटते चले गए। आज भी आलम यह है कि उन्हें सबके बाद कविता सुनाने के लिए बुलाया जाता है कि श्रोता उन्हें सुनने के लिए रुके रहें। समां बांधने वाले कवि हैं—नरेंद्र राय। शब्द और गले का सधा हुआ इस्तेमान करते हैं वे मंच पर। यहीं कविता के लोकप्रिय होने तथा उसके साहित्यिक(?) होने पर जारी बहस की ओर भी ध्यान जाता है। क्या सशक्त मंचीय कवियों को, जो अपनी भावनाओं को धार देकर आसान ढंग से अभिव्यक्ति देते हैं—'किसी और' कोटि में रखने की जरूरत है? क्या सहृदय की वाहवाही लूटने अथवा उसकी अपनी भाषा में बात करने के उपक्रम को घटिया मानने और मानते रहते का आग्रह उचित है? अथवा क्या अधिक-से-अधिक लोगों तक अपनी बात पहुंचाने का यत्न करना गुनाह है? शायद नहीं। कविता लोक पक्ष की, आम आदमी की, सहज भाषा की अवहेलना करके स्थापित हो ही नहीं सकती।

खैर, बहस का यह मुद्‌दा फिर कभी। तो नरेंद्र राय अपनी आम भावनाओं को संजोने, उसे आम श्रोता तक पहुंचाने के लिए गंभीर के साथ हास्य रचनाएं भी करते हैं। वे गुदगुदा भी सकते और और रुला भी। वे दक्खिनी हिंदी, आम फहम उर्दू और लोक-बोली का यथावसर प्रयोग करते हैं—शिल्प को छंदबद्ध रखने का यत्न करते हैं—गीत, गजल को वरीयता देते हैं। टुकड़ों-टुकड़ों में अपनी बात कहते हैं। एक ओर सावन, सखियां, पिया, गांव आदि लोक उपादान उनके यहां जीवंत हैं, दूसरी ओर हास्य-व्यंग्य में लिपटी उनकी राजनीतिक चेतना तो तीसरी ओर जीवन-सत्यों और मूल्यों के छीजते जाने पर उनकी बेकली। बेकली कविता की ताकत होती है। बेचैनी, तड़प, छटपटाहट और लगाव से ही सहज कविता जन्म लेती है। यह बेकली उनके काव्य-संग्रह 'अंधेरों के खिलाफ' में अपने उठान पर है।

यही बेचैनी नरेंद्र राय के व्यक्तित्व में भी घुली दीखती है। साठ के आस-पास होंगे पर चपलता उनके हर हाव-भाव में गुंथी होती है। छोटा-सा कद, घुंघराले बाल; जो रेशमी नहीं हैं—पीछे गर्दन की ओर मुड़कर सेट हो गए हैं। कुर्ता-पाजामा और कभी-कभी जैकेट उनकी वेशभूषा है। चप्पल ही पहनते हैं। और कंधों पर एक सर्वोदयी झोला मानो, भानुमती का पिटारा; जिसमें कला-प्रदर्शनियों के निमंत्रण-पत्र, किताबें, पत्रिकाएं, कविता की डायरी, फटे-नुचे कविता-लिखे पन्ने और पता नहीं क्या-क्या अलाय-बलाय भरा होता है। उनका चेहरा थोड़ा तिकोनापन लिए हुए है और उनके होंठ मुस्कराते भी हैं तो लगता है तंज हो रहा है। और होठों के ऊपर कटारीदार पतली मूंछें इस तंजभाव को और भी 'धरियाती' हैं। पान के शौकीन हैं—अकसर दाढ़ों के बीच जमा रहता है। कड़क-करारी आवाज है और बोलने में उनका दक्खिनी-भिना लहजा अलग ही ढंग से मोहता है।

मुझसे कम ही भेंट हो पाती है उनकी, पर जब मिलते हैं तो लगता है हमेशा साथ ही तो रहे हैं। मोहक तिरछी मुस्कान के साथ पूरा झुककर नमस्कार करते हैं—हां, आंखें भी उनकी कम चपला नहीं हैं—नाचती-घूमती रहती हैं—लपर-लपर चारों तरफ देखती रहती हैं, ठहरती कम ही हैं। मैंने उनकी बाल-कविताओं के संग्रह 'अपड़ी की तुपड़ी' की भूमिका लिखी थी। तभी मुझे लगा था कि जो शख्स बाल-मनोविज्ञान को समझता है—बच्चों के अनुकूल भाव, शब्द, विषय चुनने की सामर्थ्य रखता है वही अपनी वयस्क कविताओं को भी रसलीन बनाने में सफल हो सकता है।

कई बार मंच से उन्हें सुन चुका हूं। गा भी अच्छा लेते हैं। सुना है, सितार भी 'महीन' बजाते हैं। शब्द और अदायगी का खास मेल रहता है उनके काव्य-पाठ में, जो सुनने वाले पर जादू-सा असर करता है। 'अंधेरों के खिलाफ' में उनकी आत्मस्वीकृति है कि "जो बात मैं रंगों के माध्यम से नहीं कह पाता उसे शब्दों में अभिव्यक्ति देने की कोशिश करता हूं।" उनकी यह कोशिश भी कम बहुरंगी नहीं है। साधारण मानव के उल्लास-अवसाद, उसकी आशा-निराशा, उसकी आकांक्षा-जिज्ञासा और संवेदना को मुखरित करने में उनकी भाषाई दक्षता का बड़ा हाथ है। 'साधारणता' उनका काव्य-गुण है, नितांत सरल और संप्रेषणीय भाषा को सृजनात्मक भाषा में रूपांतरित करने में वे सिद्धहस्त हैं। 'दिनकर' के शब्द उधार लूं तो उनके इस संग्रह की रचनाओं में 'खड़ी बोली गलकर मोम हो गई है।' भाषा को मोम बनाने की प्रक्रिया में नरेंद्र राय 'शब्द-चयन' के स्तर पर उर्दू शब्दों का प्रयोग करने के पक्ष में दिखाई देते हैं। उर्दू के आम शब्द जो बोलचाल की हिंदी का अंग बनकर इस तरह घुल गए हैं कि उन्हें 'विदेशी' कहना भी अब नागवार गुजरता है। छंद को बरकरार रखने, गति और यति को बनाए रखने तथा मिसरे और काफिए को पक्का बनाने के लिए उन्होंने इन शब्दों के मूल रूप का भी जमकर प्रयोग किया है जैसे, *जमीं (जमीं पे रहना तुमने*

सीखा नहीं, फिर क्योंकर/फिजूल चांद सितारों की बात करते हो), सामां (घर का सामां लुट गया), आस्मां (उठा तो छा गया हर सर पे, आस्मां की तरह), मकां (जब से टूटे हैं वो दरवाजे मकां के), दुकां (सस्ती मिले है चीज कोई, उस दुकां से), तूफां (तूफां से रिश्ता बनाए हुए हैं), खूं (इन नालों में, खूं जब से बहने लगे हैं), यूं (चेहरे से हर किसी के यूं पानी उतर गया), निशां (औरों के कदमों के निशां)। इसी तरह नरेंद्र राय हालात, सवालात, जमीनात, नगमात जैसे बहुवचन रूपों का भी खांटी प्रयोग करते हैं और संयुक्त-शब्द निर्माण की परंपरागत पद्धति का भी, जैसे, धर्मों-मजहब (धर्मों-मजहब से दूर हूं, बिगड़ा नहीं हूं मैं), दौरे खिजां (दौरे खिजां के बाद भी उजड़ा नहीं हूं मैं), बहारे दौर (बहारे दौर में क्यों कर चमन नहीं मिलता), नूरे खुदा (नूरे खुदा हम, मासूमों की मुस्कानों में देखे हैं) आदि। अर्थात् नरेंद्र राय के मुक्तकों, गजलों और गीतों के विश्लेषण से यह साफ झलकता है कि इनमें कथ्य (कंटेंट) को देखकर कथन की शैली (एक्सप्रेसिव स्टाइल) आप से आप उपस्थित हो जाती है। कहीं-कहीं नरेंद्र राय की अभिव्यक्ति स्थूल है तब भी उनकी भाषा में एक तरह का खुलापन दिखाई देता है और संप्रेषणीयता की कड़ी टूटती नहीं है। उर्दू शब्दावली के प्रयोग की स्थूलता कई स्थलों पर रूढ़ लगती है—*फन (फन बेचते हैं), कफन (लाशों के कफन बेचते हैं), आस्तीन/खंजर (किसी के आस्तीनों में कहीं खंजर रहा होगा), चमन (चमन नहीं मिलता), बेवफा (क्यों कर रहे हो आज तुम, उस बेवफा की बात)* जैसे कई प्रयोग ऐसे हैं जो भाषा के अब तक के प्रयोगों की सीमाओं के परे जाकर उन्हें नई संवेदना और नई सर्जनात्मक भाषा में नहीं ढाल पाते। यह भाषा रूढ़ 'इमेजरी' और चले आ रहे 'मोटिफों' के इर्द-गिर्द ही घूमती रह जाती है। यह नरेंद्र राय की बड़ी कमजोरी है। मलयज ने कहा था—"सर्जनात्मक भाषा, भाषा प्रयोग की एक ऐसी शर्त है जिसमें रचनाकार भाषा की इकाई के रूप में शब्द के अस्तित्व के प्रति अत्यधिक सचेत होता है—संवेदना के स्तर पर उन्हें झेल भी चुका होता है।" शब्द के प्रचलित अस्तित्व को तो नरेंद्र राय समझते हैं पर उनकी गत्यात्मकता (डॉयनमिज्म) को वे संवेदना के स्तर पर साध नहीं पाते। इसकी वजह हड़बड़ी भी हो सकती है या सामान्य से ही संतुष्ट हो जाने की प्रवृत्ति भी।

पर एक बात नरेंद्र राय के कविता-पाठ से बार-बार साबित होती है कि जब वे लिखते हैं तो भाव-विभोर होकर लिखते हैं। अपने हृदय के भावों, आवेगों, प्रवेगों को ईमानदारी के साथ व्यक्त करना ही उनका ध्येय है। इस आवेग को शब्दबद्ध करने के अन्य उपादानों का वे बड़ी खूबसूरती के साथ इस्तेमाल करते हैं। उदाहरण के लिए उनकी इन रचनाओं में विरुद्धों का सामंजस्य बड़े ही प्रखर ढंग से रूपायित हुआ है—वीरान कर दिए हैं समय ने कई चमन, झूठ के ये आईने, अब सत्य को झुठला रहे हैं, भंवर से दूर जो दिखते हुए किनारे हैं, ना जाने कितने कुबेर अब दुनिया में कंगाल बनेंगे, के साथ ही फूल-खंजर, फूल-पत्थर, छप्पर-भवन, आंधियां-बहार,

हंस-कागा, अमृत-जहर, पत्थर-आईना के द्वंद्व से नरेंद्र राय ने अपने भावावेगों को सार्वजनीन बनाने में खासी कामयाबी पाई है। उर्दू शब्दों के प्रयोग से उनकी भाषा तत्समेतर लगती है लेकिन तत्सम शब्दों के प्रयोग को उन्होंने कोड-मिश्रण की प्रणाली द्वारा अत्यन्त बारीकी से 'बेझरा' है और तत्सम शब्दों को भी बोलचाल की शैली की सम्प्रेषणीयता अता की है—आदमी के मन में नंगे आचरण को क्या कहें/जिस्म पर ओढ़े हुए इस आवरण को क्या कहें। स्वयं मंदिर बना दिल को, दया का दीप जलने दे, दौड़ता हिंसक लहू फिर से तेरी हर एक रग में, भाग्य के चादर की कुछ सलवटें हैं ये, ये कैसी गंध है, बारूद की फजाओं में। बच्चन ने कभी कहा था कि "कविता की भाषा के संबंध में मेरी सम्मति यह है कि उसे भाषा छोड़कर भाव बन जाना चाहिए।" नरेंद्र राय की काव्य-भाषा ऐसी ही भावातुर भाषा है। इस आतुरता के प्रवाह में कुछ बे-छने भी कगार पर आ पटता है, कुछ बहकर निकल-छूट भी जाता है और बहुत कुछ तैरता-उतराता-दिपता भी रहता है। नरेंद्र राय के इन पाठों में मुहावरों की भी बहुतायत है। मुहावरे भी काव्य-भाषा को एक ओर जहां संप्रेषणीय मार्मिक और संक्षिप्त बनाते हैं वहीं दूसरी ओर अर्थ की सीमा में भी बांध देते हैं। इस संबंध में आचार्य रामचंद्र शुक्ल का यह कथन देखें—"मुहावरे को अधिक प्राधान्य देने से रूढ़ पद-समूहों से भाषा बंधी-सी रहती है, उसकी शक्तियों का नवीन विकास नहीं होने पाता। कवि अपने विचारों को ढालने के लिए नए-नए सांचे न तैयार करके बने-बनाए सांचों में ढलने वाले विचारों को ही बाहर करता है। सहज हो ओढ़ा हुआ प्रतीत न हो तो मुहावरा काव्य-भाषा को मार्मिक बनाता है।" नरेंद्र राय ने मुहावरों का व्यंजक प्रयोग किया है। बने-बनाए सांचे उन्होंने बरकरार भी रखे हैं और कभी-कभार उन्हें तोड़ा भी है। भाषा के प्रवाह और भावनयन में इनका प्रयोग हुआ है अतः ये ओढ़े हुए भी नहीं लगते, हां, कहां-कहीं सपाट जरूर हो गए हैं—उठीं हम पर ही अपनी उंगलियां, खुद अपने ही जख्मों को तुम सी नहीं सकते, और फिर दूजों पे ताने फेंकिएगा, पर है मैल मन में, पानी से पाप धुलते, मिट्टी के मोल बेच, न ऐ जौहरी मुझे, गल्तियों पर मुस्कराकर डालते रहते हैं पर्दा, रोज नया नाटक रचते हैं माला जपते हैं, चेहरे से हर किसी के यूं पानी उतर गया, फेंक रहे हैं जनता पर फिर कैसे-कैसे फंदे लोग, ओढ़ी हुई मुस्कान को हम देखते रहे। रोज की बोलचाल की भाषा में मुहावरों का प्रयोग स्वाभाविक रूप से होता है। काव्य-भाषा में इन्हें रचा-बसा कर नरेंद्र राय ने भाषा की सफाई और उसके सौंदर्य को दोबाला किया है। इसी प्रकार नरेंद्र राय ने मानवीकरण को भी सार्थक अभिव्यंजना देकर साधा है—सड़क थरथराने लगी है, रस्ते सिसकने लगे हैं, थर्रा रही हैं गलियां, मीनारों के दिल भी दहलने लगे हैं—और मिथकों को भी भावानुकुल अभिव्यक्ति में ढालकर उन्हें आज के समय और उसकी विडंबनाओं के साथ वाबस्ता किया है—छला रावण ने सीता को (तो ये जनता को छलते हैं), समझ गंगा जल उसे (जो मजबूर की आंखों टपकता

है), काबा-काशी तुम्हें मुबारक (इनसे हमको क्या लेना?)।

अब थोड़ी चर्चा नरेंद्र राय की काव्य-वस्तु पर। यह समझते हुए कि 'कविता का अंतिम विश्लेषण—उसमें प्रयुक्त भाषा का विश्लेषण है' (राम स्वरूप चतुर्वेदी)। एक पाठ नरेंद्र राय का मनुष्य और उसकी कमतर होती जा रही विवेकशीलता से संबद्ध है—इस पाठ में कवि का सीधा संबोधन भाव को तीव्रता प्रदान करता है—*'कमाता जा रहा है पर बता, ले जाएगा कैसे/अरे पागल! कभी जेबें नहीं होती कफन में।'* एक पाठ रचनाकार की खुद्दारी का भी है। आम पाठक को जो आज के बाजारवादी समाज में अपने को थकाहारा और पस्त महसूस कर रहा है, यह पाठ आत्मविश्वास से भर देता है—*'छोड़ा नहीं जमीन को, उखड़ा नहीं हूं मैं/साबुन किसी भी धर्म का मुझ पर न थोपिए/फनकार हूं उतरा हुआ कपड़ा नहीं हूं मैं/मिट्टी के मोल बेच न ऐ जौहरी मुझे/हीरा हूं, कोई कांच का टुकड़ा नहीं हूं मैं।'* और थोड़ी चर्चा भाषिक अभिव्यंजना पर। पृष्ठ-9 के मुक्तक के बहर की आखिरी पंक्ति 'अगर होते' पर खत्म होती है। 'अगर होते' संभावनार्थक रचना का अर्थ है कि 'नहीं है', यहां संभावना की टोह के साथ यथास्थिति के न बदलने या यथावत् बने रहने का दर्द बड़ी ही शिद्दत के साथ व्यक्त हुआ है। 'अमन की बात' (पृष्ठ-54) में 'बात पैदा कर' के प्रयोग से पाठक के सामने कवि सीधी चुनौती प्रस्तुत करता है। 'तू कर' कवि का पाठक के साथ आत्मीय रिश्ता भी बनाता है—*'रहे तू लाख पतझड़ में, चमन की बात पैदा कर/धरा पर रह के दीवाने, गगन की बात पैदा कर/बढ़े जा पथ पे शूलों के, सुमन की बात पैदा कर।'* यहां भी पतझड़-चमन, धरा-गगन, शूल-सुमन के विरोधी सामंजस्य को देखा जा सकता है।

'प्यार का हथियार' (पृष्ठ : 63) में नरेंद्र राय ने कर्मवाच्य क्रिया रूपों के माध्यम से एकाकी नहीं, समन्वित प्रयास को आवाज दी है। भुलाया जाए, कटाया जाए, मिटाया जाए, चढ़ाया जाए, झुकाया जाए में मजहब को भुलाने, आदमी को इनसान बनाने, पंडित-मौलवियों की अलगाने वाली आवाज़ को कटवाने, भेदभाव के शब्दों को मिटाने, गद्दारों को सूली पर चढ़ाने, देश पर सर को झुकाने की अपील कवि ने की है—कि सब मिलकर ऐसा करें। समन्वित प्रयास के अभाव में ही सामाजिक विडंबनाएं सर उठाती जा रही हैं, इसमें शक नहीं। संयुक्त क्रिया के कर्मवाच्य प्रयोग द्वारा नरेंद्र राय ने निजी भावों को सामाजिक व्याप्ति दे दी है। 'मुस्कराते रह गए' (पृष्ठ : 64) में 'क्रिया + ते रह गए' संरचना के माध्यम से कवि ने आज के छीजते जीवन मूल्यों वाले समाज में आम आदमी की नाकामी, कुछ न कर पाने की उसकी बेबसी और इस बेबसी से उपजी बेचैनी को मुखर कर दिया है—'आंसू बहाते रह गए (अपनी बर्बादी पे हम)', इसी तरह 'आग' (पृष्ठ : 94) में 'लगे है' क्रिया रूप का प्रयोग 'लगती है', 'महसूस होता है' अथवा 'आभास' या 'संज्ञान' का अर्थ प्रक्षेपित करता है। समाज के बदलते रूप और उसकी धुंधलाती तस्वीर की पीड़ा को

अभिव्यक्ति देने में क्रिया-रूप के इस प्रयोग की बारंबारिता ने कवि के भाव और उसकी संवेदना को मार्मिक बना दिया है—'हर एक के सीने में दबी (आग लगे है), 'हर एक के दामन में कहीं (दाग लगे है)', 'इनसान विष उगलता कोई (नाग लगे है), 'जख्मों से सिसकता हुआ हर (भाग लगे है)'। इसी तरह भाषिक स्तर पर 'कहां' (पृष्ठ : 88) में प्रश्नवाचक वाक्य के नकारात्मक अर्थ में बदलने से 'कथन' का शैलीय स्वरूप उपदेशात्मक बनने से भी बच गया है और उसका असर भी कस कर पड़ता है—मिसरे की आखिरी संरचना है—'कहां होती है'। और इसके पहले जुड़ते जाते हैं—*'फूल खिलता है तो आवाज/गर है इनसान तो फिर जात/खुश्क आकाश से बरसात/नींद सुख-सेज की मुहताज।'*

इस प्रकार नरेंद्र राय की भाषिक अभिव्यंजना में क्रिया-रूपों के सर्जनात्मक प्रयोग का अपना महत्त्व है जिसका स्वतंत्र विश्लेषण भी अभीष्ट है। कथ्य के स्तर पर भी नरेंद्र राय सामाजिक विसंगतियों से बार-बार टकराते हैं। अपनी निजता को मान देते हुए, अपने मूल्यों में आस्था रखते हुए और अपनी संवेदनाओं को गहन करते हुए वे 'अंधेरों के खिलाफ' की अधिकांश रचनाओं में सीधी भिड़ंत की मुद्रा में खड़े हैं—तभी उनका यह पाठ सीधी मार भी कर पाता है, खीझता भी है, ताने भी मारता है, व्यंग्य भी करता है और एकजुट संघर्ष के रास्ते पर चलने की गुजारिश भी करता है। नरेंद्र राय ने रास्ता तो कठिन चुना, पर उस पर वे चले पूरे होशो-हवास और हिम्मत के साथ हैं :

साहिल के सुकूं से किसे इनकार है लेकिन
तूफान से लड़ने में मजा और ही कुछ है। (अल अहमद सरवर)।

शशि नारायण 'स्वाधीन'

सर उठाए हुए सूरज के नगर जाएंगे

'स्वाधीन' अपने इसी नाम से पहचाना जाता है—शशि नारायण को कोई नहीं पूछता। उपनाम की ऐसी व्याप्ति कम देखने में आती है; गालिब, फिराक, निराला, धूमिल, मुक्तिबोध, अज्ञेय जैसों को छोड़कर। गहरे सांवले रंग का स्वाधीन बड़ा बिखरा-सा रहता है। खादी का मुड़ा-तुड़ा कुर्ता-पायजामा, सड़ी हुई मीलों का सफर तय कर चुकी चप्पलें, बिखरे-लटियाए बाल। पर सलोना-सलोना लगता है। तेज रफ्तार और ऊंची आवाज में सख्त बोलता है—दो टूक। कोई भला माने कि बुरा, उसकी बला से। नया साहित्य पढ़ता है, उस पर बहस करता है और हैदराबाद में कइयों से अच्छा लिख लेता है। उसकी साफ-गो पर्सनेलिटी ने ही मुझे अपनी ओर खींचा। पहले-पहल न जाने कब मिला था—धूमिल, काशीनाथ सिंह, मुक्तिबोध, फिराक, राजा दुबे, ओम प्रकाश निर्मल का आशना। इनके लिखे पर मुझसे खूब बहस। मेरी सब्रग्राही प्रवृत्ति से थोड़ा अनमना भी। लेकिन बराबर आत्मीयता और आदर बरतते हुए, मेरे प्रति।

शहर में ढेरों शरारतें उसके नाम दर्ज हैं। स्थानीय रचनाकारों के 'किस्से' फैलाने के लिए वह खासा बदनाम है। वह करे भी क्या, लिजलिजे, सिल्की और चिकने-चुपड़े लेखक उसे जरा भी बर्दाश्त नहीं। ऐसे लोग स्वाधीन के नाम से भी थर्राते हैं। मनमानी करने की हठ पाले चलता है। एक शाम 'अद्धा' कुर्ते की जेब में रखे घर चला आया कि आज आपके साथ पीने का मन किया। बहुत समझाया कि भाई, तबीयत नासाज है, कुछ काम भी है, फिर कभी। पर वह 'स्वाधीन' ही क्या जो मान जाए। खैर, बैठक जमी। अकेले दम पर शेरो-शायरी की महफिल जमा देने का माद्दा रखता है वह, मूड में आने के बाद तो उसकी यह ताकत परवान चढ़ने लग जाती है। मुझे बहुत प्यारा लगता रहा है—स्वाधीन। कुछ दिन न मिले तो बेचैनी बढ़ जाती कि है कहां? कि नमूदार होता—बहाने उसके पास 'रेडीमेड' होते। बैठते ही इस बीच क्या पढ़ा, कहां क्या विचारने योग्य छपा?—पर घंटों बातचीत। हैदराबाद में मुझे स्वाधीन जैसा एक भी नहीं मिला जो इतनी बेबाकी के साथ नए साहित्य पर चर्चा

करे, अपनी पसंद-नापसंद का खुला इजहार करे—तभी तो इंतजार रहता था उसका। उसकी सक्रियता भी लाजवाब है। कभी जनवादी संगठनों में सक्रिय है, कोई किताब संपादित कर रहा है कभी, कभी अपना कविता-संग्रह ठीक-ठाक कर रहा है—कहीं जा रहा है, कहीं से आया है। पल-पल की खबर मुझे देता रहा है। फोन पर। उसकी बदमाशी भरी टीका-टिप्पणी का अपना रस है और फिर खिलखिल करती दमदार हंसी का भी।

आगे घुसकर तमाशा देखने वालों में से है, स्वाधीन। जरूरत पड़े तो पत्रकार वाला बाना धारण कर लेता है तो कभी जननेता का। कवि का बहुत कम। औघड़पन और अलमस्ती की जो कमी हम अध्यापकों के खून में स्वभावतः होती है, उसका पूरक था स्वाधीन मेरे लिए। मेरे भीतर की कई दरारों को वह भरता था, बड़ी सहजता से। कवि-सम्मेलनों में स्वाधीन का विश्वास कम ही है। पढ़ने की जगह छपना उसे रुचता है। उसने उर्दू शायरी का बाकायदा प्रशिक्षण लिया है। हिंदी-उर्दू शायरी की नई-नई चालों की खबर रखता है, सो उसकी कविता में टटकापन रचा मिलता है। उसका लिखा अलग-सा लगता है, बार-बार विचारने को उकसाता है, बेचैन करता है।

जिस संग्रह पर बात करने जा रहा हूं (सड़क सिर्फ रास्ता नहीं : वाणी 2000) उसकी पंक्ति-पंक्ति हम दोनों ने साथ बैठकर हफ्तों तराशी है, नोंक-पलक दुरुस्त की है। कैसी दीवानगी तारी थी उन दिनों स्वाधीन के जेहन पर कि मैं भी उसमें लिप्त होने से अपने को बचा न पाता था। इस किताब को भेंट करते समय उसने गालिब का यह शेर तीसरे सफे पर लिख दिया : *'हम कहां के दाना थे किस हुनर में एक्सां थे/बेसबब हुआ गालिब दुश्मन आस्मां अपना।'*

पत्रकारिता स्वाधीन की जीविका है। बिना किसी समझौते के वह 'डेली हिंदी मिलाप' का काम देखता है। बेलाग लिखता है। उससे भी बेलाग बोलता है। जो और जैसा बोलता है, कहीं वही और वैसा ही लिख भी दे तो हंगामा मच जाए। हैदराबाद के कवियों और शायरों के बीच स्वाधीन एक सेतु है। उर्दू अदब की दुनिया में वह जाना-पहचाना जाता है। इन दिनों हैदराबाद की उर्दू शायरी को कई जिल्दों में संपादित कर वाणी से छपवाने का जरूरी काम कर रहा है। एक अजीब-सी बेचैन रूह का नाम है—स्वाधीन। लेकिन बाहर से बेखबर, बेध्यान और बेचैन स्वाधीन भीतर से नितांत बाखबर, विचारवान और संयत है। उसकी कविताएं इस गंभीर रुख की गवाह हैं जहां स्वाधीन की संजीदगी तमाम शरारतों, मनमानियों और खुराफातों को भेदकर नमूदार होती है। यही वह अंदरूनी ताकत है जिसने उसे तमाम झंझावातों के बीच थिर रखा है, 'स्वाधीन' नाम को बामानी रखा है—जिंदा और ताजा।

स्वाधीन की महारत कविता और गजल दोनों में है। कविता वह ठेठ जनवादी मुहावरों वाली लिखता है। उसकी गजलों का भी मूल स्वर यही है। कभी-कभी रूमानी घटा भी छाती है। स्वाधीन का रोमान भी बासी नहीं है, टटके भाव और बिंब-बोध

से रचा है। कविताओं की जटिल संरचना स्वाधीन की विशेषता है। इन बेछंद कविताओं में वह संज्ञाओं, विशेषणों, क्रियाविशेषणों को गहराई में फेंट देता है—इस संघटना से बेलौस काव्य भाषा उभरती है। गजलों में वह ऐसी फेंट नहीं लगा पाता, संरचना सहज बनी रहती है पर नए-नए प्रतीक, बिंब और सह-संबंध बनाने-अपनाने से वह यहां भी नहीं चूकता। कविता में भाषिक इकाइयों की यह फेंट 'तुम्हारा नाम' कविता की इन पंक्तियों में देखें— *'क्यों नहीं किया गया/तुम्हारा वह विद्रोही स्वीकृत/फिरता रहा जो नंगे पांव आजीवन/अपनी बूढ़ी साइकिल पर/नापते हुए लम्बी सड़कें... ।/क्या उन सड़कों पर हर रोज/तुम नहीं मरते थे एक नई मौत?'* और गजल की सहज संरचना की बानगी के तौर पर यह शेर— *'कुछ लम्हों में खौफ का दरिया पार करेंगे/बाज पे अब कमजोर परिंदे वार करेंगे।'*

स्वाधीन की शब्द-चेतना प्रखर है। शब्द और अर्थ विधान, संदिग्धार्थता, तनाव, विरोधाभास, वक्रोक्ति, अनेकार्थता, और भंगिमा जैसे काव्य-भाषिक घटकों को वह शब्दों के तल में पैठकर सिद्ध करता है। यहां मुझे ऑडेन का यह कथन बार-बार हांट कर रहा है—"कोई अगर 'तुम कविता क्यों लिखते हो' के उत्तर में कहे कि 'इसलिए कि मैं शब्दों के इर्द-गिर्द चक्कर काटना पसंद करता हूं क्योंकि मुझे जानना है कि वे क्या कहना चाहते हैं'—तब संभव है वह कवि बन जाए।" स्वाधीन को शब्दों के इर्द-गिर्द चक्कर काटने में मजा आता है। 'शब्द' और 'भाषा' को वह अपनी काव्य-भाषा में एकाधिक जगहों पर काव्य-प्रतीक की तरह शायद इसीलिए इस्तेमाल कर सका है—

बच्चों की चीखों का अर्थ/किस भूख की भाषा में दर्ज है। मैं नहीं जानता। (अंधेरी रात का सूरज) मैं भाषाहीन हूं फिलहाल/तुम्हारे पास एक मुकम्मिल भाषा है समुद्र। (समुद्र के प्रति) वह लिखना चाहता है/अंधेरे की दीवार पर/रोशनी के शब्द। (आदमी की भूमिका में एक आदमी)।

एक मरी हुई भाषा जिंदा होती है (दूसरी शुरुआत)। तुम्हारी भाषा में एक गर्जना रही लगातार (समुद्र के प्रति)। किसी को पाकर भाषा हीन होना/जैसे प्यार में लौटना है। (समुद्र के प्रति)। *'अब तुम्हारी शब्द नदी भी/मुझ तक नहीं पहुंचती* (रात का अकेलापन)*/और मेरे पास शब्द हैं/सिर्फ शब्द* (तुम्हारा नाम)।'

शब्द के प्रति स्वाधीन की यह गंभीरता विचारणीय है, कई स्तरों पर। येट्स ने भी कहा था कि "जो भी सत्य है वह शब्दों में है" और इससे भी आगे बढ़कर मेलार्मे का कथन है कि "कविता शब्द-निर्मित होती है, विचार-निर्मित नहीं।" स्वाधीन के यहां विचार भी हैं पर शब्द चेतना में वह हमेशा अचूक बना रहता है, कहीं भी चूकता नहीं। विषयवस्तु और काव्य भाषा की अटूट संबद्धता इन कविताओं में दिखती रहती है—"विषयवस्तु काव्य कृति के कथ्य पक्ष का सामान्य भाषा में सामान्य कथन है। काव्य वस्तु, काव्य कृति का वह अंश है जो काव्य भाषा के गर्भ से जन्म लेता है

और जो काव्य भाषा से अलग होकर अपना अस्तित्व ग्रहण ही नहीं कर सकता" (रवींद्रनाथ श्रीवास्तव)। व्यवस्था की चरमराती हालत और उसमें घुलती जा रही विषधारा जैसी विषयवस्तु को स्वाधीन ने 'अकविता' वाली काव्य भाषा के गठन द्वारा अपनी निजता के साथ व्यंजित किया है– *'मेरे दिमाग की दीवार पर/एक विषाक्त कीड़ा रेंग रहा है', 'राष्ट्रगीत की धुन पर/एक सांप नाच रहा है', 'दीमक में तब्दील हो गए हैं/कुर्सियों पर बैठे हुए लोग', 'मछली मार्केट में तब्दील हो गई है संसद/उसका शोर उतर रहा है/लोगों के दिलोदिमाग में/मवाद-सा', 'जंगल खून सनी बुश्शर्ट पहनता है/फटी हुई', 'व्यवस्था के आकाश को/बाजों से भरा देखकर...', 'एक चील मंडराती रहती है/उसकी आंखों के दिगंत में', 'अजदहों की जबड़ों वाली दुनिया में'* आदि। कीड़ा, सांप, दीमक, जंगल, बाज, चील, अजदहा जैसे सामान्य भाषा के शब्द व्यवस्था के खतरनाक होते जा रहे संकेतार्थ में बंधकर काव्य वस्तु की अभिव्यंजना को दोधारी बनाते हैं। इसी तरह स्वाधीन के 'पाठ' में शिकारी, सलाख, झाड़ियां, अंधेरा, केंचुल, फोड़े, आग भी यह सिद्ध करते हैं कि "कविता भाषा के माध्यम से व्यक्त ही नहीं होती अपितु भाषा में ही अपना अस्तित्व पाती है" (विवस)।

स्वाधीन के इस संग्रह के दो भाग हैं—कविताएं और गजलें। कविताओं के प्रतीकीकरण में वह अपनी शब्द-चेतना से कहीं-कहीं इतने गहरे बंध गया है कि इनके दुहराव को वह रोक नहीं पाता। इसे उसकी आत्मगत सीमा भी माना जा सकता है या एक ही शब्द से तरह-तरह से खेलने का हुनर भी—यहां ऐसे तीन शब्द चुने गए हैं—अखबार, सहरा और दीवार।

अखबार : 'तनहाई को हम ऐसा अखबार करेंगे', 'ऐसा लगा हर आदमी अखबार हो गया', 'बच्चों के हाथ बिकते हैं अखबार देखना', 'सूरज की तरह शाम के अखबार में आई', 'अखबार आज का भी हमेशा की तरह दोस्त'।

सहरा : 'सहराओं की तेज धूप में प्यार करेंगे', 'जिस चिड़िया ने काटा था कड़ी धूप का सहरा', 'सहरा की कड़ी धूप बना सकती थी दरिया', 'ये उम्र भी सहरा का कड़ा ऐसा सफर है', 'सहरा-सहरा जीने वाले पौधे अच्छे लगते हैं'।

दीवार : लेकिन खुद को राहों में दीवार करेंगे', 'मेरे लिए तो साया-ए-दीवार हो गया', 'रास्तों में कटती राह की दीवार देखना', 'ताउम्र न वो साया-ए-दीवार में आई'।

इसमें शक नहीं कि दुहराव के बावजूद हर बार ये शब्द नई अर्थ छवि के साथ आए हैं—अभिधार्थ में बहुत कम, लक्ष्यार्थ और व्यंजनार्थ में अधिक। इस प्रकार स्वाधीन एक ही भाषिक प्रतीक को भिन्न प्रकार के काव्य प्रतीक में ढालता है। इस प्रवृत्ति को उसकी काव्यपरक भाषा पर पकड़ मानाना चाहिए—"कविता एक क्रिया है, वह कवि की प्रतीकपरक क्रिया का प्रतिफल है" (श्रीवास्तव)। यह प्रतीकपरक क्रिया स्वाधीन के 'कविता-पाठ' में उन स्थलों पर और भी बेधक हुई है जिसकी काव्य-वस्तु राजनीति-चेता मन की उथल-पुथल से निर्मित है– *'प्रजातंत्र की इस थोड़ी*

बची रोशनी में', *'आदमी मर सकता है लेकिन/लड़ाई कभी नहीं मरती'*, *'काट रहा है उसका हाथ/व्यवस्था के खिलाफ लोहा'*, *'और सुस्ता रही है आजादी'*, *'क्योंकि तुम नहीं बैठ पाए/कोढ़ी व्यवस्था के लंगड़े गणित में/कहीं भी सटीक'*, *'कितना बूढ़ा हो गया है मेरा देश'*।

स्वाधीन की काव्य-भाषा की बुनावट में कवि की संलग्नता का भी कम हाथ नहीं है। कविताओं में कवि बराबर मौजूद है—पार्श्व में तो है ही—आमने-सामने भी है। 'घर देर से पहुंचने पर' में प्रधानमंत्री (मध्यम पुरुष), मैं (प्रथम पुरुष) और मां (अन्य पुरुष) की जुगलबंदी है। 'तुम-मैं' का जोड़ 'रास्तों के आसार', 'देश-1998', 'संभावना', 'समुद्र के प्रति', 'कलकत्ता', 'अंधेरी रात का सूरज' और 'रिक्शे वाले रजा के लिए' में है तथा 'मैं और वह' शीर्षक से तो एक पूरी कविता ही है। 'मैं' की भूमिका में कवि के कविता में मौजूद होने से ही इन पाठों में संबोधन भी प्रयुक्त हैं—प्रधानमंत्री!, सुनो! कि सुनो!, देखो!, अक्का!, ओ पिता!, आ! आज की सुबह के सूरज!, ऐ सुबह के सूरज!, ओ पिता!, मेरे दोस्त बोलो! आदि। ये संबोधन निरे संबोधन नहीं हैं, कविता के भीतर पैठे कविता के विचारों को अभिव्यक्ति देने वाले तत्त्व हैं। कवि की यही पैठ, उसका आत्म-बोध, सपाट विशेषणों में ही नहीं लगातार चुप रहने वाले पेड़, हवाओं की तरह भागते मौसम, उन्हें जंगल में घुमाने वाले हाथ, खेतों से पटी हुई जमीन, बच्चे जनती माएं, चील में बदलती चिड़िया जैसी संरचनाओं में भी एक धड़कती-कसकती काव्य-भाषा के रूप में प्रतिफलित मिलते हैं। स्वाधीन की कविताओं में उसकी अपनी उपस्थिति एक अन्य स्तर पर भी दीख पड़ती है। कवि के जेहन में बसे कुछ लोग और कुछ मिथक काव्यवस्तु को अभिव्यंजनात्मक लचक देने के लिए आए हैं—राबिंसन क्रूसो, सुंदरलाल बहुगुणा, बलदेव वंशी, मुक्तिबोध, सर्वेश्वर, मदर टेरेसा, मार्क्स, कुलीकुतुब शाह, संत रामदास और बेताल भी। किसी भी स्थिति और संदर्भ में स्वाधीन का कविता पाठ 'चुप्पी' का हिमायती नहीं है। खामोशी के घातक असर से वह वाकिफ है। अपनी गजलों में वह बार-बार प्रकटता है—'ये बोलने का वक्त है तुम बोलते रहो', 'खामोशियों को ओढ़ के सोना नहीं अभी', 'सन्नाटों में बोलने वाले रस्ते अच्छे लगते हैं', और एक कविता में भी—'लगातार चुप रहने वाले पेड़/अपना मुंह खोलेंगे एक दिन/हवाओं की तरह भागते मौसम/खुल के बोलेंगे एक दिन'। आवाज उठाने, टकराने और गलत को गलत कहने का साहस करने के मंतव्य से प्रस्फुटित ये पंक्तियां एक ओर स्वाधीन के 'एक्टिविस्ट' होने का सबूत हैं तो दूसरी ओर आत्मगत को समाजगत बनाने की कोशिश भी हैं।

इसी कोशिश में स्वाधीन स्व-संधान भी करता है। कवि की खुद्दारी, निजता और साहस को स्वर देता यह पाठ अपनी भाषाई संरचना में सशक्त है—'अब आग से

ही आग का इलाज संभव दीखता है', 'फर्क इतना है कि तुम आईने के पीछे/चले आए थे' में साहस और तिरस्कार युक्त व्यंग्य की तेज धार है। और गजलों में 'हम नहीं रौंदी हुई राह पे चलने वाले/हम तो चलते हैं उधर, पांव जिधर पड़ते हैं', 'हादिसे तो लाख रोकेंगे तेरा रस्ता मगर/लेगा दम मंजिल पे तू ये ठानकर घर से निकल', 'दरिया का सफर नाव में कागज की कटेगा/ये सोच के चलते तो कहीं तो गए होते', 'हम नहीं वो जो कड़ी धूप से डर जाएंगे/सर उठाए हुए सूरज के नगर जाएंगे' जैसे भावों के बारे में कुछ अतिरिक्त कहने की गुंजाइश है क्या?

स्वाधीन के कविता पाठ में सामाजिक सत्य या यथार्थ आत्म सत्य से एकाकार होकर व्यक्त हुआ है इसीलिए इस पाठ में रचना का माध्यम (भाषा) निजी, विशिष्ट और शायर का अपना रंग लिए हुए है। इसी से काव्यवस्तु भी साफ, गहरी और व्यापक बन सकी है। विषय वस्तु के काव्य भाषिक रूपांतरण में 'सफरिंग' और 'आवेग' की महती भूमिका है। सबसे अहम् मुद्दा है स्वाधीन की काव्य-भाषा की 'टकसाल' का। यह भाषा खालिस 'हिंदुस्तानी' है—एक खुली भाषा; जिसमें किसी भी स्रोत से आए शब्द स्वीकृत हैं बशर्ते वे बोधगम्य और संप्रेषणीय हों। इस मिश्रित शैली पर स्वाधीन का बेहिसाब अधिकार है। उसने हिंदी भाषा के शैली-वैविध्य को साधा ही नहीं, मांजा भी है। कविता में व्याप्त भाषा के आभिजात्य संस्कार से उबरने के लिए गद्य और पद्य के बाह्य परिधान की दूरी को मिटाते हुए काव्य भाषा को स्वाधीन की तरह अभिव्यंजकता और संप्रेषणीयता दोनों ही गुणों से परिपूर्ण बनाना होगा। भाषा का यह खुलापन स्वाधीन की विशेषता है। वह न तो केवल विचारधारा का कवि है और न ही सिर्फ इमोशंस का। संवेदना के नाटकीय विन्यास में वह 'धूमिल' के करीब है। भाषा और शिल्प के मोर्चे पर वैसा ही सजग, उतना ही प्रयोगशील।

उसकी यह सजगता संग्रह की कविताओं और गजलों में जाने-अनजाने इस तरह दीखती है कि संग्रह के शीर्षक 'सड़क सिर्फ रास्ता नहीं' का अर्थ परत-दर-परत उघड़ता चला जाता है—सड़क, रास्ता, पगडंडी, सफर, राह जैसे प्रतीक शब्दों में बुनी कुछ पक्तियां देखे बिना 'बात बोलेगी' का अर्थ नहीं खुल सकेगा—

घर देर से पहुंचने पर : 'अभी-अभी उस सड़क को पार कर मैं...' 'कि तुम जा रहे थे उस सड़क से होकर', 'रेंगने लगा है सड़कों पर पुनः जन-समुद्र'।

रास्तों के आसार : *'करा रही हैं पगडंडियां उन अजाने रास्तों से हमारी पहचान'*

मैं और वह : *'सड़क पर अंधेरा था सब चल रहे थे'*

सड़ांध : *'बहुत कम जानते हैं यह/उस सड़क से गुजरने वाले लोग'*

नौकरी : *'जेब में भर ली सड़कों को नापने की ताकत'*

सड़क : *'बहुत पुरानी है सड़क/बहुत पुराना है सड़क का दर्द'*

आदमी की भूमिका में एक आदमी : *'नहीं दे पाती तब कोई भी सड़क/आश्रय और समर्थन'*

रिक्शेवाले रज़ा के लिए : *'सड़क से घर की दूरियां/बढ़ती हैं कितनी बार/बिकती हैं यात्राएं'*

रात का अकेलापन : *आगे का रास्ता/जहां भविष्य/एक मुखौटे की तरह/सजा कर रख दिया गया है।*

तुम्हारा नाम : *'अपनी बूढ़ी साइकिल पर/नापते हुए लंबी सड़कें/क्या उन सड़कों पर रोज़/तुम नहीं मरते थे एक नई मौत'*

गजलें :

* *हमसे तो बोलेंगे हट कर रस्ता देना*
लेकिन खुद को राहों में दीवार करेंगे।

* *जिस रास्ते से जाके मैं खुद को बचा सकूं*
वो रास्ता भी शहर में पुरखार हो गया।

* *सड़कें बदल रही हैं समंदर के जिस्म में*
टूटे शिकस्ता लोगों की पतवार देखना।

* *जब अपने अख्तियार से वो बेदखल हुए*
सड़कों के सारे लोग मेरे हम शकल हुए।

* *ये उम्र भी सहरा का कड़ा ऐसा सफ़र है*
पीते न अगर धूप तो हम खो गये होते।

स्वाधीन का कविता-पाठ जीवन और समाज को बारीकी से देखने से बना है। सामयिकता भी इसकी रग-रग में अभिव्यंजक बनकर दौड़ती है। बदरंग समाजी घटनाएं कवि के दिल को तड़पा देती हैं। उसकी संवेदना जटिल से जटिलतर होने लगती है। जागने-सोने, हकीकत और ख्वाब का भेद मिट जाता है। संग्रह करवटों-करवटों मुकम्मिल हुआ है। समाज की संरचना और रचना की संरचना का अभेद यहां साफ झलकता है। सामाजिक संरचना स्वाधीन के वस्तु और रूप दोनों को प्रभावित करती है। यथार्थपरकता और कड़वाहट तथा खुलापन और कलात्मकता इस पाठ की थाती हैं। कहा जाए तो यह पाठ सामाजिक संरचना का ही रचना की संरचना में रूपांतरण है। चलते-चलते बशीर बद्र का यह शेर स्वाधीन की नज़र करता हूं :

हम भी दरिया हैं हमें अपना हुनर मालूम है
जिस तरफ़ भी चल पड़ेंगे रास्ता हो जाएगा।

ऋषभ देव शर्मा

धूप ने कविता लिखी है गुनगुनाने के लिए

'ऋषभदेव जी' इसी तरह मैं उन्हें पुकारता हूं। मान और स्नेह, दोनों भाव इस संबोधन में निहित हैं। 'डॉक्टर शर्मा' कहूं तो मामला अति औपचारिक हो जाए और 'ऋषभ' बुलाऊं तो बदसलूकी लगेगी। वे तो मुझे 'डॉक्टर साहब' या 'सर' ही कहते हैं और आदर बड़े भाई जैसा देते हैं। पहली भेंट उनसे मद्रास में बरसों पहले हुई थी। एक बैठक थी। अटैची लिए सभा (दक्षिण भारत हिंदी प्रचार सभा) प्रांगण में घुसा ही था कि प्रो. भीमसेन 'निर्मल' दिख गए। अटैची वहीं धर के हम दोनों डाकखाने वाले चबूतरे पर बैठ गए। बातें होने लगीं कि एक स्वस्थ-सुदर्शन-सा नवयुवक नमस्कार-नमस्कार करते हुए सामने आया। निर्मल जी ने परिचय कराया। मैं चलने को हुआ कि बिना किसी संकोच के युवक ने मेरी अटैची उठा ली और अतिथि-गृह के कमरे तक पहुंचा दिया। उनकी इस सरलता ने मन मोह लिया। फिर वे हैदराबाद आ गए, मेरे साथ काम करने। और मेरे साथ आत्मीयता का इतिहास रचा।

छोटे कद, भारी शरीर और गौरवर्ण के ऋषभ जी 'देखनउक' लगते हैं। फिट-फाट रहते हैं—हर धजा उन पर फबती भी खूब है। हमारी तरफ देसी मेलों में मिट्टी का 'बबुआ' मिलता है—बैठा हुआ, सुदर्शन, गोल-मटोल; ऋषभ जी को देखकर अजाने ही उसकी याद आती है। यह बबुआ बड़ा लोकप्रिय है। सभी उसे लेते हैं, अपने घर में सजाते हैं। उसे प्यार करते हैं। हैदराबाद के हिंदी जगत् में ऋषभदेव जी भी अत्यंत लोकप्रिय हैं। सब उनका साथ चाहते हैं, और वे भी किसी को निराश नहीं करते।

शुरू-शुरू में हैदराबाद आए तो कुछ अलग-अलग से रहे। सन् 1997 ई. में मैंने हैदराबाद में प्रो. रवींद्रनाथ श्रीवास्तव की स्मृति में एक संगोष्ठी आयोजित की। बड़ी संगोष्ठी थी, बड़े-बड़े लोग आए थे। तीन दिन की थका देने वाली गतिविधियां थीं। उसमें पीछे छिपकर चुपक-चुपके सब का काम करते रहे। मैं भी गुपचुप उन्हें 'ऑबजर्व' करता रहा। फिर 'पूर्णकुंभ' (दक्षिण भारत हिंदी प्रचार सभा-आंध्र की मासिक पत्रिका) का रवींद्रनाथ श्रीवास्तव स्मृति अंक निकालने की योजना बनी।

उनसे जमकर काम लिया और कहा कि आपका नाम सहायक संपादक के रूप में जाएगा। अभिभूत हो गए। फिर संयोग कि 'पूर्णकुंभ' का संपादन मेरे जिम्मे आ गया। पांच-छह साल हम दोनों ने मिलकर उसके लिए काम किया। कितने ही विशेषांक निकाले। हर अंक को जानदार बनाया। सच कहूं, मैं तो निमित्त मात्र था। सारी मेहनत उनकी होती थी। यहां तक कि 'संपादकीय' लिखने के लिए भी वे मेरे पीछे पठान की तरह पड़े रहते थे। कभी-कभी तो मुझे खाली देखते ही कागज-कलम लेकर हाजिर हो जाते कि सर, लिखा दीजिए, प्रेस में जाना है। इसी तरह पीछे पड़-पड़ के उन्होंने मुझसे बहुत कुछ लिखवा लिया है। इस मामले में कई बार वे मेरे 'गणेश' भी बने हैं। इसके लिए मेरा रोम-रोम उन्हें असीसता है।

हम दोनों ने कई अकादमिक कार्य साथ-साथ किए हैं। अनुवाद संगोष्ठी का आयोजन और उससे संबंधित तीन किताबों की तैयारी। श्री मुनींद्र जी के अभिनंदन-ग्रंथ का संपादन। अपने संस्थान और नगरद्वय की अनेक गोष्ठियों-कार्यशालाओं की योजना और उनमें धमाकेदार शिरकत। तथा संस्थान के पत्रकारिता डिप्लोमा पाठ्यक्रम को बनाने से लेकर चलाने-संवारने तक का काम।

ऋषभदेव जी का मेरे साथ सांसारिक संबंध ही नहीं है, वे मेरी अकादमिक-आत्मा का भी एक हिस्सा हैं; और जीवन के अंत तक रहेंगे। लिखते अच्छा हैं, बोलते उससे भी अच्छा हैं। उनकी आवाज में आवेश-जनित खनक होती है। मंच-संचालन भी वे बड़ी तन्मयता के साथ करते हैं। कहा जाए, ढीली-ढाली सभा में भी उनका संयोजन जान डाल देता है। हम सब उनकी इस ताकत को भकुआए ताकते रह जाते हैं। वे अध्यापक, कवि और समीक्षक एक साथ हैं। अध्यापक वो कैसे हैं, यह तो उनके छात्रों से पूछिए। कवि वे संस्कारी हैं। और समीक्षक गंभीर। इन तीनों ही रूपों में उनकी धाक है। पर उनका सबसे उज्ज्वल गुण मुझे लगता है—नया सीखने और नया करने की उनकी अदम्य इच्छा। नया लिखने, नए विषयों पर शोध कराने का जब भी कोई काम उन्हें सौंपा, उन्होंने करके दिखाया, और अच्छा करके दिखाया। निरर्थक गप्पें मारने तो वे कभी घर पर भी नहीं आए। जब आए कुछ सीखने, कुछ करने, कुछ पढ़ने-लिखने। लगन के साथ काम करने की दीवानगी ने ही शायद हम दोनों के बीच 'ट्यूनिंग' बना दी थी।

उनकी कविताएं मंच से कई बार सुनी हैं। तड़पकर सुनाते हैं। एक-एक शब्द स्पष्ट। उनका उच्चारण बहुत साफ है। बोलते समय ध्वनि-लोप भी नहीं होता। औपचारिकता की हद तक वे भाषा को परिष्कृत कर देते हैं। यहां तक कि बातचीत भी वे बातचीत के लहजे में नहीं कर पाते, भाषा का साहित्यिक रूप वहां भी सिर चढ़ा रहता है। उनकी यह 'अदा' मुझे थोड़ी अटपटी भी लगती है पर—जासे जो सध जाय। 'पूर्णकुंभ' में 'ताकि सनद रहे' शीर्षक के अंतर्गत हर माह वे अपनी एक कविता देते थे। उन्हें संग्रहीत कर छपवाने की भी उनकी योजना है। पूरी पांडुलिपि

भी मैंने देखी है। शायद 'भूमिका' भी लिखकर दी है। यहां तेवरी (देवराज : ऋषभ : 1982 ई.) और तरकश (ऋषभ : 1996 ई.) में छपी उनकी तेवरियों पर बात करूंगा। तेवरी की घोषणा में तेवर वाली कविताओं की जो विशेषताएं गिनाई गई हैं उन्हें मैं कथ्य और भाषा दो स्तरों पर पाठकों की सुविधा के लिए बांट देता हूं। कथ्य के स्तर पर यह कहा गया है कि असंतोषजन्य आक्रोश इसका मुख्य भाव है, रचनात्मक क्रांति इसका लक्ष्य है, व्यवस्था के प्रति आक्रोश इसकी भावभूमि है, दुरभिसंधियों का पर्दाफाश करना इसकी मंशा है और जागृति प्राप्तव्य है। भाषा के स्तर पर इस घोषणा में शैली और शिल्प दोनों पर विचार हैं कि—संप्रेषणीयता इसका मूल धर्म है, ऐसी भाषा जो पाठक की स्मृति में स्थापित हो सके, जो अभिजात प्रवृत्ति से मुक्त हो, जो आम आदमी के मनोभावों से जुड़े, अभिव्यक्ति 'अक्खड़' हो अर्थात् साफ-साफ बेलाग बात कही जाए, भाषा गैर-सांप्रदायिक, सार्वजनीन और समर्थ हो जो समाज के प्रत्येक स्तर पर संवाद स्थापित कर सके, भाषा के उस रूप को विकसित करना जो सामान्य संपर्क की भाषा होगी। इस भाषा को पाने का तरीका होगा भीड़ के बीच से शब्द उठाना और अभिप्रेत होगा (श्रोता/पाठक के) मस्तिष्क में उसे बो देना।

इस घोषणा में कथ्य और रूप को समान महत्त्व देने वाली बात मार्के की है। और इससे भी ज्यादा समझदारी की बात है इन दोनों को पाठक से सीधे जोड़े रखने की चाहत। अन्यथा इन दोनों को अलग-अलग देखने और बहसने वालों की कमी कभी नहीं रही है। रामचंद्र शुक्ल का यह कथन इस प्रकार की अलगाववादी मनोवृत्ति वालों पर जोरदार टिप्पणी है—"वे समझते हैं कि विचारों का कर्ता एक पुरुष हो सकता है और वाणी या भाषा का दूसरा।... सो 'विचार' और 'शब्द' किसी-किसी की समझ में दो पृथक वस्तुएं हैं।" भाषा के लोकसिद्ध, बेलाग और संवादी होने वाली बात भी कम महत्त्वपूर्ण नहीं है क्योंकि "व्यापकता की दृष्टि से बोलचाल की भाषा में कविता लिखना विशेष उपयोगी है।" (मैथिलीशरण गुप्त)। ऋषभदेव जी की इन तेवरियों की भाषा नपी-तुली है। उनके विचार भी पारदर्शी हैं और भाषा भी। हिंदी की कविताओं में अक्सर यह दीखता है कि विचारों में धुंधलापन व्याप्त होता है जिसकी छाया भाषा में भी दिखाई देने लगती है और कविता आम पाठक की समझ से बाहर हो जाती है। ऋषभदेव जी संप्रेषणीयता को अगर कविता का मूल धर्म मानते हैं तो अपने लेखन में इसका निर्वाह भी करते हैं—इसे निबाहने में कई जगह सपाटता भी आ गई है या बेतरह बात का बतंगड़ बनाने की प्रवृत्ति भी। पर अधिकतर उनकी ये रचनाएं समय के अनुरूप हैं और उनके शब्द भावों के अनुरूप। यही गुण उनके काव्य-संसार को निराला की त्रि-आयामी कसौटी पर खरा सिद्ध करता है : (आदर्श कविता वह है) जिसमें कविता का स्वाभाविक प्रवाह, कल्पना की उन्मुक्त गति और स्वतः स्फूर्त भाव गुंथे हुए हों।

'घोषणा' के अनुसार ही इस पाठ की समीक्षा की जाए तो ऋषभ जी के लिखने की तर्ज (स्टाइल), भाषा-प्रयोग में उनकी स्वच्छंदता तथा उनकी कल्पनाशक्ति (इमेजिनेशन) की परख की जा सकती है। और उनकी वैचारिकता भी जांची जा सकती है जिसमें टुच्ची राजनीति, धर्मांधता, सांप्रदायिकता और अपसंस्कृति; अर्थात् क्रूर व्यवस्था के विरुद्ध गुस्सा भी है और भविष्य के लिए उम्मीद भी। प्रतिरोध, इन तेवरियों के मूल में है। और हमारा समय इनमें मुहरबंद है–'जब भाषा, धर्म, जाति, क्षेत्र को लेकर घोर संकीर्णतावाद और सनक उभार पर है। हिंसा का वर्चस्व है। सब ओर हत्याएं हैं।... खाते-पीते संसार में असहमति अपराध है (परमानंद श्रीवास्तव)। अपने विचारों को स्वर देने में ऋषभ की कविताएं यह सुखद एहसास कराती हैं कि यहां लिखी भाषा और बोली जाने वाली भाषा का अंतर कम से कम है। तभी तो संप्रेषणीयता के मूल धर्म का निर्वाह वे कर पाते हैं।

संप्रेषण, भाषा का मूल दायित्व है। ऋषभ ने आम आदमी से संप्रेषण-सूत्र बनाने की ठानी है। *हिरनी की आंखों में प्रतिशोधी ज्वाला है, आदमी की बौनसाई पीढ़ियों को/रोज गमलों में उगाया जा रहा है, हो गया पत्थर निवाला देख लो, मैं पंक्ति में पीछे खड़ा विराम की तरह, बोझ कितने ही गधों का ढो गया मेरा शहर, एक दूसरे की तरफ भौंक रहे हैं लोग, मिमियाना छोड़ो तुम शेर हो गुर्राओ,* जैसी पंक्तियां स्वतः संप्रेषणीय हैं–इनका टोन (तेवर) आम आदमी की सोच से संबद्ध है। सबसे खास बात है शब्दों का संयोजन–एक तरह का शरारतपूर्ण सहसंयोजन (लक्ष्मीकांत वर्मा) भी, जिसके पीछे से व्यंग्य भी झांकता है। ऋषभ के इस पूरे पाठ में वाग्वैदग्ध्य (विट), वक्रोक्ति (आयरनी) और व्यंग्य (सटायर) का फिंटा भाषारूप बनता-रचता रहता है। उनके शरारतपूर्ण सहसंयोजन में मात्र आक्रामकता नहीं है, उन्होंने अपने व्यंग्य को नया सामाजिक आशय भी दिया है इसीलिए वह गंभीर है और उसमें 'जीवित भाषा की गरमाई' (परमानंद श्रीवास्तव) भी है। इस व्यापक संप्रेषणीयता की सिद्धि की पहली शर्त है कि (काव्य-कथन) पाठक की स्मृति में स्थापित हो और कविता अपनी जमीन से जुड़ी हुई हो। ऐसा तभी संभव है जब पाठ का ढांचा सादगी में पगा हो और उसकी जड़े यथार्थ में हों। *'कांख में खाते दबाए आ गया मौसम, आग लगाकर हाथ सेंकने लड़वाने में माहिर हूं, तेरी कलम कलम नहीं युग की जबान है, यह कलम है खुरपी नहीं/छीलना घास बंद करो, आंखों में आंज दिया कुर्सी ने धुंआ-धुंआ, राजनीति के धनुष से संप्रदाय के तीर, कुर्सी की शतरंज में हत्यारी हर गोट*–जैसी पंक्तियां *जबान पर चढ़ जाती हैं–कांख में दबाना, हाथ सेंकना, समय की जबान होना, घास छीलना, आंज देना, राजनीति का धनुष, संप्रदाय के तीर, कुर्सी की शतरंज, हत्यारी गोट जैसी अभिव्यक्तियां जमीनी हैं।* कविता को सीधे जनता के बीच ले जाने के लिए लोक संवेदना की पहचान और उस पर गहरी पकड़ जरूरी है। ये दोनों क्षमताएं ऋषभ में हैं। (उन्होंने) जनभाषा और साहित्यिक भाषा का भेद मिटा दिया है (परमानंद श्रीवास्तव)। तेवरी की भाषा अभिजात प्रवृत्ति से मुक्त हो और आम आदमी के मनोभावों से जुड़े, ये दोनों शर्तें लोकानुभूति और जन-साधारण से जुड़ाव के माध्यम से ही पूरी हो सकती हैं– *'जाति पूछकर बंट रही*

लोकतंत्र की खीर, क्या पता था खेल ऐसे खेलने होंगे/रक्त-आंसू गूंथ पापड़ बेलने होंगे, बाजों के मुंह खून लगा है/रोज कबूतर वे मारेंगे, जूझने का जुल्म से संकल्प दे/आज ऐसी पाठशाला लाइए, उन सबको नंगा करो जिनके मन में खोट, आ गई हांका लगाने की घड़ी/क्यों अभी तक तू खड़ा खामोश है।' ये पंक्तियां अपने समय के रू-ब-रू हैं। यह जान लें कि 'रचना एक समय-यात्रा भी है, पर संवेदन-स्तर पर' (प्रेमशंकर)। ऋषभ जी के पाठ में संवेदन का यह स्तर लोक-संवेदना (मिथ) से भी लबरेज है। ये मिथक घोषणा के अन्य पक्षों को भी पूरा करते हैं—अभिजात से मुक्त आम आदमी के मनोभाव और अपनी जमीन से जुड़ी संवेदना मिथकीय संरचना में ढलकर संप्रेषणीयता और स्मरणीयता वाले लक्ष्य को भी बखूबी साधती है—एक ओर ऋषभ के पाठ में पौराणिक मिथ हैं जो आम लोगों की रग-रग में बसे हैं— *'कई प्रहलाद लेंगे आग हाथों पर, रावणों की वाटिका में भूमिजा सीता, राहू चला गुलेल, रावण की नगरी बना आज राम का देश, अश्वमेध वालों से कह दो/अबकी तो लवकुश आए हैं, देव तक्षकों के रक्षक हैं, जनमेजय ने एक बार फिर नागयज्ञ की ठानी है, चीर दी फिर किस जनक ने भूमि की छाती, वोटों का भस्मासुर पीछे पड़ा हुआ है, भीष्म-द्रोणाचार्य सारे रोटियों पर बिक रहे/अर्जुनों का मोह टूटे एक ऐसा युद्ध हो।'* दूसरे कुछ मिथक लोककथा के रास्ते से भी आए हैं, वे लोक कथाएं जो दादी-नानी की कहानी के रूप में लोक को घुट्टी में मिलती चली हा रही हैं—*'क्रूर भेड़िए छिपकर बैठे नानी की पोशाकों में, न्याय को बंधक बनाकर बंदरों का/वे मिटायेंगे लड़ाई बिल्लियों की।'* कुछ मिथक इतिहास और साहित्य से भी संबद्ध हैं—*'मत जयचंदों को दोरंगा होने दो/मेरा शहर गया होरी/खुरपी ले आए धनिया/जग जाएं गोबर-झुनियां/'खुसरो' कैसे घर जाएगा रैन हुई चहुं देश।'*

अक्खड़ अभिव्यक्ति या बेलाग कहने और कथा-संवाद स्थापित करने वाली भाषा के अनेक उपरूप (सब फार्म्स) इस पाठ में मिलते हैं। यहां 'भावों की भिड़ंत' (मैथिलीशरण गुप्त) भी दर्शनीय है और 'सीधा-सादा दृढ़ बयान' (परमानंद श्रीवास्तव) भी, दोनों मिलकर ऋषभ की रचनाशीलता को घनीभूत करते हैं। भावों की टकराहट और बयानों की सुदृढ़ता की वजह से ही कई भावों, अनुभूतियों और विचारों का ही नहीं, बिंबों-प्रतीकों का भी दुहराव है इस पाठ में। अक्खड़ता और साफ-साफ बेलाग बात कहने के संदर्भ में इस दुहराव को देखें—

(1) *बौनी जनता, ऊंची कुर्सी, एक ऊंचा तख्त जिस पर भेड़िया आसीन है।*

(2) *देव तक्षकों के रक्षक हैं; मत तक्षक को ऐसे उन्मुक्त विचरने दो।*

(3) *केचुओं की भीड़ आंगन में बढ़ी/आदमी अब रीढ़ वाला लाइए,*

मैंने कहा कि हे प्रभो! मैं केंचुआ बनूं/बदले में सीधी रीढ़ की मुझको सजा मिली।

(4) *श्वेत टोपियां पहनकर उगल रहे हैं रोग;/टोपियों के हर महल के द्वार छोटे हैं;/टोपीवाले नटवर नागर। मेरा तुम्हें प्रणाम;/टोपी वाले बांट रहे हैं मंदिर मस्जिद गुरुद्वारे/कुर्ते का टोपी का कोई विश्वास नहीं।*

(5) *सूर्य की किरणें चलीं लावा बहाने के लिए;/जम गया है मोम सारी देह में/गर्म फौलादी निवाला लाइए; जब नसों में पीढ़ियों की हिम समाता है/शब्द ऐसे ही समय तो काम आता है, सूर्य उगा है अब पिघलेगा शहर तुम्हारा।*

यही दुहराव संवाद स्थापित करने में भी प्रकट है पर एक अलग तरह से। श्रोता/पाठक को अपने सामने खड़ा करके, उन्हें सम्मिलित करके ऋषभ ने इस पाठ को गुफ्तगू बनाया है। आइए साहब, मित्रवर, भैया, भैया जी जैसे संबोधन पाठक के लिए हैं और ये पक्तियां–

'मित्र! श्वेत-टोपी वालों का स्याही में डूबा/मन है, टोपियों के चूर कर दे राजमद,/बुझे हुए चूल्हों की तुमको फिर से आंच/जलानी होगी, फिर कयामत आज बनकर/छाइए साहब, रोटी के हक की खातिर/तलवार उठाओ रे, तलघरों की कैद को तोड़ें चलो, जो फसल में जहर भरती उस हवा को चीर डालो।'

यहां पाठ-विमर्श की दृष्टि से कुछ बातें खास हैं। एक तो यह कि इन तेवरियों की विषयवस्तु राजनीतिक छल, सांप्रदायिकता और सामाजिक-सांस्कृतिक विघटन से उपजी छटपटाहट है। और इन सबके पीछे यह यथार्थ कि राजनीति लुच्चे-लफंगों का अंतिम आश्रय बन गई है (प्रेमशंकर)। दूसरे यह कि ये विचार इस पाठ में खून की तरह दौड़ते हैं। तीसरे यह कि इनका प्राप्तव्य है जागृति–बस समाज पर एक भयानक चुप्पी छाई है (रघुवीर सहाय) की हालत में कुछ सार्थक बचा लेने की कोशिश (परमानंद श्रीवास्तव) है यह पाठ, जिसमें कविता का ताप भी है और गहन मानवीय संवेदना भी। निश्चित ही इस चुप्पी को तोड़ने, जागने-जगाने, कुछ सार्थक बचा पाने के लिए जरूरी है ऐसी भाषा का चयन जिसके शब्द भीड़ के बीच से उठाए गए हों और जिनका गहरा प्रभाव जनमानस पर पड़े (मस्तिष्क में उसे बो देना)। 'जागृति' के आद्य-प्रारूप (आर्कीटाइप) के रूप में ऋषभ ने सूर्य, किरण, धूप, दोपहरी, प्रकाश, रोशनी, रोशनदान को चुना है और इनके माध्यम से अनेक अर्थच्छटाएं बिखेरी हैं जिनका संबंध सत्य की प्रतिष्ठा, मानव-जीवन और सामाजिक विद्रूपताओं से है–*अंधियारे युद्धों में किरणों का मर खपना, रोज धूप का कत्ल हो रहा, दोपहरी इनकी रखैल है/अपने तो साथी साए हैं, रोशनी का एक दुशाला लाइए, बालियों पर अब उगेंगे धूप के अक्षर/सूर्य का अंकुर धरा में कुलबुलाता है, खिल जाय धूप गांव में हो जाय सवेरा, उग रहा सूरज अंधेरा चीरकर फिर से, मैं सूरज को खोज रहा था संविधान की पुस्तक में/मेरा बेटा बोला–पापा, रोशनदान जरूरी है।*

यहां ताप भी है, ललकार भी और क्षीण ही सही, आशा की एक किरण भी।

ऋषभ का पाठ कहीं-कहीं बड़बोला भी लग सकता है पर वह घुमावदार नहीं है। वह बोलना चाहता है, दुरभिसंधियों का पर्दाफाश करना चाहता है और अ-व्यवहार के प्रति अपना आक्रोश दर्ज करना चाहता है– *'मैं बोलना चहाता हूं/वो मेरी जबान पकड़ लेता है : इस तरह मत बोलो/मैं उंगली दिखाता हूं कि उधर देखो/उधर गलत हो रहा है/वह रोकता है कि उंगली मत दिखाओ/यह खतरनाक है (राजेश जोशी : मैं बोलना चाहता हूं)।'* ऋषभ अपनी तरह से बोलते हैं, लोकभाषा का सहारा लेकर; लोकभाषा जो खुली और उन्मुक्त होती है, छिपाती कुछ नहीं, कह देती है। और यही उनकी ताकत है। लोकभाषा की यह ठसक और स्पष्टोक्ति उनकी पंक्ति-पंक्ति में प्रवाहित है–शीश अपने आप धरती (धरना-रखना-क्रिया एकाधिक जगहों पर प्रयुक्त है), 'मेह बरसो रे, सांझ परती, छांह बरगदी, भोर से अंटा चढ़ाकर सो गया मेरा शहर, बहुत मरखनी हो गई डालो इसे नकेल, उनके पास न कानी कौड़ी फूटा नहीं छदाम, हर कोई बावन गज का, पानी उतर चुका सबका, भूख में होता भजन यारो नहीं, कब्र में पांव लटके हैं कंठ में प्राण हैं अटके, क्या उत्ती के पाथोगे, ऐसी होली खेलियो खींच मुखौटे यार, घर में आग लगाय जमालो, गाल बजाए जाते हैं–जैसी खास देसी रहेटरिक्स, मुहावरों और लोकोक्तियों से बिंधी ये अभिव्यक्तियां घोषणा के एकाधिक बिंदुओं के सफल निर्वाह का स्वतः साक्ष्य हैं।

ऋषभ अपनी बात चाहे जैसे कहें सोचते जनहित की हैं–*'अबकी अगर घर लौटा तो/हताहत नहीं/सबके हिताहित को सोचता/पूर्णतर लौटूंगा'* (कुंवर नारायण)। ऋषभ का कविता-पाठ सामाजिक अनुभव के प्रति हमें सचेत करता है। उनकी बातों में सार है। उनकी अभिव्यंजना कई स्थलों पर हृदय को हिला देती है। उनका पाठ केवल प्रचार, घोषणा और वक्तव्य नहीं है, वे खुद भी इसमें गहरे रमे हैं–तभी उनका स्वर अलग-सा है–तल्ख, व्यंग्यभरा, सीधा और तीक्ष्ण। ऋषभ जी की कविता के लिए डॉ. प्रेमशंकर के शब्द उधार ले रहा हूं जो उन्होंने नागार्जुन की कविता पर विचार करते हुए लिखे हैं, ऋषभ के पाठ के संदर्भ में भी ये सोलह आने सही उतरते हैं :

ये एक निश्छल मन की सहज भावुक अभिव्यक्तियां हैं जिन्हें बिना किसी लागलपेट के रख दिया गया है। वहां आक्रोश प्रधान है।...उसका मुख्य आशय अपनी बात जनता तक पहुंचाना है, कबीरी ढंग से।

वेणु गोपाल

मुझे तो बस यह किनारा छोड़ना है

समसायिक हिंदी कविता के एक चर्चित कवि हैं—वेणु गोपाल। छठें-सातवें दशक की तेजधार रचनात्मकता की एक मजबूत कड़ी उन्हें माना जाता है। धूमिल, लीलाधर जगूड़ी, आलोक धन्वा, कुमार विमल, कुमारेंद्र पारसनाथ सिंह जैसे भिड़ंतू कवियों के बीच वेणु गोपाल की भी गणना है। सांवले रंग, तनिक गदराए-से शरीर और मंझोले कद के वेणु गोपाल बहुमुखी प्रतिभा के धनी हैं। हमेशा उन्हें पैंट के भीतर खुंसी पूरी बांह की कमीज में बेल्ट से लैस देखा है। पैर में चप्पल या सैंडिल। उनकी धजा उन्हें किसी भी कोण से कवि नहीं बताती। जबकि कई बौने कवि अपने कवि 'दिखने' के लिए न जाने क्या-क्या करते हैं। वेणु जी के काले-सफेद खिचड़ी बाल अब भी करीने से सज जाते हैं, चौड़े माथे पर थोड़-से बाल अठखेलियां भी करते हैं। एक-दो दिन की 'खूंटदार' दाढ़ी और अपेक्षाकृत आकार में बड़े आगे के ऊपरी दांतों के बीच फासले-दरारें-जब हंसते हैं तो सर्वत्र दांत-ही—दांत; गोविंद इस्टाइल में। बोलते थोड़ी 'नामवरी अदा' से हैं, गंभीर अकादमिक चर्चाओं में भी व्यंग्य की छौंक भरते हुए। गोल्डमॉन, फूको, देरिदा, रोलां बार्थ जैसे नाम लिए बिना उनकी कोई बात पूरी नहीं होती। हम जैसे श्रोताओं पर उनका रोब जम जाता है, कुछ तो दहल भी जाते हैं और उनसे डरे-सहमे फिरते हैं। (वेणु जी भी नहीं रहे : लेखक)

वेणु जी हिंदी रंगमंच से भी जुड़े हैं। नाट्य-निर्देशन और अभिनय दोनों करते हैं। उनके व्यक्तित्व में भी एक प्रकार की नाटकीयता लयबद्ध है और उनकी कविताओं में भी। उनकी कई कविताओं में रंगमंच की पारिभाषिक शब्दावली और रंग-विधानों का रचनात्मक प्रयोग हुआ है। मुझसे न जाने क्यों अतिरिक्त प्रभावित दिखाई देते हैं। एक अर्से से हैदराबाद की अनेक संगोष्ठियों में हम साथ रहे हैं। साहित्य और भाषा पर मेरे पर्चों की मुझे ढूंढ़-ढूंढ़कर उन्होंने बधाई दी है—सपत्नीक। मैं जानता हूं कि वे किसी की तारीफ करने में; वह भी अकादमिक, कृपण मशहूर हैं। सो, उनकी इस सदाशयता को अपने प्रति उनका स्नेह मानता और सरमाथे

लगाता रहा हूं।

जब भी मिले हैं—सभा-संगोष्ठियों में ही। मेरी भाषिक विचारधारा से हमेशा सहमत रहे हैं। भाषिक विश्लेषण, पाठ-विश्लेषण और शैली-विज्ञान पर 'रूपवाद' का नाम ले-लेकर न तो वे नाक-भौं सिकोड़ते हैं और न ही साहित्य-अध्ययन की इन प्रणालियों को पानी पी-पीकर कोसते हैं। वे 'वेल-रेड' हैं, चॉम्स्की पर भी बात कर सकते हैं और अभिनवगुप्त पर भी।

केंद्रीय विश्वविद्यालय, हैदराबाद में उन्होंने 'अध्यापकी' भी की है, सुना है, 'प्रकांड' शिक्षक थे। अब पत्रकार भी हैं—'स्वतंत्र वार्ता' दैनिक में काम करते हैं। फिल्म, अध्यात्म, जीवन, परिवार आदि पर लिखते हैं, अच्छा लिखते हैं। मैंने एक बार उनसे कहा भी था कि "द्विवेदी युग के कई प्रतिष्ठित साहित्यकार साहित्येतर विषयों पर भी लिखते थे। स्वयं महावीर प्रसाद द्विवेदी कितने ही विषयों पर लिख गए हैं। पर अब यह परंपरा सीझ रही है जबकि यह काम अच्छा 'साहित्य' लिखने वाला ज्यादा सर्जनात्मकता और गंभीरता के साथ कर सकता है।" बहुत प्रसन्न हुए, फोंफर वाले दांत बिखर गए; जैसे उनके जहन में छाया 'अपराध-बोध' छंट गया हो।

कविता-पाठ-विमर्श के लिए मैंने उनके संग्रह 'वे हाथ होते हैं' (अनादि प्रकाशन, इलाहाबाद) को चुना है जिसमें उनकी 1964 से लेकर 1972 तक की कविताएं संकलित हैं। सन साठ के बाद का समय कला-सृजन में नए तरह के बदलाव का समय रहा है। बदलाव की आकांक्षा कितनी प्रबल थी यह इस बात से ही साबित होता है कि इस कालबिंदु तक आते-आते 'नई कविता' के श्रीकांत वर्मा और रघुवीर सहाय का स्वर बहुत बदल जाता है। 'बुखार में कविता'(1963) और 'आत्महत्या के विरुद्ध' दोनों में अपने परिवेश के प्रति एक गहरी बेचैनी, तिलमिलाहट और अनास्था का स्वर मुखरित होता दीखने लगता है। यह विशेष प्रकार की मुखरता इन दोनों कवियों को उस समय के युवा कवियों से जोड़ देती है, जिनमें वेणु गोपाल प्रमुख हैं—युवा कविता के युवा कवि; बेचैनी, तिलमिलाहट और अनास्था को समय के संदर्भ में प्रासंगिक बनाते हुए।

वेणु जी के इस पाठ में भावुकता तो है; पर वह स्पप्निल नहीं, विषम यथार्थबोध से संपृक्त है : *'बेवकूफी थी/जो अपनी नपी-तुली ताकत को/यों सर्वभक्षी भट्टी में झोंकता रहा(10) या 'मैं सूरज हूं। लेकिन/मेरे माथे पर शाम का साया है/मुझे/मेरी सुबह की प्रतीक्षा है,/यह अभिशाप/मैंने जन्म से पाया है।'* (अभिशाप : 12)। एक ऐसा विषम यथार्थ जो कविता की सार्थकता पर भी भावुकता के आवेग में प्रश्नचिह्न लगाने को मजबूर करता है। शायद इस विषम यथार्थ की एक भी चूल न हिला पाने की हताशा में ही धूमिल ने कहा था—"जब इससे न चोली बन सकती है न चोगा, तब इस ससुरी कविता को जंगल से जनता तक ढोने से क्या होगा?" और वेणु कहते हैं— *'हां, क्या मतलब रखती है/मेरी यह कविता-लिखने और सुनाने के बाद*

भी?'(एक कविता-कथा : 50)। दोनों की प्रश्नाकुलता भावुकता के चरम क्षणों को अभिव्यक्त करती है। क्योंकि नए दौर के नंगेपन को उघाड़ने वाले इस नए लहजे और मुहावरे की समझ लोगों में उकस भी पाएगी या नहीं, यह संशय निरंतर वेणु की पीढ़ी के कवियों को कचोटता रहता है। 'शायद' के प्रयोग पर विशेष ध्यान देते हुए वेणु की ये कविता पूरी-की-पूरी देखें : *'कविता.../शायद एक गुफा है/जहां लड़ाई से बचने के लिए/मुझे बार-बार आना है/धूप हो या बरसात/यहीं सिर छुपाना है।/या फिर यह कायरता का एक/दस्तावेज है/जिसे खुद ही लिखना है/और खुद को ही सुनाना है।'* (कविता : 12)।

इस संशय की एक खास और मुकम्मल वजह भी है। युवा कविता के पहले नई कविता मध्यवर्गीय आभिजात्य से ग्रस्त थी जो हर प्रकार के तनाव को अपने खोखले आदर्शवाद से ढंकना चाहती थी। और इस तरह अ-कविता ने विडंबना पर नजर तो डाली पर उसका एप्रोच अधिकतर मूल्यांध ही बना रहा। इन युवा कवियों ने 'मूल्यांध अकविता को सामाजिक-ऐतिहासिकता की ओर उन्मुख किया' (विश्वनाथ त्रिपाठी) और इनकी कविता(नई कविता के) रागात्मक ऐश्वर्य-जाल को अपनी संस्कारहीन शब्दावली से छिन्न-भिन्न कर देना चाहती थी(विजयकुमार)। वेणु की कविताओं में भी ऐसी शब्दावली की कमी नहीं है। पर उनके कविता-पाठ में संशय और असुरक्षा के भाव को अभिव्यक्ति देने वाला भाषा-संसार अधिक मुखर है। गुफा, खाई, सुरंग, दरार और दीवार इन कविताओं में घूम-घूमकर नए-नए रूप धरकर सामने आते हैं। कुछ प्रयोग देखें—सुरंगों में उतर गया(29), झूठ की गुफाएं(23), सुरक्षाप्रद खाइयों में छुप जाता है(43), किसी ऐसी दरार की खोज में...(54), जिसकी दीवारें बहुत ऊंची थीं(37)। इस मुखरता की एक खासियत यह भी है कि वेणु जी नए शब्द संयोगों और कहीं-कहीं विरोधों के सामंजस्य से भी ऐसा शब्द-संसार रच देते हैं जो युगीन यथार्थ को मूर्त करने अथवा पाठ के संप्रेषण की संभावनाओं को व्यंजक आयाम प्रदान करते हैं। इस तरह के शब्दार्थ संयोग के कुछ उदाहरण लें : 'मुर्दा इतिहास', 'बेनाम दूरियां', 'अनमांगी अपेक्षाएं', 'इस्पाती आकाश', 'अपाहिज परछाइयां', 'रेंगती जिंदगी', 'सीमेंटी बाधाएं', 'मसानी धुआं', 'समसानी सन्नाटा'(विशेषण-विशेष्य संयोजन)। थकावट की दलदल, झूठ की गुफाएं, बरसती हुई एकरसता, जिजीविषा का आकाश, जलता हुआ एकांत, दलदल-सी थकान, कुत्ते की तरह हांफता हुआ दिन, आत्मविश्लेषण की नोक, दिनचर्या की कब्रगाह(विशेषण पदबंध रचना)।

वेणु जी के कविता पाठ या साठोत्तरी कविता की अभिव्यंजना की नव्यता को समझने के लिए यहां तवारीख के कुछ पन्ने पलट लिए जाएं तो अब तक के और आगे के भी विमर्श की पकड़ आसान होगी। पहला ऐतिहासिक तथ्य यह कि आजादी के बाद का डेढ़ दशक हिंदी कविता में भव्यता, रोमान और स्वप्नों की अभिव्यक्ति का था, जिसे मलयज ने झिलमिल बातों का समय कहा था। और दूसरे 1964 ई.

से ही मोहभंग की नई स्थितियां पैदा होने लगी थीं जिन्होंने कुछ ही अर्से में विकराल रूप धारण कर लिया था—जैसे 1966 ई. में रुपए का अवमूल्यन और 1967 ई. के चुनाव में सत्तारूढ़ दल के प्रति जनता का गुस्सा, आम हड़तालें, कांग्रेस की नौ राज्यों में हार, नक्सलबाड़ी में सशस्त्र किसान विद्रोह आदि। इन स्थितियों ने और खासकर नक्सलबाड़ी आंदोलन ने परिवर्तनकामी कलाकारों—संस्कृतिकर्मियों के बड़े वर्ग की चेतना को झकझोर कर रख दिया। वेणु गोपाल की पीढ़ी इसी आंदोलन से प्रभावित पीढ़ी है। इसमें ज्यादातर रचनाकार मध्यवर्ग या निम्न मध्यवर्ग से आए थे और सभी का भावजगत किसान और मजदूरों से जुड़ने को आकुल है : *'लोग कह नहीं पाते-सहते रहते हैं/चुपचाप/जनता नाम ओढ़कर/फटे कपड़ों से चिपके पेट को छुपाते हुए/आखिरकार पहुंच ही जाते हैं, मत-पेटी में/मत डालने'* (जनता और कविता और चुंबन : 45)। या *'मेरा जीवन/मेरे जुझारू सफर का/अहसानमंद है-/और मेरा सफर/उस पगडंडी का-/जो बियाबान जंगलों में/भटकने से/मुझे बचा लेती है/और/सीधे/मेरे मुहल्ले में पहुंचा देती है/और मैं/पाता हूं/अपने आप को/एकाएक/रामू या श्यामू या भोलू की देहलीज पर'* (अहसान मंद : 78)। पीड़ितों और शोषितों के साथ यह जुड़ाव कवि को कहीं अकेला भी कर देता है क्योंकि बाकी सब परिवेश के दोगले होते जा रहे दलदल को मनबहलाव की चीज मानकर फतवेबाजी और शोशेबाजी कर रहे हैं :

'और इन/मसखरों की/बहसें वहीं की वहीं रहती है।'

'गिलासों या प्यालियों में/घुटनों तक डूबी हुई (मैं फिर से कहना चाहूंगा : 59)'।

'लोग, जो आए दिन फफोलों पर गोष्ठियां आयोजित करते हैं/लोग जो क्रांति का अर्थ 'मेज पर घूंसा मारना'/लगाते हैं'(मैं फिर से कहना चाहूंगा : 60)।

वे तो बस,/बहस रहे थे और बहसते/ही जा रहे थे।(जुलूस के साथ : 66)।

'यहां पेशाब करना मना है/यह पवित्र/साहित्य-गृह है और यहां साहित्यकार/बहस रहे हैं' (जुलूस के साथ : 67)।

और अपने इस खेल में जनचेता कविता को भी वे शामिल करना चाहते हैं, यह कह कर कि— *'कवि-हो तो लिखो अच्छी-अच्छी मीठी-मीठी कविताएं/और लेते रहो समय-समय पर पुरस्कार, अनुदान वगैरह/ताकि जीते रह सको'* (जंगल गाथा : 85) और युवा कवि कहता है—'लेकिन मैं अपनी जिंदगी अपनी मर्जी से जीना चाहता हूं' (वही) *क्योंकि मक्कार हथेलियों पर/साहित्य की खो-खो मुझसे तो नहीं खेली जाएगी'* (कविताएं जानती हैं : 71)। यहीं से शुरू होता है आवेश भरे दायित्वबोध और संकल्पधर्मिता का पाठ जो अजीब तरह की व्यग्रता से आप्लावित है। जैसी गहरी नींद से जागने पर होती है : 'चारों तरफ एक अनाम, खोखला संदेह है/जो/चमड़ी पर/बाल-दार बिच्छू की तरह रेंग रहा है' (मौत की पहचान : 14)। और यह एहसास कि *'एक जंगल है सिर की जगह पर और/एक माचिस है मेरे हाथ में कलम के नाम*

पर/चाह है/कि एक दावानल भड़काऊं ताकि अपने होने को/मंजूर करने की राह पहचान सकूं' (एक माचिस है मेरे हाथ में : 53)। *और इस एहसास की परिणति–'मेरी कविताओं का चेहरा/चेहरा कहां रहा है अब वहां तो सिर्फ/एक घातक गुस्सा है, बस'* (कल की लड़ाई के लिए : 99)।

यह पूरा पाठ एक नौजवान के शक और गुस्से की अभिव्यक्ति है जो लोकतंत्र के तमाशे को समझ गया है। तभी तो उसकी भाषिक सामग्री में आंधी, रात, दलदल, चीख, सन्नाटा आदि मानवीय अभिलक्षणों से बंधकर आते हैं– *'वक्त की आंधियों के/थरथराते होठों पर, बीती हुई रात की चहलकदमी, जबकि आंखें थकावट के दलदल में धंसकर/दम तोड़ने लगी हैं, दिन...। मेरी नसों में मुर्दा इतिहास बनकर सो गया है, और हवा की हर लहर। चीखों को पीठ पर लादकर ला रही है, सन्नाटा ठीक कानों के पास आ-आकर। चिंघाड़े मार रहा है, जबकि सन्न है पत्ता-पत्ता।'* इन भाषा प्रयोगों में अरक्षित और अकेले मनुष्य का मनोविज्ञान पैवस्त है। वेणु जी भाषा का प्रयोग एक हथियार की तरह(धूमिल) करते हैं क्योंकि उनका पाठ अत्याचारी संस्कृति के शोषक रूपों की पहचान से बना है, वह रूप जिसकी शिनाख्त तो हो चुकी है– *'सबसे बड़ी बात तो हुई थी कि मैंने/उसे देख लिया था असली/शक्ल में। उस वक्त कोई भी दर्शन, कोई भी नारा/गरज कि कोई भी नकाब उसके चेहरे पर नहीं थी। वह/मेरे सामने था। मुस्कुराता/हुआ।'* (जंगल गाथा : 84)। पर बचाव का कोई रास्ता नजर नहीं आता : *'वह चारों ओर था/और फिर मैंने वह हैरत-अंगेज नजारा देखा। कि भेड़ों के झुंड के झुंड/रेंग रहे हैं/जुलूस की शक्ल में/और/जा रहे हैं/सीधे/उसके मुंह में। और/चबा रहा है वह। चबाता/ही जा रहा है। कचर-कचर'* (वही : 85)। यहीं से उपजता है हताशा, निराशा और बेबसी का पाठ और विस्फोटक आक्रामकता का पाठ भी– *'एक मैदान है मेरे सामने-जिसमें एक कब्रस्तान/तामीर कर रही है मेरी कविता। हर कब्र/ठीक उसी नाप की है, जिस नाप की दिल्ली में/कुर्सियां होती हैं'* (लेकिन खैर : 69)। *या 'आखिर/माचिस और लकड़ियों का सही उपयोग/क्यों नहीं करते? एक जंगली आग/क्यों नहीं भड़का देते? कि आग सेंकने वाले/बचकर भाग न सकें–जिससे।/तब कुछ बात होगी'* (हर बार : 78)।

वेणु का पाठ ज्यादा कठिन और विकल कविता का पाठ है। इसे कठिन और विकल बनाता है–युग सत्य। इस बेतहाशा बदरंग होते सच की अभिव्यक्ति लोक लय और स्वप्निल-कोमल शब्दावली से नामुमकिन है। अतः यह पाठ गद्य-भाषा की व्यंजना का भी खुलकर इस्तेमाल करता है–'हिंदुस्तान तो बहुत दूर है, तो अब इस मुगालते में न रहें वे', इसके बाद भी कुछ कहना बाकी रह जाता है क्या? 'मैं तो इन्हें भी साथ ले जाना चाहता था। लेकिन/खैर' प्रयोग शुद्ध गद्य हैं। गद्य पंक्तियों को तोड़कर वेणु ने कई पाठ बनाए हैं जिनमें सीधा-सपाट गद्य है, कहीं-कहीं तो विचलन भी नहीं है–'लगता है, हमने अपने आप को अनावश्यक रूप से/हल्का बना

लिया है/या/फिर हम बेवक्त ही/बूढ़े होने लग गए हैं' (सच तो यह है : 27)। या 'फिर जो परेशानी हुई थी कि बस! हुआ यह था कि एक/लड़की मिल गई थी और वह जो अचकचा कर उछला था/तो पूरे बदन पर से फिसलता हुआ/होठों पर पहुंच गया था' (कल की ही तो बात है : 29)। वेणु की यह गद्यात्मक काव्य भाषा कहने-बताने से संबद्ध है। यह भाषा बार-बार धूमिल की 'पटकथा' की याद दिलाती है। पर जब इस गद्य भाषा को विचलित कर के रखा गया है तो एक गहरी और फिसलती हुई काव्य-लय बनी है– *'बूंद-बूंद कर/बरसती हुई एकरसता/घने बर्फ की तरह/जम चुकी है/टूटी कब्रों पर।/किसी/रखवारे की तरह/एक'* (आज सवेरे : 19)। और ये गद्य-पंक्तियां भी-'पलकों *में ठोस सन्नाटा/बना तो तुमने भी होगा/जान चुकने पर/चारों ओर/अकेलेपन की दीवारें/खड़ी कर ली हैं मैंने तो'* (तुमने भी : 25)। इसी गद्य भाषा से वेणु परिवेश की दरिंदगी को उभार देने के लिए सूक्तियां भी रचते हैं, या कहें वे खुद-ब-खुद रच जाती है : शहर-हमेशा सीखंचों के पार होता है।(45), 'सच' एक गर्म सलाख की तरह है(46), हर आदमी सर से पांव तक एक नदी है(49), रोशनी की याद खतरे से खाली नहीं होती-कभी भी(76)।

वेणु किनारा छोड़कर धारा में बहने वाले कवि हैं। उल्टी धारा को चीरते हुए ही साठोत्तरी कविता के इन हस्ताक्षरों ने प्रस्थान किया। 'वेणु के पाठ' और 'वे हाथ होते हैं' के समय को मलयज की ये पंक्तियां और भी पारदर्शी बना सकती हैं : "अनस्थिरता और विघटन! एक दुःस्वप्न जो कविता के भविष्य से ज्यादा मनुष्य के भविष्य को लेकर है, एक वर्ग चेतना जो राजनीति, कली और फूल के भेद को पहचानती है, पर इस ज्ञान से उसकी मुट्ठी से सिर्फ धुआं निकलता है, एक कविता जो यथार्थ को सहनीय नहीं, असहनीय बनाती है, कुछ अनाम मूल्य जो फिलहालियत में टलते जा रहे हैं।"

साकिब बनारसी

हम आसमां के चमकते हुए सितारे हैं

साकिब साहब के नाम के साथ लगे 'बनारसी' ने बरबस मुझे अपनी ओर खींचा है। मैं भी बनारस का हूं। और बनारसी बांकपन और उसकी दार्शनिक गहराई दोनों मेरी आत्मा में बसे हैं– *'खाक भी जिस जमीं की पारस है, यार यह शहर वो बनारस है।'*

बनारस की इस जमीन की मिट्टी में लोटे-पोटे कवियों बेढब, बेधड़क, चकाचक और नजीर ने भी 'बनारसी' कहकर अपने को धन्य किया है। ये सभी बनारस की फड़कती जिंदगी को अलमस्त अभिव्यक्ति देने वाले कलमकार रहे हैं। बेढब बनारसी हास्य की चाशनी में डुबोकर गद्य-पद्य दोनों लिखते रहे हैं। पेशे से वे अंग्रेजी के अध्यापक थे–कृष्ण देव प्रासद गौड़। डी.ए.वी. इंटर कॉलेज के कड़क प्राचार्य, (मेरी स्कूली शिक्षा इसी विद्यालय में हुई, बचपन में गौड़ जी को देखा भी है) जो बेहद शरारतपूर्ण रचनाएं करते थे। बेधड़क बनारसी अपने नाम की मानिंद ही मुंहफट कवि थे–निडर, बेबाक और साफ-गो। चकाचक बनारसी बनारस की फक्कड़ बोली में लिखते थे; भोजपुरी की उपबोली में, जिसे उसकी खुसूसियों के चलते भारतेंदु ने काशिका नाम दिया था। बनारस के दैनिकों में चकाचक की कविताएं रोज छपा करती थीं। एक आम बनारसी की नजर से वे सामयिक घटनाओं को देखते थे और उसी की जबान में, या कहें 'बनारसी' लहजे और मुहावरे में उन्हें तराशते थे। नजीर बनारसी संजीदा कोटि के शायर थे। पुश्तैनी धंधा हकीमी का था। आज भी मदनपुरा के इलाके में वह शफाखाना है जिसके दरवाजे पर आज भी नजीर बनारसी की धुंधलाई नेम-प्लेट चस्पां है। सुना है, जनाब साकिब ने इन्हीं की शागिर्दी में 'रचने' का शऊर सीखा है। अब इन 'बनारसियों' की यादों के सहारे ही बनारस को जी रही कहानीकार पत्रिका ने बेढब पर जोरदार विशेषांक निकाला है। उनकी जन्मशती पर नागरी प्रचारिणी सभा ने भी एक ग्रंथ शाया किया है।

मदनपुरा में साड़ियों के मुसलमान व्यापारियों की कोठियां हैं। अलईपुरा और लल्लापुर में साड़ियां बिनी जाती हैं। डॉ. राम कुमार वर्मा जब कबीर पर लिख रहे

थे तो गली-गली घूमकर करघों और उनके हिस्सों का रेखाचित्र उन्होंने तैयार किया और चदरिया जस की तस धर देने का अर्थ खोला। इन गली-कूचों के कबीरी माहौल में कई छोटे-बड़े शायर पैदा हुए हैं। साकिब भी बनारसी साड़ी के धंधे में हैं, उसी चक्कर में बनारस छोड़कर हैदराबाद आ बसे हैं। उनकी रूह में दकन और काशी का सूफियाना और फक्कड़ ढब फिंट कर समोया हुआ है।

कई कवि गोष्ठियों में भेंट हुई है उनसे। हैदराबाद की अच्छी रवायत है कि हिंदी के कवि और उर्दू के शायर एक ही मंच से समा बांधते हैं। होली-दीवाली-ईद-शबेरात पर साझा कवि-दरबार सजते हैं। सलाम है इस तहजीबी एकतानता को। पहली बार साकिब साहब को ऐसी ही किसी मजलिस में सुना था। सुबुक-सी काया, गोरा रंग और कटीले नाक नक्श के मालिक हैं। सजीली अदा से मुस्कुराते हैं और उसी के साथ शेर कहते हैं। पान खाते हैं तो गुलाबी होंठ और भी रंग जाते हैं। एक बार देखा कि अच्छे शेरों पर बेसाख्ता दाद उन्होंने दी, कुछ वैसी ही दाद बुरी कविता पर भी दी–ऐसी कि सुनाने वाला समझे कि वाहवाही मिल रही है और सामइन भांप जाय कि बात कुछ और है। नजदीकी मेरी-उनसे न के बराबर है। पर जब भी मिले हैं बड़ी शाइस्तगी के साथ।

साफ-सूफ कहते हैं; दिल से कहते हैं तो दिल को लगती भी है। न उनकी भाषा में कोई झोल है, न भाव में। जब तरन्नुम में सुनाते हैं तो मन डूब जाता है, सुनाते ही इतना डूबकर हैं। शायरी को जिंदगी से जोड़ने की कला साकिब को आती है। भाषा उनकी खालिस हिंदुस्तानी है और जज्बा भी एक हिंदुस्तानी का। इसीलिए उनकी शायरी में मजहब और सियासत के प्रति बेइंतहा कोफ्त झलकती है। धरती पर प्रकृति के प्रेम से उनका अंग-अंग सराबोर है। बनारस उनके पाठ का सीधा विषय बनता तो नहीं दीखता पर बनारसी रंग और उसकी यादों की किरणें यत्र-तत्र बिखरी दीख जाती हैं। मेरी उनसे दरख्वास्त है कि वे काशी पर कुछ खास लिखें। और हैदराबाद पर भी। इन बे-मिसाल शहरों की अस्मिता की, खासियतों की, आत्मा की तहों की बखिया-बखिया उधेड़ते हुए।

पाठ-विमर्श के लिए 'गोलकुंडा दर्पण' में प्रकाशित साकिब की पंद्रह गजलों, गीतों, मुक्तकों को चुना है। कथ्य (कंटैंट) और भाषा (लैंग्वेज) के अलग-अलग धरातल पर इन्हें देखा जाए तो साकिब की सादगी और फन को पहचाना जा सकता है। कथ्य के स्तर पर सांप्रदायिक दंगों की पीड़ा से उपजा पाठ सर्वाधिक प्रखर है। आदमी, समाज और देश के बंटते जाने का दर्द भी यहां है, चोटों के न पुर पाने का संशय भी और इनसे निजात के रास्ते तलाशने की कशमकश भी। *'जिस पेड़ पर बसेरा परिंदों का था कभी/ऐसा जला कि अब कोई टहनी हरी नहीं'*। जैसी पंक्तियां

काश्मीर और अहमदाबाद के संदर्भ में यदि देखी जाएं तो देश की त्रासद दशा का अक्स नजर आती हैं। यह दशा और दो समुदायों के बीच बजबजाती घृणा शायर के दिल में इन हालातों के न बदल पाने का खौफ भी पैदा करती है– *'बहुत मुश्किल है भरना खाइयों का/मैं चेहरा पढ़ चुका हूं भाइयों का।'* भाइयों दोनों समुदायों के उन कट्टरपंथियों के लिए संबोधन है जो विष बोते हैं और जहर काटते हैं। और निजात का रास्ता दिखाई देता है—प्यार और खलूस– *'यूं पयाम अम्न का दिया जाए/सारा झगड़ा मिटा दिया जाए।'* इस पयाम-ए-अम्न की मिसाल हैं साकिब की ये दो लाइनें– *'इसलिए उसको मां कहते हैं दूध का रिश्ता है अपना/मेरे बनारस में तो साकिब घर-घर में एक गाय है।'* 'बनारस' संस्कार की तरह साकिब की नसों में दौड़ रहा है यहां।

एक और सशक्त पाठ सूफियाना अंदाज और बनारसी विरसे से मिली वीतरागी मानसिकता से बना है। *'सांस की सूरत हर पल कोई इसमें आए जाए है/इससे अपना जी न लगाना जीवन एक सराय है'*—पढ़कर कबीर की न जाने कितनी पंक्तियां याद आती हैं और काशी की गलियों में लोबान का धुंआ फैलाते घूमते फकीरों की वह बानी भी जो इस संसार को हमारे लिए 'चिड़िया रैन बसेरा रे बाबा' कहते-चेताते हुए अलसुबह गूंजती है। संतों, फकीरों और मजलूमों की सेवा का भाव भी संत साहित्य में बिखरा पड़ा है। इस चिंतन को साकिब ने इन शब्दों में ढाला है– *'फकीरों की जो खिदमत कर रहे हैं/वहीं सच्ची इबादत कर रहे हैं।'* बड़े-बुजुर्गों की इज्जत करना भी साकिब इनसान के लिए जरूरी मानते हैं– *'वही हैं सुर्खरू दुनिया में साकिब/बुजुर्गों की जो इज्जत कर रहे हैं।* साकिब का यह संस्कारी, सूफियाना मन ही है जो जहां के दर्द अपनी झोली में समेटने को तैयार है– *'खुशियों की हो तलब जिन्हें तू उनको दे खुशी/दोनों जहां के गम मेरी झोली में डाल दे।'* परवरदिगार से यह प्रार्थना वही कर सकता है जिसने काशी की फक्कड़ता को बूझा हो और जो दकन के सूफियाना अंदाज से परिचित हो।

साकिब में संस्कारों की प्रखरता पाठक की भावना को पिघला डालती है। भारतीय मूल्यों के साथ चलने को आज पिछड़ापन माना जाने लगा है। साहित्यालोचन में इन भावों को उभार देने वाली रचना और रचनाकार दोनों को प्रतिक्रियावादी घोषित कर देने का चलन है। पर क्या मनुष्य की कोमल भावनाओं, मानवीय मूल्यों, संस्कारों और विश्वासों को वाणी देने वाले साहित्य को कुतर्क के आधार पर खारिज करते चलने की प्रवृत्ति उचित है?

तीसरा पाठ भी कवि-संस्कार से ही निर्मित है—लोक समर्थित मोटिफों का पाठ। हमारी लोक भाषाओं में (विशेषकर पुरबिया बोलियों में) कजरी, चैती, बिरहा, फाग आदि लोकगीत के छंद हैं। इन सभी में परदेस में रोजी-रोटी के लिए जा बसे पिया

की याद विरहिणी नायिका करती है। साकिब ने होली पर जो गीत लिखे हैं उनमें विरही नायिका की यही लोकजनित छवि अपने सभी रंगों के साथ अभिव्यक्त है। पहले गीत में पिया की मनुहार करना, साजन का नदिया पार होना, सारे गांव का बैरी होना, अपने श्याम को पास बुलाने की आकुलता, बिरहा की रात का न कटना, का वर्णन है। दूसरे गीत में नायिका का प्रीतम की जोगन होना, याद का नागिन की तरह डंसना, नयनों से नीर बहना, आंसुओं से चोली भीगना, मनुवा (मन) का डोलना, तन में आग लगना, कारी बदरिया का छाना, सलोनी पवन का बहना, साजन सें यह अरज करना कि वह वापस आए और आंख-मिचौली खेले, जैसे दृश्य और मनोभाव यह प्रमाणित करते हैं कि लोक-गीतों की परंपरा हिंदू-मुसलमान दोनों की साझा विरासत है।

शायरी प्रेम और प्रकृति से भी बरसों संबद्ध रही है। मनुष्य का अस्तित्व इन दोनों के बिना पूरा आकार नहीं ले सकता। साकिब के पाठ का एक हिस्सा इनसे भी वाबस्ता है। एक ओर प्रेम का व्यक्तिगत एहसास है– *'उतरकर झील-सी आंखों में देखा/फिर अंदाजा हुआ गहराइयों का।'* फिर इश्क में होने वाली छेड़छाड़ और शरारत की भंगिमा भी है– *'उनवाने मोहब्बत तो फकत एक तुम्ही हो/लेकिन मेरी रुसवाई के अफसाने बहुत हैं।'* और शम्मा-परवाने का रवायती बयां भी है पर कुछ अलग अंदाज से– *'ये गरमी-ए-महफिल कभी कम हो नहीं सकती/वो शम्मा सलामत है तो परवाने बहुत हैं।'* प्रकृति को भी साकिब ने नई दृष्टि से देखा है–*परिंदे पेड़ पर आने लगे हैं/जमाना आ गया पुरवाइयों का।'*

भाषा के स्तर पर साकिब साफ-बयानी के कायल हैं। उनकी आसान अभिव्यक्ति में यदि कोई शैलीगत पेंच आता भी है तो उसे उतनी ही आसानी से खोला भी जा सकता है। उदाहरण के लिए यह शेर देखें– *'वही आकर लगा है मेरे सर पर/मेरी ठोकर में जो पत्थर रहा है।'* रहा है 'क्रिया यहां' मोहन दिल्ली जा रहा है, जैसी अवस्थाबोधक या गत्यार्थक की तरह नहीं है। भाव यहां *रहता आया है* का है अतः 'मेरी' के पहले 'अब तक' या हमेशा से 'जैसे अव्यय पदबंध को जोड़कर ही अर्थ स्पष्ट होता है कि जो पत्थर अब तक मेरी ठोकर में था वही...। पर वाक्य-संयोजन में 'रहा है' को इस तरह रखा गया है कि निहितार्थ स्पष्ट हो जाता है।

कथन और भाव की दृढ़ता के लिए कई जगह साकिब ने भूत कालिक क्रियाओं का प्रयोग किया है। यहां भी भूतकाल सिर्फ बीत जाने का अर्थ नहीं देता, शायर के ऐतबार को पुख्ता बनाने का काम करता है–'मैं चेहरा पढ़ चुका हूं' (भाइयों का)/ *फिर अंदाजा हुआ* (गहराइयों का)/ *मैं कायल हो गया* (परछाइयों का)/ *जमाना आ गया* (पुरवाइयों का)।

कुछ जगहों पर साकिब ने अल्पप्रचलित या बोली क्षेत्र में प्रचलित क्रियाओं को

अपनी शायरी का मूल हिस्सा बनाया है—घबराए है, बहाए है आदि। यह क्रिया रूप मानक क्रिया रूप ता है/ती है/ते हैं का स्थानापन्न है—*'सोच के जी घबराए है/झर-झर नीर बहाए है/बच्चों को बहलाए है/कोई समझ ना पाए है/इसमें आए जाए है/रोने को रह जाए है'*—जैसे प्रयोग एक ही गजल के शेरों में किए गए हैं। निश्चित ही मानक क्रियाओं के प्रयोग से कथन में वह भंगिमा और सर्जनात्मकता न आ पाती जो अवमानक (सब-स्टैंडर्ड) क्रियाओं के प्रयोग से चमकदार बनकर आ सकी है।

एक गजल में विशेषण निपात (एडजेक्टाइवल पार्टिकल) के दो रूपों का सार्थक प्रयोग हुआ है, पंक्तियां हैं—*'गम ज्यादा खुशी जरा-सी है/जिंदगी क्या है इक सजा-सी है/इक जरा-सा उदास क्या है दिल/सारी दुनिया खफा-खफा-सी है।'* *सजा-सी और खफा-खफा-सी* में निपात साम्य (रिजेंबलेंस) को दर्शाता है—सजा नहीं, सजा की तरह का कुछ या खफा नहीं खफा जैसा कुछ। खास बात यह कि निपात के प्रयोग से जिंदगी सजा है और दुनिया खफा है जैसी बाह्य-संरचना (सरफेस स्ट्रक्चर), गहन संरचना (डीप स्ट्रक्चर) में रूपांतरति हो गई है जिससे अर्थ में भी रंजकता (इंटेंसिटी) आ गई है। खुशी जरा-सी और जरा-सा उदास में निपात-सा परिमाणात्मक विशेषण (क्वांटिटेटिव एडजेक्टिव) से जुड़कर आया है। इस तरह के प्रयोग अधिक को और अधिक (बड़ा-बड़ा-सा) तथा कम को और कम (थोड़ा थोड़ा-सा) करने की सामर्थ्य रखते हैं। साकिब की पंक्तियों में जरा-सी, जरा-सा का सटीक प्रयोग हुआ है। सूक्ष्म अर्थच्छवियों को उभारने में इस तरह के भाषिक तत्त्व अत्यंत सहायक होते हैं, और साकिब इस बात को जानते हैं। वे यह भी जानते हैं कि शायरी में असर के लिए और छंद ठीक रखने के लिए उर्दू शायरी में प्रचलित वर्तनी-व्यवस्था और शब्द-रचना का इस्तेमाल कर लेना चाहिए। वर्तनी के स्तर पर सोच के (कर) पेड़ पे (पर) शम्मा, अम्न, यूं, वो जैसे प्रयोग और शब्द-रचना के स्तर पर उनवाने मोहब्बत, गेसुए जाना, साले नव, हाले माजी, हंगामा-ए-सियासी जैसे प्रयोग न तो उनकी रवानगी को लड़खड़ाने देते हैं और न ही उनकी मानीखेजी को।

साकिब के पाठ में कुछ स्थलों ने भावनात्मक धरातल पर मुझे झकझोरा है : *'हम समझते हैं साकिब बदनसीबियां उसकी/जिनको मां के आंचल की छांव भी नहीं मिलती'* या *'साए में जिसके दुनिया के गम भूलता था मैं/अब मेरे सर पे मां की वही ओढ़नी नहीं'* जैसे कथन शायद मुझे इसलिए ज्यादा कचोट पाए हैं कि मैं खुद मां की ममता से महरूम रहा हूं। मुझे साकिब की वह साफगोई की पसंद आई कि उर्दू शायरी की रवायत में गालिब और मीर सारे उनवानों पर कह चुके हैं फिर आज का कोई शायर नया क्या कह सकता है— *'सब कह दिया है हजरते गालिब ने मीर ने/अब फिक्र मेरी हो के भी मेरी रही नहीं'* और अपने को गलाकर, अहं से परे होकर

उनकी यह ख्वाहिश और गुजारिश कि– *'गालिब का रंग मीर का लहजा भी कर अता/साकिब को शायरी में तू इतना कमाले दे'*, मन को छू लेती है। समाज में पसरी कंगाली, भूख और तकलीफ को इससे मार्मिक अभिव्यक्ति कहां मिलेगी– *'खाली हांडी आग पे रखकर बच्चों को बहलाए है/मां के दिल पर क्या-क्या गुजरी कोई समझ ना पाए है।'*

साकिब बनारसी एक मुकम्मल शायर हैं। भाषा, भाव और कथन भंगिमा पर उनका यकसां अधिकार है। सादगी ही उनकी कला का सरमाया है। उन्हीं की पंक्ति में उनसे कहना चाहता हूं–'ये सादगी ही बहुत है सिंगार मत करना।' और बहुत बुजुर्ग न होते हुए भी उनसे यह भी कहने का दिल कर रहा है :

फूल मुरझाते हैं अल्फाज नहीं मुरझाते
दूर जाना है बुजुर्गों की दुआ ले जाओ।

– शैदा रूमानी

किशोरी लाल व्यास 'नीलकंठ'

वृक्ष, संपूर्ण अस्तित्व है चेतना का

काफी पहले आचार्य चतुरसेन शास्त्री पर आयोजित एक संगोष्ठी में उस्मानिया विश्वविद्यालय गया था। वयं रक्षामः का पाठ-विश्लेषण किया था। पर्चा पढ़कर बैठा ही था कि एक भारी-से शरीर वाले व्यक्ति ने पहली पंक्ति से खड़े होकर कुछ प्रश्न उठाए। प्रश्नों में यह आशंका व्यक्त थी कि भाषिक विश्लेषण से कृति के मूल्यों और सामाजिक सरोकारों का समाधान भला कैसे हो सकता है—मैंने अपने तईं समाधान भी दिया। बाद में चाय के समय आर्ट्स कॉलेज के विस्तीर्ण बरामदे में वे सज्जन चेहरे पर फैली चहुंमुख मुस्कान लिए मिले और बोले कि आपकी दृष्टि और आलेख से मन प्रसन्न हो गया, मैं किशोरीलाल व्यास हूं...। मुस्कान व्यास जी के चेहरे का स्थाई भाव है। बड़े हल्के-से होठों को समेटकर मुस्काते हैं। शायद गाल में गड्ढे भी पड़ते हैं। हमेशा टिप-टॉप रहते हैं—कभी सफारी सूट, कभी शर्ट पर जैकेट, कभी पैंट-कमीज। हमेशा नहाए-धोए, स्वच्छ-स्वच्छ लगते हैं। आगे के बाल बिदा ले चुके हैं, पर दोनों ओर कान के ऊपर से पीछे गरदन तक बालों की एक मेंड़-सी बच रही है। कुल मिलाकर बड़ा ही सौम्य, शांत और शालीन रूप है व्यास जी का, अत्यंत सात्विक भी। उनकी सहज-सरल बातचीत से ही उनके अबोध और पवित्र मन का पता चल जाता है। हिंदी के अध्यापक हैं और हरे सोने (वृक्ष) को बचाने का बीड़ा उठाया है। प्रकृति से अगाध प्रेम भी उनके प्रेम पगे हृदय का परिचायक है। प्रोफेसर बने तो भोजन का वादा था, कि मैं धारवाड़ आ गया। पिछले दिनों हैदराबाद गया तो अध्यक्ष की कुर्सी पर बिराजे थे, वादा याद दिलाया। आनन-फानन में दिन का भोजन तय हो गया—तब उनका मुखर-उत्फुल्ल रूप भी दिखा। चुटकुलों और संस्मरणों की झड़ी लगा दी उन्होंने—यहां शाकाहारी-मांसाहरी का भेद भी मिट गया था। फिर भाभी जी के हाथ का सुस्वादु भोजन और व्यास जी का इसरार...। लुंगी के साथ यह लालच कि तन के भोजन करने के बाद एक झपकी ले लूं तो कैसा रहे।

व्यास जी कविता भी लिखते हैं। उनका गला अच्छा है। अपने व्याख्यानों से पहले भी पूरी तन्यता के साथ संस्कृत का कोई श्लोक बांचते हैं–आखें बंद, भाव-विभोर। उनके तीन संग्रह प्रकाशित हैं। उनकी आत्मा की सच्चाई सभी में मुखर है। पाठ-विमर्श के लिए उनके चौथे संग्रह को चुना है मैंने, जो प्रकाशनाधीन है–'जंगलों को गाने दो।' कवि की स्वच्छ आत्मा की यह आतुर पुकार पोर-पोर को भिगो देती है। कहीं कोई नारेबाजी नहीं, अनुभूतियों की ईमानदार बंदिशें। प्रकृति-प्रेमी कवि तो कई हुए हैं, और हैं; पर प्रकृति के पक्ष में खड़े होकर उसे बचाने-संजाने का स्वर, वह भी पूरी काव्यात्मकता और प्रभाव के साथ; विरल ही सुनाई देता है। इस कथन को कवि की सदाशयता ही मानना चाहिए कि–"इन कविताओं में आत्म-विस्तार की प्रबल आकांक्षा मात्र है, अतः इनमें उच्च कलात्मक अभिव्यक्तियों की खोज करना व्यर्थ होगा।" (आमुख : 7)।

प्रकृति में आकंठ बूड़े आत्म की इस प्रबल आकांक्षा के बीज कवि मन में प्रारंभ से ही अकुलाते दीख पड़ते हैं। अंधेरे उजाले के द्वीप (1982) की एक कविता 'अभिशप्त' में यह अकुलाहट इन पंक्तियों में कसमसा रही है–'*नदी की अविरल, नील-धवल धार/बहती अविराम, दिवस-रात्रि/सतत यायावर भिक्षुणी-सी/खोजती निज गम्य*' या '*कालिंदी की नील-धवल धार है/धारा में अधडूबे पैर हैं/ठंडी बालू का स्पर्श है/जीवन के संवेदन हैं।*' यही कसमसाहट एक अन्य रूप धरकर 'बहस जारी है' (1985) में भी लुकी-छिपी व्यक्त है–'*अंधाधुंध जंगलों की कटाई/लकड़ी बिकाई...*' (बहस जारी है), '*तुम्हारे पास/न जड़ें हैं, न पत्ते हैं*' (परजीवी), '*पत्थर, मिट्टी और पानी से पटी/दुनिया की छाती पर/आदमी ने रोपे पिरामिड*' (कबंधों के घेरे में)। और मुट्ठी भर धूप (1996) तक आते-आते कवि-मन का प्रकृति-प्रेम परवान चढ़ता दिखाई देने लगता है। इस संग्रह की कविताओं–मुट्ठी पर धूप, मेरे बच्चे, सूरज की दिनचर्या, नदी और नारी, चिड़िया-1, चिड़िया-2, चिड़िया-3, चिड़िया-4 को जंगलों को गाने दो की पीठिका के रूप में भी परखा जा सकता है। अर्थात् परिवेश के प्रति दायित्वबोध और समाज के प्रति अपने कर्तव्य-निर्वाह की लगन 'नीलकंठ' की सजग संवेदनशीलता का परिणाम है। मैथिली शरण गुप्त की यह सीख 'जंगलों को गाने दो' में पूर्णतः चरितार्थ मिलती है–'केवल मनोरंजन न कवि का कर्म होना चाहिए/उसमें उचित उपदेश का भी मर्म होना चाहिए।' छायावाद में प्रकृति मानवीय भावों की कोमलता का आलंबन बनकर तो आती ही है, प्रकृति के प्रति ठोस प्रेम और समर्पण भाव भी वहां मिलता है–पंत का यह कहना कि 'इस धरती के रोम-रोम में/भरी सहज सुंदरता' या यह कि 'छोड़ द्रुमों की मृदु छाया/तोड़ प्रकृति से भी माया/बाले! तेरे बाल जाल में कैसे उलझा दूं लोचन?' प्रकृति और मनुष्य के अटूट और अगाध संबंध को ही दर्शाता है। जंगलों को गाने दो-1 में प्रकृति के ऐसे ही मनोहारी रूप व्यास जी ने उकेरे हैं। छायावाद के बाद भी नरेंद्र शर्मा, बच्चन, अंचल

आदि के गीतों में प्रकृति की सुषमा अलग ढंग से चित्रित मिलती है। छायावाद में अगर हमें काव्य-संग्रहों के शीर्षक बेला, जुही की कली, कुकुरमुत्ता (निराला), कानन कुसुम, झरना (प्रसाद) और पल्लव (पंत) मिलते हैं तो छायावादोत्तर काव्यधारा में भी मिट्टी और फूल, पलाशवन (नरेंद्र शर्मा)। किरण बेला, वर्षांत के बादल, करील (अंचल) और चक्रवाल (दिनकर) जैसे शीर्षक काव्य-संग्रहों के हैं। जब व्यास जी कहते हैं–*'जंगल गाएंगे तो मोर नाचेंगे/बादल घिरेंगे/गड़गड़ाएंगे...'*/आदि तो बच्चन की ये पंक्तियां अनायास भीतर कहीं कौंध जाती हैं–'चिड़ियां चहकीं कलियां महकीं/पूरब से फिर सूरज निकला।' और जब वृक्ष कविता में 'नीलकंठ' 'गौरैया, तितली, कोयल को प्रकृति का अभिन्न अंग मानकर उनकी गवाही लेने को कहते हैं तो बरबस–'तितली के पीछे दौडूंगी, नाचूंगी दे दे ताली/मैं मकई की सुरभि बनूंगी, पके आमफल की लाली' (दिनकर) और 'माली, उपवन का खोल द्वार!/कोयल के कूजन से कूजित/भ्रमरों के गुंजन से गुंजित/मधुऋतु के साज़ों से सज्जित/यह उपवन दिखला एक बार' (बच्चन) जैसी पंक्तियां याद आने लगती हैं। तुलसी, आम, नीम, अशोक, वट, पीपल, व्यास जी के मन में बसे हैं। *आकांक्षा* में तो वे मृत्यु के बाद भी इन्हें अपने आस-पास फलते देखना चाहते हैं। वृक्ष के प्रति यह लगाव 'वन तुलसी की गंध लिए/हलकी पुरवैया आती है' (दिनकर) में भी साकार है और प्रियतमा की यादों से जुड़कर नरेंद्र शर्मा की इन सहज पर मार्मिक पंक्तियों में भी–*'याद आई, बौर से हर डाल छाई/आम में मधुगंध छाई, याद आई/भूल-सा जिसको गया था, बात वह फिर/कोकिला ने कह सुनाई, याद आई।'*

कहना यह है कि मनुष्य और प्रकृति के बीच की प्रतिक्रिया उन्हें एक-दूसरे से जोड़ती ही नहीं बल्कि प्रकृति से जुड़े रहस्य मनुष्य को वैचारिक, दार्शनिक और सृजनात्मक ऊर्जा भी प्रदान करते हैं। मनुष्य अपनी अभिव्यक्ति में इन प्राकृतिक उपादानों का प्रतीकवत प्रयोग भी करने लगता है जैसे सूर्य त्याग का, नदी निरंतर चलने का, पर्वत दृढ़ता का, अग्नि सब कुछ शुद्ध करने वाली आदि। 'जंगलों को गाने दो' के पाठ में भी प्राकृतिक उपादानों के ये गुण बार-बार उजागर हुए हैं। इसके अलावा अंधकार और भय या निराशा, उषा और आशा या उत्साह, संध्या और अवसान जैसे संबंध मानव स्वभाव, उसके विचारों तथा मूल्यों-विश्वासों को भी संकेतित करते हैं। 'प्रकृति मानव की सहचरी है' कथन का अर्थ बहुआयामी है। कहीं एक लेख पढ़ा था, आचार्य राममूर्ति त्रिपाठी का, जिसमें उन्होंने वैदिक साहित्य में मंत्रकाल की चर्चा करते हुए लिखा था कि–"मंत्र, जो सरल, कल्पनाशील और कवित्वपूर्ण है। मंत्र उस सरल हृदय का उच्छ्वास है जो उषा को देखकर आनंद और आश्चर्य से भर गया, प्रकृति के चित्र-विचित्र रूपों को देखकर विस्मय करने लगा। हमारे यहां माता का अर्थ पृथ्वी, पिता का अर्थ आकाश और गर्भजल का अर्थ समृद्धि निर्माण करने वाला वर्षाजल है।" इसीलिए जब व्यास जी आमुख में कहते हैं कि 'पृथ्वी हमारे लिए

आराध्य है/माता है।' तो बहुत अच्छा लगता है। और जब वे वृक्ष को देवता या नदियों को माता कहते हैं तो वासुदेव शरण अग्रवाल का यह कथन उनके पाठ में संचरित होता महसूस होता है—"उषा को (हमारे यहां) लालरंगी माता कहा गया है क्योंकि उषा प्रकाश-किरणों को जन्म देती है। अरण्यानि (वन) मृगों की माता है क्योंकि समस्त पशु-पक्षियों को वन का, अरण्य का आश्रय प्राप्त है। नदियों को माता कहना तो स्वाभाविक ही है क्योंकि नदियां जीवन का पोषण करती हैं।" व्यास जी ने इन्हीं बातों को समेटते हुए आमुख में एक बड़ी ही प्रभावशाली बात कही है—"भारतीय धर्म, दर्शन, संस्कृति और जन—संभवतः हमें 'अरण्य संस्कृति' की सहिष्णुता व सह-अस्तित्व से ही प्राप्त हुए हैं।" भारतीय संस्कृति कृषि संस्कृति है, इसीलिए हिंदी की बोलियों में हमें धरती के अनेक गीत मिलते हैं। गंगा-गीतों की भी कोई कमी नहीं है—सरस गंगा माई की आरती कीजो। नर्मदा प्रसाद गुप्त ने भारतीय संस्कृति की इस सामासिकता को प्रकृति, भक्ति और जीवनानंद से अद्‌भुत ढंग से समन्वित लोक गीत की दो पंक्तियां देकर पुष्ट किया है। 'एक पेड़ मथुरा जमो, डार गई जगन्नाथ रे।/फूल जो फूलो द्वारका, फल लागे बद्रीनाथ रे।।' लोक में प्रकृति का सूक्ष्म अवलोकन हमें घाघ और भड्डरी की लोकोक्तियों में भी दिखाई देता है, जिसकी पंक्तियां आज भी लोग मौसम का मिजाज देखकर अनायास ही बोल उठते हैं। व्यास जी ने ठीक ही कहा है कि "वृक्ष (प्रकृति) अपनी संपूर्णता के साथ हमारे जन-जीवन में रचे-बसे हैं। तुलसी तो हमारे आंगन का पौधा है।... विदा होते समय शकुंतला हर पेड़ से गले मिलकर रोती है—अपने ही आत्मीयजन से बिछुड़ने की तरह" (आमुख : 3)।

अब पाठ-विमर्श। जंगलों को गाने दो-1 कविता अपनी संरचना में जितनी सरल है, प्रभावोत्पादकता में उतनी ही प्रखर है। शीर्षक के साथ 'ताकि, जिससे कि, और कि' के संयोजन से कवि ने अपनी इच्छा-आकांक्षा को ही नहीं, काव्य के उद्‌देश्य और भाव को भी अभिव्यक्त करने का यत्न किया है। क्रिया-रूपों का नैरंतर्य-भाव तथा विशेषणों का क्रियापरक और मूल रूप भी इस कविता के पाठ को आत्मीय बनाता हैं। चार खंडों में बंटे इस पाठ को विश्लेषण की इस पद्धति द्वारा देखा जाए।

जंगलों को गाने दो

ताकि	*गाती रहें*	*बलखाती*	*पयस्विनी नदियां*
	फुदकते रहे	*इठलाते*	*बछड़ों-से झरने*
	बहती रहे	*सरसाती*	*मलयज शीतल हवाएं*

जंगलों को...

जिससे कि	*उमड़ते रहें*	*कजरारे बादलों के समूह*
	बरसते रहें	*घनघोर*
	हरी-भरी हो उठे	*रूखी-निर्जीव माटी*
	जाग उठे	*कण-कण, तृण-तृण*
पर्वत शिखरों	*से उतर पड़ें*	*शत-सहस्र झरने झर-झर*
	बढ़ जाएं	*नदियों के स्तर*
	भर जाएं	*तड़ाग-ताल-सकल*
	लहराए	*सूखी धरती का आंचल*

जंगलों को...

कि	*सूरज की रश्मियां*	*बंध जाएं*
	पात-पात	*झूम उठे*
	कृषकों के सकल भंडार	*भर जाएं*
कि	*जंगलों में*	*जल है*
	जल से	*जीवन है, रस है, अमृत है।*

नदी को बलखाती पयस्विनी; झरने को इठलाता, बछड़े-सा, हवा को सरसाती, शीतल, बादल को कजरारे, घनघोर कहने के पीछे इन सबके साथ कवि का गहरा लगाव भी अभिव्यक्ति पाता है कि ये सब उसके कितने निकट हैं। और फिर क्रमशः प्रकृति के प्रतिदान की आतुर अभिलाषा जो क्रिया रूपों में गुंथी हुई है। और अंत में कारक-से तथा शून्य प्रत्यय के (Zero Anaphora) संयोजन से एक चरम सत्य की स्थापना।

इसी तरह जंगलों को गाने दो-2 का पाठ भी सरल है पर काव्य-सत्य के स्तर पर कहीं सघन है। इस कविता के दो हिस्से हैं। पहला हिस्सा आकांक्षा का है, पर यहां आकांक्षा के साथ ही कार्यकारण संबंध भी प्रकट है—इसीलिए यहां भविष्यत्काल की क्रियाएं आगे-पीछे दोनों ओर लगी हैं और बीच में 'तो' स्थित है। आम आदमी के लिए यह एक सीख भी है; तभी उसी को संबोधित है—

(खंड-1)

जंगल गाएंगे तो

(1) मोर नाचेंगे/बादल घिरेंगे/गड़गड़ाएंगे/बरसेंगे

(2) नदी-तड़ाग/सरोवर/भर जाएंगे/छलछलाएंगे/लहराएंगे।

(3) हरित दुकूल धारण कर/धरती मां/खिलखिला उठेगी/गा उठेंगी/दस दिशाएं

बादल और सरोवर (आदि) के साथ क्रमशः तीन-तीन क्रियाओं का प्रयोग एक बार फिर प्राकृतिक उपादानों के साथ कवि की निकटता को सिद्ध करता है। धरती मां की खिलखिलाहट और दसों दिशाओं के गा उठने की अभिव्यंजना मानवीकरण का द्योतक तो है ही, खंड-2 की विडंबना को तीक्ष्ण बनाने का प्रस्थान बिंदु भी है। पाठ का यह अंश विपरीत परिस्थितियों के ढांचे का क्रमिक विस्तार है—यही वजह है कि इसके पहले भाग में संबोधन सीधे उस जंगल को है; जिसने गाना बंद कर दिया है—मानो पूरी प्रकृति ही स्तब्ध हो गई हो। यह अंश इसरार से शुरू होता है—गाओ न का प्रयोग आग्रह और अनुरोध के भाव को बांध देता है—

(खंड-2)

'क्यों रुक गए, ओ जंगल/गाओ न।/तुम्हारा गाना/झूमना, नाचना/धरती को जीवन से,/देता है भर/गाओ न, ओ जंगल।' इसके बाद वर्तमान बाजारवादी व्यवस्था के जकड़ते जाते भय का संकेत जिसे कवि ने प्रश्न के रूप में रक्खा है और उत्तर खुद ही दिया है। जितना मर्मस्पर्शी प्रश्न है उतना ही रोष उत्पन्न करने वाला उत्तर है—

'सिहर गए हो?/इसीलिए रुक गए हो?
बढ़ा आ रहा है/बेरहम शहर/ढाता हुआ कहर
लिए हुए बुल्डोजर/बिजली की आरियां/यांत्रिक कुल्हाड़ियां

आरियां ऐसी-वैसी नहीं, बिजली की और कुल्हाड़ियां भी यांत्रिक। एक ओर बलखाती नदियां, इठलाते झरने, सरसाती हवाएं और दूसरी ओर कहर ढाता शहर। एक ओर पयस्विनी शीतल, कजरारे प्राकृतिक उपादन और दूसरी ओर बेरहम शहर। और इस उपभोक्तावादी संस्कृति के लालची स्वभाव से एक भयावह भविष्य की कंपा देने वाली तस्वीर, जो एक अलग तरह का अर्थ भविष्यतकाल की क्रियाओं में भरती है, क्योंकि वर्तमान में पर्यवसित हो चुकी है वह—

देखते-देखते

हो जाएंगे धराशायी	गगनचुंबी/घने छतनार वृक्ष सरल
आश्रयहीन हो जाएंगे	पंछी, तितलियां और वनचर
लुप्त हो जाएंगे	अनेक पौधे, कई प्रजातियां
उग आएगा	हृदयहीन/कांक्रीट का कठोर जंगल
खत्म हो जाएंगे	भू-जल भंडार
हो जाएगा	गगन धुंधला
खो जाएंगे	*पंछियों के गीत*
उड़ेंगे	*बवंडर रेतीले*

और अंत में जंगलों को ही संबोधित आश्वासन और एक तरह से संवेदनशील जन-समूह को आह्वान भी। भविष्यतकालीन क्रियाएं यहां भी हैं, पर आश्वस्त करती

हुई, इसरार भी है; पर अब वह ढांढस बंधाने और जोश दिलाने वाला भी बन गया है—

जंगलों

डरो मत/हम आ गए हैं
तुम्हें *छाती से लगाएंगे*
तुम्हारे संग *नाचेंगे/गाएंगे*
जंगलों, गाओ
समवेत स्वर में
जिजीविषा के
गीत गाओ।

इस पाठ में संगीत की विशेष चर्चा है। प्रकृति के रोम-रोम में संगीत बसा है। 'नीलकंठ' ने इस संगीत को बार-बार महसूस किया है—रूप, रस, गंध और स्पर्श, सभी स्तरों पर—'जंगलों से आती हुई हवाओं में/तैरता है, तरोताजा/जीवन-संगीत/बजता है अनहद नाद/गूंजता है प्रणव स्वर (अरण्य संगीत)। या ध्वनियों की संगति/कोई/जंगलों से सीखे' (वही) और अनेक कविताओं में संगीत के समवेत, संतुलित और समन्वित स्वरों को कवि ने आद्य संगीत, अंतः संगीत, आदिम राग, अनहद नाद, प्रणव नाद के रूप में पहचाना है और इसी संगीतमय प्रकृति से उपजी हैं इस पाठ में कई उक्तियां—'नर्तन कर उठते जंगल/बलखाने लगती हैं नदियां/गाने लगती हैं चिड़ियां (जब गिरि बालाएं हंसती हैं)। संगीत के अनेक स्थल अव्यक्त है, पर इस चित्रमयता में भी संगीत की ध्वनि या उसकी अनुगूंज साफ सुनी जा सकती है—

* *'बहुत से झरने, गिरि बालाओं से बल खाते/पेड़ों की जड़ों से/चट्टानों से/चुपचाप निकल आएंगे/...दौड़ेंगे अल्हड़ लड़कियों से/खेलेंगे, कूदेंगे/दुहिताओं से/दूर निकल जाएंगे/बाबुल के अंगना वापिस नहीं आएंगे'* (जंगलों को गाने दो-2)।
* *'हल्के-हल्के रुई के फाहों से/सुरमई बादलों ने/भिगो डाले हैं चिड़ियों के पंख'* (वृक्ष मित्र)।
* *'मेरे पास थी सूरज की धूप/जो गेहूं में बालियां/और आमो में रस बनकर पकती थी/मेरे पास थी चांदनी दूधिया/जिसे मैं गर्मियों में ओढ़कर सोता था'* (सबसे धनवान आदमी)।
* *'झांक-झांक कर। नव पल्लव कोटरों से/सद्य : जात कोंपल-शिशु। बादलों का करते हैं अभिवादन'* (वृक्ष मित्र)।

प्रकृति के इस संगीतमय वातावरण को चीखों और सन्नाटों में बदल देने के चलन का मर्मभेदी भाव इस पाठ में एक आघात की तरह हमारे सामने आता है।

जब मनुष्य प्रकृति के साथ था तो सबसे धनवान था (सबसे धनवाद आदमी) और अब– *'चिड़ियों के झुंड/सूरज की गुनगुनी धूप/रूपहली चांदनी/गाते जंगल/सब मुझे अकेला छोड़ कर/न जाने कहां चल दिए/शायद किसी आततायी राक्षस ने/चबा डाला.../मैं दुनिया का/सबसे गरीब/सबसे असहाय/आदमी हो गया'* (वही)। इस प्रकोप से बचने-बचाने का भाव भी अरदास की तरह, प्रार्थना बनकर आता है– *'जंगल में जाना/तो बंदूक और कुल्हाड़ी/घर पर ही छोड़ जाना.../जंगल में जाना/तो बच्चों को अपने साथ/जरूर लेते जाना.../बच्चों की दोस्ती/पेड़ों से, गिलहरियों से/तितलियों से/पंछियों से/कराना मत भूलना'* (जंगल का आद्य संगीत)। निश्चित ही इस पाठ के साथ कवि का आत्म या मैं गहरे गठियाया हुआ है, इस मैं का विस्तार भी है–सकल प्रकृति-प्रेमी, संवेदनशील और प्रकृति संतुलन को बनाए रखने के प्रति जागृति लोगों तक। इसका एक पक्ष है खुद को प्रकृति की भांति बना लेने की इच्छा, मानवता को संजोने या सही मायनों में मानव बनने की आकांक्षा–

ओ वृक्ष देवता! मुझे भी अमृत चखा दो!
ताकि मैं भी आंधियों में प्रेम राग गा सकूं
तुम्हारी तरह जी सकूं
किसी के काम आ सकूं
मुस्कुराहटों के फूल खिला सकूं
उन्मुक्त होकर झूम सकूं
उन्मद हो नाच सकूं
नटराज बन सकूं

दूसरा पक्ष है कवि का आत्मीय लगाव; दूसरों के लिए प्रेरक और उद्‌बोधक– *'तुम जहां भी रहो/जैसे भी रहो/मेरी याद में/एक पेड़ अवश्य लगा देना/उसे आत्मीयता का जल चढ़ाना/प्रेम से छू लेना'* (सुधियां) और एक पूरी कविता आकांक्षा जो बच्चन की मधुशाला की अंतिम पंक्तियों की याद ताजा कर देती है–और तीसरा पक्ष आम-जन का आह्वान– *'आओ, हम घायल धरती के घाव भरें/एक पेड़ लगाएं/स्वेद-जल से सींचे उसे/प्यार का पानी दें, अपनत्व की ऊष्मा दें/स्पर्श दें/हर्ष दें/शिशुओं-सा स्नेह दें/जीवन का स्पंदन दें/राग का बंदन दें/घर-सी सुरक्षा दें'* (एक पेड़ लगाएं)।

कवि के लिए एक पेड़ लगाना वैसा ही है, जैसे एक कविता लिखना, एक चित्र बनाना, एक शिल्प तराशना या एक नए राग का सृजन करना। एक सर्जनात्मक कार्य। पेड़-पौधों का मर्म गौरैया, कोयल, तितली, पर्वत, बादल जानते हैं और सबसे चौकस जानती है धरती। 'जंगलों को गाने दो' एक मुकम्मल पाठ है जिसमें फिजां की खूबसूरती भी है, आदमी सहित पशु-पक्षी, गुल्म-लताओं के आपसी रिश्ते भी हैं और हमारे वर्तमान, भूत और भविष्य की तस्वीर जिसमें निराशा तो घेरती है पर आशा और विश्वास की किरणें ज्गदा

शिद्दत से इस अंधेरे को बेध डालने का दम रखती हैं। और कुछ न कहकर, 'जंगलों को गाने दो' की चंद पंक्तियां ही पेशे-नजर हैं–

'अभी कुछ बीज/और कुछ पंछी/बचे हैं मेरी जेब में/और कुछ सपने भी/बाकी हैं/मेरी आंखों में/अभी मेरी उंगलियों में/सर्जना के स्वर बोलते हैं/अभी से उदास होने की जरूरत नहीं है' (संभावना)।

बालकृष्ण शर्मा 'रोहिताश्व'

होती है कविता अपना ही कद अपनी ही पहचान, कविता में

लगता है कि रोहिताश्व का और मेरा रिश्ता एक जमाने से है। उससे पहली बार कब मिलना हुआ था, याद नहीं; यह जरूर याद पड़ता है कि वह मेरे हैदराबाद पहुंचते ही (सितंबर 1979 ई.) मुझसे मिला था। मैं उसी समय विदेश (फ्रांस) से आया था। फिर तुरंत ही घर से कोसों दूर हैदराबाद आकर अजीब-सी बेचैनी जहन पर तारी रहती थी। ऐसे एकाकी एहसास के दिनों में रोहिताश्व एक दोस्त की तरह सामने आया—जैसे लंगोटिया यार हो। उसके खुलेपन और अपनापे ने मुझे लूट लिया था। मुझे कभी गुरु, कभी बाबू साहब, कभी उस्ताद कहकर संबोधित करने वाला; मेरे जानने वालों में वह अकेला है। पुराने हैदराबाद की खमोपेंच वाली गलियों, हैदराबाद के ईरानी कैफे में एक प्याली चाय पर बैठकर गपियाना उसी ने सिखाया। (इन्हीं में से एक में उसका पुश्तैनी घर है) पुराने हैदराबाद की गलियों से भी मेरा परिचय उसी की बदौलत हुआ, तब होमसिकनेस के मारे मुझे लगता जैसे मैं बनारस पहुंच गया होऊं। एक बार तो वह मुझे अपने किसी रिश्तेदार या पड़ोसी के लड़के की बारात में भी ले गया था—बिना न्यौता बेगानी शादी में अबदुल्ला दीवाना की तर्ज पर मैं राजी भी हो गया था। राजस्थानी ढब की बारात के साथ हम चले। वधू के दरवाजे पर सब रस्में हुईं, एकदम जैसी हमारे घरों में होती थीं। फिर पट्टी पर पंगत में बैठकर जीमना हुआ—षट्रस व्यंजन।

अपने घर तो वह मुझे जब-तब ले ही जाता था। आत्मीयता, खुलापन और सादगी उसके जीवन से वाबस्ता थे। उसके घर पर ही मैं प्रो. श्रीराम शर्मा, ओम प्रकाश निर्मल आदि से खुलकर मिला था। एक बार उसने; शायद अपनी बिटिया के जन्मदिन पर, अपने घर पर दावत दी थी। हम सब कमरे की सीलिंग से लगी संकरी सीढ़ी चढ़कर खुली छत पर पहुंचे थे, वहीं पत्तल पर भोजन हुआ था। इस समय तक मेरा विवाह नहीं हुआ था—रोहिताश्व ने हैदराबाद में मुझे एक भरापूरा परिवार दिया था।

हद दर्जे का शरारती, चुलबुला और मुंहफट है रोहिताश्व। हैदराबाद में उसकी जान-पहचान का शायद ही कोई ऐसा बचा हो जिसे उसने एक निकनेम से न नवाजा हो। लोगों की शारीरिक बनावट, सोच, साहित्यिक रुझान और आचरण को देख-ताड़ कर वह ये नाम उन्हें बख्शता है। शुरू में उसकी इस क्रिएटिविटी पर मुझे रश्क होता था। ऐसी ही बेबाकी से उसने हिंदी के ख्यातनाम कवियों, आलोचकों और लेखकों का भी नामकरण कर रखा था। उसके पास; शायद मुझसे मिलने के काफी पहले से ही, एक मोपेड हुआ करती थी—बड़ी हठीली, कब-कहां रुक जाएगी, कुछ ठिकाना नहीं। मजाक में मैं उसे पुड़पुड़िया कहा करता था। अपने इस वाहन पर रोहिताश्व न जाने कितने साहित्यिक धुरंधरों को लाद चुका था। मैं भी उस पर अनेक बार सवार होने की मसर्रत पा चुका हूं, और कई बार पीछे से उतरकर धक्के भी लगाए हैं।

रोहिताश्व की शक्लो-सूरत; नख से शिख तक, एक आम-आदमी की है। साधारण कद, मामूली चेहरा, अति सामान्य पैंट-शर्ट और अपनी हैदराबादी हिंदी में वह सहज के अलावा कुछ नहीं लगता। पर उसकी आत्मा या सीरत अत्यंत प्रखर है। पढ़ने का वह भयंकर रोगी है। हिंदी-पत्रिकाओं के ढेरों अंक मैंने पहली बार उसी की निजी लाइब्रेरी में देखे। नई-से-नई रचना वह चाटे बैठा रहता है। पढ़ना और बहस करना—इस आदत ने ही शायद हम दोनों में घंटों एक साथ गुजारने की कूवत पैदा की थी। कई लोगों को रोहिताश्व बहुत शातिर और शैतान लगता है, पर मुझे वह हमेशा एक अबोध बच्चे की तरह लगता रहा है। जिसकी शरारतों और रूठने-जिदियाने की मियाद बहुत ही कम होती है। क्षणे रुष्टा, क्षणे तुष्टा। वह भरपूर संवेदनशील भी है। इतना की कई बार मुक्तिबोध, त्रिलोचन, शमशेर, धूमिल आदि की काव्य-पंक्तियां सुनाते-सुनाते उसकी आंखें छलछला आई हैं। मैं जब किन्हीं कोमल या संजीदा पलों में उसे 'रोहित' कहता हूं, तब भी उसकी यही दशा होती है। शादी करके मैं हैदराबाद आया तो वह सपत्नीक आने लगा। मेरी बिटिया बड़ी चंचल, तेज-तर्रार थी; साल भर की भी नहीं थी पर रेजिस्ट करती थी। रोहिताश्व ने उसे भी एक नाम दिया था 'शेरनी', आज भी जब मिलता है, पूछता है—'मेरी शेरनी कैसी है?'

रोहिताश्व ने जीवन में बड़े पापड़ बेले हैं। फारसी पढ़कर वह तेल बेचने को मजबूर हुआ है—'सोलह वर्ष की उम्र में पिता की मृत्यु देखनी पड़ी।... पहली नौकरी थैलों की लदवाई, तगादे और बहीखाते के लेखन की मिली।... पेट्रोल-पंप के नाइट एटेंडर की नौकरी भी बी.ए. की पढ़ाई के दौरान करनी पड़ी।... एम.ए. के दौरान प्राइवेट ट्रांसपोर्ट की नौकरी की। परवर्ती दौर में सिनेमा हॉल की मैनेजरी व एकाउंटेंट की नौकरी भी की' (अपनी बात : शब्द दोगले नहीं होते)। छोटी-सी उम्र में एक अधपुसे परिवार का बोझ उसे उठाना पड़ा है। दुःख भी उसकी जिंदगी में हिला देने वाले आए। जवान होते बेटे की मौत हो गई। मुझे याद है, जब मैं ढांढस देने पहुंचा

तो आंगन के साथ लगी अपनी कोठरी में वह निश्चल बैठा था। मैं पास ही टिक गया। उसने मेरा हाथ कसके पकड़ लिया और न जाने कितनी देर वैसे ही बैंठा रहा। मौन मुखर होता रहा। पुष्पा (उसकी पत्नी) आई। वह बेआवाज फूट पड़ी। तब मुझे लगा कि रोहिताश्व के भीतर तूफानों को भी चुनौती देने की ताकत है।

फिर वह गोवा चला गया। जब हैदराबाद आता, मुझसे मिले बिना न जाता। हम फिर ईरानी कैफे में बैठते। वह शरारती गुफ्तगू करता। दोनों अपने दुःख-सुख बांटते। गोवा वह बराबर मुझे बुलाता रहता है। कई बार नहीं जा सका, दो-चार बार गया भी। मेरे लेखन, मेरी क्षमता और सामर्थ्य पर जितना उसे विश्वास है, उतना खुद पर मुझे भी नहीं है। एक बार उसके विश्वविद्यालय में रिफ्रेशर कोर्स चल रहा था। नामवर सिंह का पहला व्याख्यान था। मुझे दूसरे दिन बोलना था। मैं नामवर जी से मिलने की लालच में एक दिन पहले पंहुच गया था। वह बोला, "गुरु! अब अगला व्याख्यान आप ही दीजिए, नामवर जी के बाद आप ही संभाल सकते हैं।" उसके इस यकीन की रक्षा तो करनी ही थी, मैंने की।

रोहिताश्व लगातार कुछ-न-कुछ लिखता रहता है। जब भी मिलता है, यह जरूर बताता है कि वह क्या लिख रहा है या क्या लिखने की सोच रहा है। कभी 'हंस', कभी 'समर लोक' कभी और किसी पत्रिका में उसकी कोई कहानी, कोई लेख पढ़ता हूं तो अपार हर्ष होता है। उसका संवेदनाशील मन उसकी लेखनी में फूट-फूट पड़ता है। अब मैं और वह कुल चार घंटों की दूरी पर हैं। दोनों की व्यस्तताएं बढ़ गई हैं, सो मिलना कम हो पाता है। वह तो यह भी उलाहना देता है कि इतने नजदीक आकर अब तो मैं उसे फोन तक नहीं करता। फिर भी यदा-कदा हम मिलते रहते हैं। यहां-वहां। अभी अगस्त में हैदराबाद में भेंट हुई। मेरी खातिर वह दो दिन और रुक गया। हम दोनों ने जमकर आवारागर्दी की। दोस्त-अहबाबों से मिले-पुड़पुड़िया पर नहीं, उसकी स्कूटर के पीछे बैठकर। और हां, आखिर में हस्बे मामूल वह अपने घर भी ले गया। पुष्पा ने घर का खाना खिलाया। लगा, पुराने दिन बहुर आए हैं।

कविता-पाठ-विमर्श के लिए मेरे सामने उसका काव्य-संग्रह है—'शब्द दोगले नहीं होते (1984)' जिसकी कविताएं तीन खंडों में बंटी हैं—'कविता के लिए', 'बात यह है कि' और 'वक्त मुझसे आगे है।' यहीं से अपनी कविताओं के प्रति कवि की संजीदगी जाहिर होने लगती है। कविताओं के स्वर को पहचानकर अलगाया और क्रम दिया गया है। बीस साल पहले अ-कविता, विचार कविता और क्रांतिकारी स्वच्छंदतावाद की बयार का जो असर युवा कवियों पर पड़ा था, उसकी जीती-जागती मिसाल हैं ये कविताएं। मुक्तिबोध, नागार्जुन, शमशेर, धूमिल इन कविताओं में यत्र-तत्र छुपे बैठे दीखते हैं। बड़ी बेचैनी है इन कविताओं में। अवसाद और निराशा का प्राबल्य भी है। पर कहीं-कहीं इन सबको काटने-तोड़ने का हौसला और हिम्मत भी है। और यही इन कविताओं की ताकत है।

नए कवियों में तब (और आज भी) समाजी सरोकारों और भाषिक बंधाव के कुछ मॉडल हुआ करते थे। रेमंड विलियम्स ने कहीं लिखा था कि "नवांकुरों की कविताएं इस बात से ज्यादा पहचानी जाती हैं कि किस प्रकार के पाठक उनके जहन में हैं, कौन-से साहित्यिक रूप या परंपराएं उन्हें उपलब्ध हैं और वह भाषा जिसमें वे लिख रहे हैं; स्वयं किस स्थिति में है।" रोहिताश्व की यह पहचान बड़ी साफ है। उसके सामने मार्क्सवादी सौंदर्यशास्त्र की समझ रखने वाले पाठक और आलोचक हैं। उसे परंपरा में मुक्तिबोध, शमशेर, धूमिल, राजकमल चौधरी, मलयज, राजा दुबे, ओम प्रकाश निर्मल आदि मिले हैं। काव्य भाषा हिंदी का वह रूप उसके सामने है जो तल्ख होते, टूटते तथा विपन्नता में पिसते मध्यवर्गीय दर्द और उफान से बन रहा था। समाज में फैला दोमुंहापन कविता को जब आत्मा की चीत्कार में बदलने लगता है तो ढेरों प्रश्न अपने पंजे पैने करके कवि को खसोटने लगते हैं—'एक उजाड़ साथ-साथ.../हरदम.../यही है मेरे होने की शर्त?' (गिरधर राठी)। ऐसे असंख्य सवालों के खरोंच की खलिश जब बर्दाश्त के बाहर होने लगती है तब 'शब्द दोगले नहीं होते' जैसा पाठ जनमता है।

पहले खंड 'कविता के लिए' में इसी शीर्षक की पहली कविता 'अब जबकि' से शुरू होती है। उजाड़ इस पाठ में गहरे पैवस्त है--(अब जबकि) *'आमना सामना है अपनी/हलकट जिंदगी की हकीकतों से/शिकारी कुत्तों के समान/गंध तलाशलती मुसीबतों से/आस-पास के वातावरण में/पीछा करती घातों से/दंश मारती बातों से।'* 'हलकट' रोहिताश्व का पसंदीदा शब्द है। आम आदमी की जिंदगी का यथार्थ इन पंक्तियों में बेपर्दा व्यक्त है। फिर भी कवि कटिबद्ध है—कविता को बचाने और उसे सार्थक संदर्भ देने के लिए, और कविता का दूसरा हिस्सा शुरू होता है इसके बावजूद से— *'मुझे अपनी रक्त की पूरी/ऊष्णता के साथ/मुझे अपने शरीर की सारी/मांसपेशियों की समस्त/फुर्ती के साथ/पंजों के बल/कविता को बचाकर ले जाना है.../जमीन के उन बिछे हुए बीजों में/जो पौधे बन रहे हैं/नदी की उस बहती हुई धारा में/जो चट्टान को काट रही है/पकती हुई उन खेतों की फसलों में/जो हंसिए से कट रही हैं/जिनके करीब बच्चों की आंखें हैं/जिनके करीब बुढ़ाती माएं हैं/जिनके करीब करवट लेती जिंदगी है।'* इस पाठांश में पंजों के बल का गहरा काव्यार्थ है। उस/उन तथा जो/जिनके का भी विशेष संरचनात्मक अर्थ है। उस/उन से आबद्ध स्थितियों से हम परिचित हैं—बिछे हुए (बीज), बहती हुई (नदी की धारा), पकती हुई (फसलों) की स्वभावगत खासियतों से भी हम (पाठक) अनजान नहीं हैं। जो के साथ संबद्ध पंक्तियां बीज, धारा और फसल की संघर्षशीलता से उत्पन्न वे परिणाम हैं जो धरा पर जीवन को संवारते हैं। यहां इस बात का उल्लेख जरूरी है कि बच्चे रोहिताश्व के पाठ में खूब आए हैं—एक पूरी कविता है 'बेटी के नाम।' 'मां होती है' शीर्षक से भी एक कविता है। करवट लेती जिंदगी तो हर कहीं है। इन पर बात आगे। ऊपर

से देखें तो कविता के लिए पाठ में कथ्य के धरातल पर नया कुछ भी नहीं है। नयापन है कवि की अभिव्यंजना में। जैसा कि अरुण कमल ने आज के कवियों की पड़ताल करते हुए कहा भी है—"नयापन लिखने के तरीके में हैं, उसी-उसी बात को नए-नए तरीके से कहने में है। इसलिए कविता में मुख्य बात है तरीका, ढंग या ढब, क्योंकि नया तो कुछ होता नहीं।"

कहने के ढब का ताजापन 'कैमरे की आंख-सी' पाठ में भी है जिसमें जिंदगी के थपेड़ों से घिरे लोगों के साथ होने की कवि की मंशा जाहिर है— *'आंख दूसरे के दर्द को अब/टोहना चाहती है/सहलाना भी.../हाथ कांपते शरीरों को/थामना चाहते हैं/सहारा देना भी... ।'* लेकिन यह जमीन से जुड़कर ही संभव है। समाज में व्याप्त दरिंदगियों से लड़ते-लहूलुहान होते हुए भी मानव होने की टेक पर जमे रहकर ही जमीनी सच्चाइयों से जूझा जा सकता है क्योंकि हवा में उड़ने से यथार्थ धुंधला जाता है— *'आकाश में उड़ते हुए/संगीतमय हो जाती है हवा/कोई भी नदी बन जाती है धारा/हर सड़क दीखती है/पतली रेखा/हो जाता है बौना हर आदमी/चोंच भर दीखती है हर हस्ती... ।'*

इसमें संदेह नहीं कि जिस वक्त यह पाठ रचा गया उस समय के हिंदी काव्य पर अतियथार्थवाद और प्रयोगवाद (भाषा के स्तर पर) का मुलम्मा कुछ ज्यादा ही चढ़ा हुआ था। यथास्थिति का रोना रोकर या व्यवस्था को गाली देकर कवि अपनी भंड़ास तो निकाल लेते थे पर कविता न बना पाते थे। कविताओं के लिए रस की कई कोटियां सारहीन और पिछड़ी घोषित की जा चुकी थीं, कई कवियों का तो सिर्फ वीभत्स और रौद्र में ही मन रमता था। रोहिताश्व भी, स्वाभाविक है; इस बयार से बच नहीं सका है। वह कई पाठों में जीवन यथार्थ को अधकचरी और बासी अभिव्यंजना में बांधने को मजबूर दिखाई देता है। धूमिल, जगदीश चतुर्वेदी, गंगा प्रसाद विमल आदि की काव्य-भाषा का ही नहीं, उनकी सोच का प्रभाव भी उसकी पाठ-संरचना को चीरकर बाहर आता नजर आता है। भेड़ें, जंगल, पेड़, खबरें, सांप संविधान, न्याय, दोगली व्यवस्था, कुनबापरस्ती, बधिया संवेदनाएं, बायां-दायां हाथ, फफोले, नाखून आदि का काव्यार्थ रोहिताश्व के यहां भी भिन्न नहीं है। *'और रात को/मादा शरीर के स्पर्श से/अपने आप को/पुरुष होने के अहम भाव से/परितृप्त करें (इतिहास जारी है)'* या *'संविधन की भाषा/किसी रूपजीवा के/रात्रि प्रणय से/ज्यादा हरजाई है'* (पहचान-बुभुक्षा) जैसी अनेक पंक्तियां कविता से लिए अंश में मिल जाएंगी जो आवर्त (अंक : 9-10) के संपादकीय की इस बात पर मुहर लगाती हैं कि—"(ऐसी शब्दावली या पदावली की अभिव्यंजना) प्रत्यक्षानुभूति और गहन रसात्मक अनुभूति में नहीं ढल पाती। स्मृति के तर्ज पर पैरोडी बनकर रह जाती है।" गनीमत है कि रोहिताश्व की परिपाटी से असर लेने वाली अभिव्यंजना पैरोडी तो नहीं बन पाती पर कविता के नियमित पाठक को झटका जरूर देती है। काव्यात्मक भाषा

की बुनावट के लिए अपनाए गए कुछ प्रभाव तो अनावश्यक भी लगते हैं। भाषा के साथ मनमानी और प्रयोग के नाम पर गैर-जरूरी रूढ़ियों के पालन को ही जब एक संभावनाओं से भरापूरा कवि अपनी निजता मान लेता है तब और कोफ्त होती है क्योंकि यह निजता नहीं, भाषा के साथ खिलवाड़ होता है। रोहिताश्व ने 'अपनी बात' में खुद यह कह के अपनी भाषाई जागरूकता का प्रमाण दिया है कि–"शब्दों के साथ खिलवाड़ करने वाले यह बात भी जानते रहे हैं कि वे उनके अर्थों की जड़ों के साथ खेल नहीं सकते।" इसके बाद भी जब वह बेजरूरत और बार-बार (...) का प्रयोग करता है, आदमी, दहलीज, बनता, कंपाता, हुमसती जैसे शब्दों को वर्ण-वर्ण करके अलगाता है तथा किरदार, लेकिन, आदमी, तब्दील, कविता जैसे ढेरों शब्दों को लंबवत् (वर्टिकल) लिखता है तो घोर निराशा होती है। इन पद्धतियों को अपनाने से यदि काव्यार्थ की चुभन में तनिक भी बढ़ोतरी होती हो तो बात समझ में आती है। पर इन पाठों में ऐसा कहीं नहीं लगता। ऐसे ही काव्य प्रयोगों? को देखकर बच्चन सिंह की इस धारणा पर विश्वास करना पड़ता है कि–"कविता लैंग्वेज गेम हो गई है। इनसे शब्द-कर्म की सिद्धि नहीं हो पाती। (भावों का) स्वतः स्फूर्त न होना इसका कारण है। कविता भाषा की मार्फत जीवन का आख्यान है–तो उसका स्व-अनुशासन होना ही चाहिए उसकी अपनी पूरी व्यवस्था भी होनी चाहिए।, आज के कवि वाग्जाल चाहे जितना बारीक बुन लें, शब्द-संयोजन के कितने प्रकार प्रस्तुत करें मगर काव्यात्मक भाषा व्यवहार में वे असफल सिद्ध होते हैं।" शायद रोहिताश्व की इस दुधमुंही अभिव्यंजना शैली और कहीं-कहीं बनावटी शिल्प को जांच कर ही विजय बहादुर सिंह ने कहा है कि–रोहिताश्व ने पढ़ी और देखी-समझी-जानी दुनिया को घुला मिलाकर सामाजिक यथार्थ का प्रारूप तैयार करना चाहा है, कल जिसे एक सधा हुआ शिल्प भी मिल सकता है।"

रोहिताश्व न जाने क्यों शब्द के प्रति बड़ा तीखा है–'कविता कवि के लिए शब्दों की आरामदायक गुफा नहीं रही है कभी' तक तो गनीमत थी पर जब वह अपनी बात में यह कहता है कि (उसकी कविता के लिए) कोई पारंपरिक काव्यशास्त्र या सौंदर्यशास्त्र की परिपाटी नाकाफी होगी तो शब्द के खिलाफ खड़ा दीखता है। जबकि सच्चे कवि का तो कथन होना चाहिए कि –*'शब्द पर विश्वास करो/कि कभी खतम नहीं होते शब्द/जैसे धरती के कोठरों से/कभी खत्म नहीं होता अन्न'* (एकांत श्रीवास्तव)। और उसे त्रिलोचन की तरह ताल ठोंककर यह भी कहना चाहिए कि–'*शब्दकार, इन शब्दों में जीवन होता है/ये भी चलते फिरते और बातें करते हैं। तोष-रोष जब जैसे भावों को भरते हैं/तब वैसे ही अर्थों का व्यंजन होता है।*' कविता में शब्द-सत्ता के वजूद पर ही कविता के नए प्रतिमान (नामवर सिंह) के दो खंड पूर्णतया समर्पित हैं–'कविता कैसे पढ़ें' और 'काव्य भाषा की सृजनशीलता।' अरुण कमल का यह कथन भी कविता में इस वजूद की तस्दीक करता है–"कविता असली

है या नकली इसकी पहचान केवल उसके संगीत और सुगंध से हो सकती है।"

रोहिताश्व का विचारक रूप से ज्यादा महत्त्व कथ्य को जरूर देता है पर उसका कवि शब्द की सत्ता और उसकी काव्य सिद्धि से अनजान नहीं है। उसके पाठ में शब्दों के दुहराव से अर्थ-गहनता में वृद्धि हुई है। हरदम-हरदम, नहीं-नहीं, सोचता हूं-सोचता हूं, कई बार-कई बार, और-और-और जैसे प्रयोग कभी काव्यार्थ को सघन बनाते हैं, कभी बेचैनी के भाव को और भी उद्वेलक बनाते हैं, कभी मानसिक द्वंद्व को धार देते हैं तो कभी जीवन की विडंबनाओं के आघात की निरंतरता को दर्शाते हैं आदि। 'गुजारिश करता हूं हुजूर' का कड़वापन व्यंग्य भाषा में ढलकर और भी कसैला बन गया है। हुजूर, जी स्साब, हौ स्साब, जी हौ, स्साला जैसे संबोधन केवल संवाद नहीं रचते बल्कि पूरी कविता को एकालापी संवाद में बदल देते हैं। यह कविता पढ़ने के बाद जहन में काफी देर तक एक चुनचुनाहट तारी रहती है– *'मैं तो आपके थूक के झाग का/आपके पाद की खुशबू का/सबसे बड़ा प्रशंसक रहा हूं'* पंक्ति में एक नौकरीपेशा मध्यवित्त की विवशता, बेचारगी, आत्महीनता तो अभिव्यक्त' है ही, उसके प्रति दया, करुणा, जुगुप्सा आदि के अनगिनत भाव भी खदबदाते महसूस होते हैं। विभिन्न भावों की यह मिलावट एक विचित्र तरह की तिलमिलाहट पैदा करती है–नौकरशाही के प्रति। 'सवाल होते हैं सवाल' की प्रतीकात्मकता भी खास है। सर्प की जीभ की मानिंद (देशी सवाल), चीते की छलांग से (दबा देने वाले सवाल), तेजी से दौड़कर आते हुए (मजबूत गुस्सैल सांड से सवाल), दुधमुंहे बच्चे की तरह (निष्पाप आशावान सवाल) सवालों से घिरे आम आदमी की जिंदगी का अक्स तो हैं ही, इनके पार्श्व में छिपे लपलपाने (सांप की जीभ की तरह), नोच फेंकने/चीर-फाड़ डालने की ताकत (मजबूत गुस्सैल सांड से) तथा अबोधता/निश्छलता (दुधमुंहे बच्चे की तरह) के अर्थ काव्यार्थ को अतिरंजित करने की सामर्थ्य से लैस हैं।

ये या इस तरह की कुछ और कविताओं में भी रूप और भाव (कथ्य) के संतुलित सामंजस्य से निर्मित काव्य-धाराएं प्रवाहित हैं– *'शब्दों के द्वारा जीवित अर्थों की धारा/मैंने आज बहा दी है/जिसके दो तट हैं/एक भाव का एक रूप का/निकट निकट हैं/चाहे दूर दूर दिखते हों'* (त्रिलोचन)। काव्य-संग्रह के आशीर्वचन में विश्वभरनाथ उपाध्याय ने शायद रोहिताश्व की इसी शक्ति और सीमा की ओर संकेत किया है–रोहिताश्व का मन शब्द-विन्यास, बिंब आखेट और रचाव से शुरू नहीं होता, कथ्यजन्य कंपनों में शुभारंभ पाता है और उसके खिंचाव से शब्द और रूपाकार स्वतः आते चले जाते हैं।"

कथ्यजन्य कंपन में डोलते झलकते और लुकते-छिपते रूपाकार दूसरे खंड 'बात यह है कि' की कविताओं में कहीं अच्छी तरह स्थिर और स्पष्ट हुए हैं। शुरुआती तीन पाठ प्रेम के हैं–पुरजोश और दीवानावार प्रेम। 'सुबह का सुनहला सूरज/तुम्हारे

माथे की बिंदिया बन जाता है (बात यह है कि), मेरी सारी की सारी यात्राएं/तुमसे ही अलग हो कर/तुम्हारे ही पास आकर/खत्म हो जाती हैं (धूप-छांह), नयनों में तुम्हारें/तैरते छंदों को/मेरी कोई भी/भाषा/लिपिबद्ध नहीं कर सकी है।' (शब्दातीत सच है कि) का प्रेमरस उत्कंठ है जिसमें कवि का रोम-रोम डूबा हुआ लगता है। कांपते लरजते होंठ, माथे की सिंदूर रेख, नयनों की काजल रेख, चूड़ियों की खनक, वेणी में गुंथे फूल, आतुर बाहें आदि पदबंध इन कविताओं में धर्मवीर भारती या गिरिजा कुमार माथुर जैसे रोमान रचते हैं। पर यह रोमान यथार्थ से टकराकर चूर-चूर हो जाता है। 'यादगार रात और चांद के टुकड़े' में रोमान नून-तेल-लकड़ी के जुगाड़ की जद्दोजहद में तबदील होने लगता है। अभाव का यही पाठ 'मां होती है' में और भी कारुणिक बन जाता है जहां पूरी कविता के शब्द-विन्यास में थिगली, चिंदी, गुदड़ी, पोतड़े, सपनों की कच्ची-पक्की रोटियां आदि विपन्नता का मार्मिक दृश्य रच डालते हैं जिसकी अंतिम परिणति 'पहली तारीख' में होती है और इसे चरम उत्कर्ष मिलता है—'बेटी के नाम में।' तीसरे खंड 'वक्त मुझसे आगे है' की कविताएं पहले खंड की कविताओं के भाव-बोध और शब्द-संसार का ही एक्सटेंशन हैं। फर्क सिर्फ यह है कि इनमें कवि खुद को खुलकर सामने लाता है। वैसे प्रत्येक कविता में कवि कहीं-न-कहीं मौजूद है—कई काव्य-संदर्भ तो आत्मकथात्मक भी बन गए हैं जिनसे रोहिताश्व की अपनी जिंदगी (रचनाकाल तक की) का सीधा रिश्ता कायम किया जा सकता है। तीसरे खंड की अंतिम कविता (संग्रह की भी) 'शब्द दोगले नहीं होते' भी विशेष है। 'बेटी के नाम' को तनिक नजदीक से देखा जाए। मेरी बेटी का हर बंध बेटी को संबोधित है—मासूम शिशु को। पहले बंध में 'मेरी बेटी' संबोधन बिटिया की एक-एक मुस्कुराहट पर पिता के बलिहारी जाने के आंतरिक और स्वाभाविक भाव से जुड़ा है— *'जब तुम बिना दांतों' के मुस्कुरा रही थीं/तो जिंदगी जैसे मेरी गोद में/पौधों-सी लहलहा रही थी।'* दूसरे बंध में बेटी-पिता के सपनों की ताबीर का बायस बनने लगती है— *'मेरी...बेटी../तुम किसी/देवदूतों के देश की सुनहरी/परी-सी मेरे सामने थीं../मेरे सपनों की रंगीन तसवीर की तरह।'* फिर संबोधन बदलता है 'मेरी सुनहली गुड़िया' में और पिता के सपने और लालसाएं 'चाहता हूं' क्रिया की बारंबारिता में ढलने लगे हैं— *'मैं तुम्हें.../किसी लहलहाती हुई फसल-सा/झूमते देखना चाहता हूं/किसी लहराती हुई/नदी-सी/उमड़ती देखना चाहता हूं/मैं तुम्हें किसी पर्वत की चोटी-सी/ऊंची देखना चाहता हूं/मैं तुम्हें पृथ्वी की हरी-भरी/घाटी-सी/भरी पूरी देखना चाहता हूं।'* विशेषणों की दुनिया ने यहां पिता के सपनों का संसार रचा है। लालसा और आशीष एक बारीक रेखा से ही बंटे हैं—पिता अशीष नहीं दे पाता—अन्यथा 'चाहता हूं' की जगह ही कहीं 'आशीषता हूं' होता। पिता की मजबूरी सामने आती है अगले बंध में संबोधन है मेरी नन्ही-सी गुड़िया। 'जब तुम' यहां भी पहले की तरह ही है— *'अपने घुटनों के बल रेंगती/खिलखिलाती हुई/जब तुम अपनी*

निश्छल हंसी का मुक्त कोश बांटती रहती हो,' लेकिन 'तो' का संदर्भ बदल जाता है–'और मैं/तुम्हें उसका कोई मोल नहीं दे पाता।' यहीं भविष्य के कच्चे-पक्के धागे पिता के एहसासों को बांधते हैं–बेटी वधू के रूप में उसकी आंखों में नाचती है– *'अनजान घर को/अपनेपन में बांधते हुए/कुंकुम-हल्दी-मेहंदी के स्वास्तिक छापों को.../सुहागिन छापों को.../अंकित करेंगी.../उनके दरवाजों की चौखटें/सोहर की गीतों से गूंजेंगी।'* यह पवित्र भाव और बेटी का सान्निध्य पिता को पूर्ण बनाता है– *'मेरी बेटी.../तुम्हें जन्म देकर/तुम्हें साकार देखकर/मैं कितना पूर्ण-मनुष्य हो गया हूं/अपने सारे कलुष सारे मनोमालिन्य/होम कर चुका हूं।'* फिर वर्तमान पलटता है।–इस बंध में भी संबोधन है–मेरी बेटी : तुम अब स्कूल जाने लगी हो...और विपन्नता फिर पिता को सालने लगती है–इच्छार्थक क्रिया संरचना यहां उच्छ्वास बनकर आई है– *'काश मैं तुम्हें दूध से भरे टब में नहला सकता।...काश...मैं सारे रंगीन खुशहाली के सपनों की/हकीकत को तुम्हारे/फ्रॉक की जेब में रख सकता...।'* जबकि हकीकत है कि– *'अकसर मेरी बेटी/तुम फटे बस्ते/पुराने जूतों/मुड़ी-तुड़ी किताबों को बदलने की/बातें करती हो.../और/और मैं तुम्हें/कविताओं से बहला नहीं सकता।'* वह बेटी जो पिता के लिए उर्वराशक्ति है, वेद ऋचा है, समिधा की सामग्री है। और दुनिया के अभावग्रस्त पिताओं का दर्द एकाकार होता है– *'मैं दुनिया के/और-और-और/पिताओं की तरह/तुम्हारे फ्रॉक की जेब में/सपनों की रोटी बांध रहा हूं.../पर मेरी बेटी/तुम मुझे माफ कर देना।'* 'मेरी बेटी' का पाठ अनेक भावों के अविरल प्रवाह का पाठ है–"जहां वैयक्तिक संदर्भ अपनी विशिष्टता में भी इतने विशिष्ट नहीं होते कि उनमें हम व्यापक सामाजिक आयामों को न पढ़ सकें (शिवकुमार मिश्र : आवरण)।"

रोहिताश्व की कविताएं उसके जीवन के अत्यंत निकट हैं। वह जीवन जो समाजी कारणों से आपदाग्रस्त है–विवश और लाचार भी है; पर जिसे अपने आप पर भरोसा है और जो लड़ना-टकराना जानता है। कविता का कवि के जीवन के साथ अनिवार्य संबंध होता है (बच्चन), यह पाठ बार-बार इस कथन को सिद्ध करता है। रोहिताश्व का कवि बार-बार विचलित हुआ है, लेकिन उसकी हिम्मत कहीं टूटी नहीं है। विचलन, टूटन और तूफानों ने उसकी जिंदगी और उसके लेखन दोनों को और भी मजबूती दी है–

नहीं चाहिए, नहीं चाहिए मुझे सहारा
मेरे हाथों में, पैरों में इतना बल है
स्वयं खोज लूंगा किस-किस डाली में फल है।

–त्रिलोचन

परिशिष्ट

जिनकी बानी का अक्स यहां उभरा है

(संदर्भ और नाम : विचार और काव्य पंक्तियां)

(1) काव्य-भाषा

परमानंद श्रीवास्तव
अष्टभुजा शुक्ल
ब्लॉक एंड ट्रैगर
रवींद्रनाथ श्रीवास्तव
केदारनाथ सिंह
श्री प्रकाश शुक्ल
राव तेलंग
अज्ञेय
आलोक धन्वा
रवींद्रनाथ श्रीवास्तव
विद्यानिवास मिश्र
अज्ञेय
मांझी अनंत
अज्ञेय
केदारनाथ सिंह
परमानंद श्रीवास्तव
टी.एस. इलियट
फारिग बुखारी

(2) कविता

रामचंद्र शुक्ल
भीष्म साहनी
सुमित्रानंदन पंत
रामचंद्र शुक्ल
अज्ञेय
निराला
अज्ञेय
बेट्सन
लीलाधर जगूड़ी
महेश अनघ
मुक्तिबोध
सुधीर सक्सेना
केदारनाथ सिंह
आग्नेय
सुबोध शैलांश
भामह
दंडी
वामन
विद्यानिवास मिश्र
रवींद्रनाथ श्रीवास्तव
भरतमुनि
प्लेटो
अरस्तू
लौंजाइनस

शेली
कॉलरिज
क्रोचे
केदारनाथ सिंह
अली सरदार जाफरी
दिनेश मिश्र

(3) कवि

तुलसीदास
वारेन और वैलेक
अज्ञेय
दिनकर
नामवर सिंह
केदारनाथ अग्रवाल
शमशेर
नामवर सिंह
केदारनाथ अग्रवाल
शमशेर
ग़ालिब
विश्वनाथ त्रिपाठी
गालिब
सियाराम शरण गुप्त
बलबीर सिंह रंग
विजय कुमार
नामवर सिंह
भीष्म साहनी
नामवर सिंह
केदारनाथ अग्रवाल
बाबू गुलाब राय
पंत
वलेंस्की
नामवर सिंह
कैफी आजमी

(4) आलोचक

अशोक वाजपेयी
अज्ञेय
हजारी प्रसाद द्विवेदी
रवींद्रनाथ श्रीवास्तव
बाबू गुलाब राय
अज्ञेय
नामवर सिंह
अशोक वाजपेयी
अज्ञेय
डॉ. नगेंद्र
नामवर सिंह
पं. रामशंकर शुक्ल 'रसाल'
रवींद्रनाथ श्रीवास्तव
मैकलीश
रोमन याकोब्सन
नामवर सिंह
मीर

(5) दुलीचंद 'शशि'

मख़दूम
शाज
मुगनी तबस्सुम
ओम प्रकाश निर्मल
राजा दुबे
अमीर खुसरो
सूरदास
मुनींद्र
भवानी प्रसाद मिश्र
बच्चन

(6) ओम प्रकाश 'निर्मल'

उमा शंकर तिवारी
त्रिलोचन

कुंवर नारायण
राम नरेश त्रिपाठी
मुक्तिबोध
रधुवीर सहाय

(7) कमल प्रसाद 'कमल'

तुलसीदास
राम कुमार वर्मा
वियोगी हरि
त्रिलोचन
अरुण कमल
अली सरदार जाफरी
अकबर इलाहाबादी

(8) राजा दुबे

रघुवीर सहाय
चंद्रगुप्त विद्यालंकार
भारतेंदु हरिश्चंद्र
नरेंद्र शर्मा
रामेश्वर शुक्ल 'अंचल'
केदार नाथ अग्रवाल
गिरिजा कुमार माथुर
त्रिलोचन
राजेश जोशी
मुक्तिबोध
सूरदास
राजेश जोशी

(9) इंदु वशिष्ठ

सी. नारायण रेड्डी
ओमप्रकाश 'निर्मल'
पंत
निराला
रधुवीर सहाय

(10) प्रतिभा गर्ग

बाबू श्याम सुंदर दास
पंत
नामवर सिंह
रमेशचंद्र शाह
अरुण कमल
नामवर सिंह
पास्तरनाक
परमानंद श्रीवास्तव
नंद किशोर आचार्य
मृदुला गर्ग
विद्यानिवास मिश्र

(11) नेहपाल सिंह वर्मा

भगवती चरण वर्मा
धर्मवीर भारती
दिनकर

(12) मख़दूम मोइनुद्दीन

मीर हसन
सिब्ते हसन
मख़दूम
फ्लोबेर
रवींद्रनाथ टैगोर
शेली
सौदा
नसीम
गालिब
रवींद्रनाथ टैगोर
दाग
सरूर
इकबाल

(13) नरेंद्र राय

दिनकर
मलयज
बच्चन
आचार्य रामचंद्र शुक्ल
अल अहमद सरवर

(14) शशि नारायण 'स्वाधीन'

ऑडेन
रवींद्रनाथ श्रीवास्तव
विवस
रवींद्रनाथ श्रीवास्तव
धूमिल
बशीर बद्र

(15) ऋषभदेव शर्मा

डॉ. देवराज
रामचंद्र शुक्ल
मैथिलीशरण गुप्त
निराला
परमानंद श्रीवास्तव
लक्ष्मीकांत वर्मा
परमानंद श्रीवास्तव
प्रेमशंकर
मैथिलीशरण गुप्त
परमानंद श्रीवास्तव
प्रेमशंकर
रघुवीर सहाय
राजेश जोशी
कुंवर नारायण

(16) वेणु गोपाल

श्रीकांत वर्मा
रघुवीर सहाय
धूमिल
विजय कुमार
मलयज
धूमिल
मलयज

(17) साकिब बनारसी

बेढब बनारसी
बेधड़क बनारसी
चकाचक बनारसी
भारतेंदु
नजीर बनारसी
बेढब बनारसी
डॉ. राम कुमार वर्मा
कबीर
ग़ालिब
मीर
शैदा रुमानी

(18) किशोरी लाल व्यास 'नीलकंठ'

मैथिलीशरण गुप्त
पंत
निराला
नरेंद्र शर्मा
अंचल
दिनकर
बच्चन
राममूर्ति त्रिपाठी
वासुदेव शरण अग्रवाल
नर्मदा प्रसाद गुप्त
घाघ और भड्डरी
बच्चन

(19) **बालकृष्ण शर्मा 'रोहिताश्व'**

रेमंड विलियम्स
अरुण कमल
जगदीश चतुर्वेदी
धूमिल
गंगा प्रसाद विमल
एकांत श्रीवास्तव
त्रिलोचन
नामवर सिंह
अरुण कमल
त्रिलोचन
विश्वंभर नाथ उपाध्याय
शिवकुमार मिश्र
बच्चन
त्रिलोचन

□□